Metafísica

Cuatro en Uno

Contiene:

- Metafísica al Alcance de Todos
- Te Regalo lo que se te Antoje
- El Maravilloso Número 7
- Quién es y Quién fue
  el Conde St. Germain

CONNY MENDEZ

CUATRO EN UNO

Editado y Distribuido
por Editorial Solar Ltda.
Cra. 9ª. # 19-59 Of: 402.
Tels. 2860294 - 2430130
Fax: 3422375 - A.A. 37797
Santafé de Bogotá, D.C. Colombia

Ventas por correo:
Adquiera Nuestro Catálogo

Impreso en Colombia

Metafísica al Alcance de Todos

INTRODUCCION

El presente librito está escrito en lo que esta autora llama "Palabras de a Centavo", o sea, en los términos más sencillos para que sea comprensible al que necesita conocer la Verdad de Dios y que no tiene conocimientos para poder digerir los textos de psicología y metafísica, tal como están escritos en castellano.

Cada vez que oímos o leemos algo nuevo, desconocido para nosotros, se desperezan células que estaban dormidas en nuestro cerebro. La segunda vez que tropezamos con aquella idea nueva la comprendemos un poquito mejor. Las células movidas comienzan a trabajar la idea, y al poco tiempo "se hace la luz" en nuestra mente, o sea, que aceptamos la idea, la adoptamos y la ponemos en práctica automáticamente. Asi es como vamos despertando, aprendiendo, evolucionando y adelantando. No es necesario hacer esfuerzos sobrehumanos para que nos penetren las cosas en la cabeza. Es un proceso natural; eso sí, hay que poner de nuestra parte la buena voluntad de releer, volver a releer y volver a leer hasta que sentimos que lo aprendido es automático. Eso es todo.

Lleva contigo, en tu cartera o tu bolsillo, un ejemplar de este librito. Pon otro en tu mesa de noche. Reléelos a menudo, sobre todo cada vez que se te presente un problema; cada vez que te enfrentes a una situación angustiosa o molesta, no importa cual sea. Te va a ocurrir algo asombroso y es que el librito se abrirá en la página que te conviene consultar, y pensarás: "¡Parece que esto fue escrito para mí!".

Jesucristo dijo: "En la casa de mi padre hay muchas mansiones". La Metafísica es una de estas mansiones, o sea el estudio de las leyes mental-espirituales. No se mete con el "espiritismo", aunque este último es también una mansión en la casa del Padre.

Que esta obrita te traiga toda la paz y la prosperidad que ha traído a tantos otros. Se te bendice.

C. M.

CAPITULO I

CRISTIANISMO DINAMICO

Antes de emprender cualquier oficio que sea, el candidato que lo va a desempeñar recibe instrucciones o estudia la técnica del mismo. Sin embargo hay uno que emprende su cometido totalmente a ciegas, sin instrucciones, sin técnica, sin brújula, compás o diseño, sin nociones de lo que va a encontrar. Es el ser humano; que es lanzado a la tarea de VIVIR.

Sin saber siquiera qué cosa es La Vida; sin saber por qué algunas vidas transcurren en medio de la opulencia y las satifacciones mientras otras las pasan en la miseria y el sufrimiento. Unas se inician con todas las ventajas que pueda idear el afecto y, sin embargo, las persigue un atajo de calamidades; y el ser humano se debate en conjeturas, todas erradas, y llega el día de su muerte sin que él haya adivinado, siquiera, la verdad respecto a todo esto.

Aprende la Gran Verdad: LO QUE TU PIENSAS SE MANIFIESTA. "Los pensamientos son cosas". Es tu actitud la que determina todo lo que te sucede. Tu propio concepto es lo que tú ves, no solamente en tu cuerpo y en tu carácter, sino en lo exterior; en tus condiciones de vida: **en lo material,** sí, tal como lo oyes. Los pensamientos SON COSAS. Ahora verás.

Si tú tienes costumbre de pensar que eres de constitución saludable, hagas lo que hagas, siempre serás saludabe. Pero cambias tu manera de pensar; te dejas infundir el temor de las enfermedades y comienzas a enfermarte. Pierdes la salud. Si naciste en la riqueza, es posible que siempre seas rico; a menos que alguien te convenza de que existe "el destino" y comiences a creer que el tuyo puede cambiar de acuerdo con los "golpes y reveses" porque así lo estás creyendo. Tu vida, lo que te ocurre, obedece a tus creencias y a lo que expreses en palabras. Es una ley. Un principio. ¿Sabes lo que es un Principio?

Es una ley invariable que no falla jamás. Esta ley se llama EL PRINCIPIO DE MENTALISMO.

Si en tu mente está radicada la idea de que los accidentes nos acechan a cada paso; si crees que "los achaques de la vejez" son inevitables; si estás convencido de tu mala o buena suerte; lo que quiera que tú esperes normalmente, en bien o en mal, esa es la condición que verás manifestarse en tu vida y en todo lo que haces. Ese es el por qué de lo que te ocurre.

No se está jamás consciente de las ideas que llenan nuestra mente. Ellas se van formando de acuerdo con lo que nos enseñan, o lo que oímos decir. Como casi todo el mundo está ignorante de las leyes que gobiernan la vida, leyes llamadas "de la Creación", casi todos pasamos nuestra vida fabricándonos condiciones contrarias; viendo tornarse malo aquello que prometía ser tan bueno; tanteando, como quien dice, a ciegas, sin brújula, timón, ni compás; achacándole nuestros males a la vida misma, y aprendiendo a fuerza de golpes y porrazos; o atribuyéndoselos a "la voluntad de Dios".

Con lo que hasta aquí has leído, te habrás dado cuenta de que el ser humano no es lo que te han hecho creer, o sea, un corcho en medio de una tempestad, batido aquí y allá según las olas. ¡Nada de eso! Su vida, su mundo, sus circunstancias, todo lo que él es, todo lo que le ocurre son creaciones de él mismo y de nadie más. El es el rey de su imperio y si su opinión es, precisamente, que él no es sino un corcho en medio de una tempestad, pues así será. El lo ha creído y permitido.

Nacer con libre albedrío significa haber sido creado con el derecho individual de escoger. Escoger ¿qué? El pensar negativa o positivamente. Pesimista u optimistamente. Pensando lo feo y lo malo —qué produce lo feo y lo malo— o pensando lo bueno y bello, que produce lo bueno y bello en lo exterior o interior.

La Metafísica siempre ha enseñado que lo que pensamos a menudo pasa al subconsciente y se establece allí, actuando como reflejo. La psicología moderna, al fin, lo ha "descubierto".

Cuando el ser humano se ve envuelto en los efectos de su ignorancia, o sea que se ha produ-

cido él mismo una calamidad, se vuelve hacia
Dios y le suplica que lo libre del sufrimiento.
El hombre ve que Dios le atiende a veces, y
que otras veces, inexplicablemente, no atiende.
En este último caso es cuando sus familiares lo
consuelan diciéndole que "hay que resignarse
ante la voluntad de Dios". Es decir, que todos
dan por sentado que la voluntad del Creador
es mala. Pero al mismo tiempo, la religión enseña que Dios es nuestro Padre. Un Padre Todo
Amor, Bondad, Misericordia. Todo Sabiduría y
Eterno. ¿Estás viendo cómo no concuerdan estas
dos teorías? ¿Te parece sentido común que un
padre todo amor, e infinitamente sabio, pueda
sentir y expresar mala voluntad hacia sus hijos?
¡Nosotros, padres y madres mortales, no seria-
mos jamás capaces de atribular a ningún hijo
con los crímenes que le atribuímos a Dios! ¡Nosotros no seríamos capaces de condenar a fuego
eterno a una criatura nuestra, por una falta
natural de su condición mortal, y consideramos
que Dios sí es capaz! Es decir, que sin que nos
demos cuenta clara de ello, le estamos atribu-
yendo a Dios una naturaleza de magnate caprichoso, vengativo, lleno de mala voluntad,

pendiente de nuestra menor infracción para atestarnos castigos fuera de toda proporción!

Es natural pensar así cuando nacimos, vivimos ignorando las reglas y las leyes básicas de la vida.

Ya dijimos la razón de nuestras calamidades. Las producimos con el pensamiento. En esto es que somos "imagen y semejanza" del Creador, Somos creadores. Los creadores, cada cual, de su propia manifestación.

Ahora, ¿por qué es que Dios parece atender a veces, y otras no? Ya verás. La oración es el pensamiento más puro y más alto que se puede pensar. Es polarizar la mente en el grado más altamente positivo. Son vibraciones de luz que lanzamos cuando oramos, o sea, cuando pensamos en Dios. Esas vibraciones tienen que transformar instantáneamente, en perfecto y bello, todas las condiciones oscuras que nos rodean, como cuando se lleva una lámpara a una habitación que esté en tinieblas. Siempre que el que esté orando piense y crea que ese Dios a quien le pide es un Padre amoroso que desea dar todo lo bueno a su hijo. En ese caso, Dios siempre "atiende". ¿Pero cómo, por lo general, la humanidad tiene costumbre de pedir así: "Ay, Papá Dios, sácame de este apuro, que yo sé que vas a pensar que no me conviene porque tú quieres imponerme esta prueba"! En otras palabras, ya negó toda posibilidad de recibirlo. Tiene más fe en ese Dios que nos enseñaron, caprichoso, vengativo, lleno de mala voluntad, que no está sino atisbando a que cometamos la primera infracción para atestarnos castigos de una crueldad satánica! Pues el que así pide no recibe sino de acuerdo con su propia imagen de Dios. Es tan sencillo como te lo digo. Ahora no vuelvas a olvidar jamás que la voluntad de Dios para ti es el bien, la salud, la paz, la felicidad, el bienestar, todo lo bueno que El ha creado. No vuelvas a olvidar jamás que Dios no es ni el juez, ni el policía, ni el verdugo, ni el tirano que te han hecho creer. La Verdad es que El ha creado siete leyes. Siete Principios que funcionan en todo y siempre. No descansan un solo minuto. Se encargan de mantener el orden y la armonía en toda la Creación. No se necesitan policías en el espíritu. Aquel que no marcha con la ley se castiga él mismo. (Lo que piensas se manifiesta, de manera que aprende a pensar correctamente y con la ley para que se manifieste todo lo bueno que Dios quiere para ti).

San Pablo dijo que Dios está más cerca de nosotros que nuestros pies y nuestras manos, más aún que nuestra respiración; de manera que no hay que pedirle a gritos que nos oiga. Basta con pensar en El para que ya comience a componerse lo que parece estar descompuesto. El nos creó. El nos conoce mejor de lo que nos podemos conocer nosotros. El sabe por qué actuamos de esta o aquella manera, y no espera que nos comportemos como santos cuando apenas estamos aprendiendo a caminar en esta vida espiritual.

Voy a rogarte que no creas nada de lo que te estoy diciendo sin primero comprobarlo. Es tu derecho divino y soberano. No hagas lo que has hecho hasta ahora, aceptar **todo** lo que oyes y todo lo que ves sin darte la oportunidad de **juzgar entre el bien y el mal.**

CAPITULO II

LA MECANICA DEL PENSAMIENTO

Todo el día y toda la noche estamos pensando una infinidad de cosas distintas. Pasa por nuestra mente una especie de película cinematográfica constante, aunque desconectada.

Entre tantas ideas diferentes, nos detenemos a contemplar, examinar o estudiar algunas más que otras. ¿Por qué? Porque nos han estimulado el sentimiento. Nos han producido un sentimiento de temor o de antipatía, de simpatía o de lástima, un sentimiento de agrado o de desagrado, no importa. El hecho es que por aquel sentimiento, la idea nos interesa, la repasamos más tarde, tal vez la comentamos con alguien. Esto es meditar, y lo que así se medita pasa al subconsciente y se graba allí.

Una vez que se graba una idea en el subconsciente se convierte en un "reflejo". Tú sabes que cuando el médico te da un golpecito con algún objeto en un sitio alrededor de la rodilla, tu pierna da un salto. Te han tocado un punto sensible y has reaccionado ¿no? En esa misma forma, cada vez que ocurre en tu vida algo referente a una de las ideas que están grabadas en tu subconsciente, el "reflejo" reacciona en la forma exacta en que fue grabado. Tú adoptas una actitud de acuerdo con el sentimiento original que sentiste cuando primero pensaste en aquella idea. Los metafísicos llamamos a esto un "concepto", o sea, una creencia, una convicción.

El subconsciente no discierne. No decide nada, no opina ni piensa por sí solo. No tiene poder para protestar, no tiene voluntad propia. Esas no son sus funciones. Su única función es la de reaccionar poniendo a la orden el reflejo que se le ha dado. El es, en este sentido, un maravilloso archivador, secretario, bibliotecario automático que ni descansa ni falla jamás. Tampoco tiene sentido del humor. No sabe cuándo una orden ha sido dada en chiste o en serio. De manera que si tu nariz es un tantico abultada; y si tú, por hacer reír a los demás, adoptas el chiste de llamarla "mi nariz de papa rellena", por ejemplo, como el subconsciente es un servidor exacto, no tiene sentido del humor y sólo sabe obedecer incondicionalmente, tratará por todos los medios de cumplir la orden que le han dado en tus palabras y tu sentir... y verás a tu nariz parecerse más y más a una papa rellena.

La palabra "Metafísica" quiere decir "más allá de lo físico", o sea, la ciencia que estudia y trata de todo lo que está invisible a los sentidos físicos. Te da la razón de ser todo lo que no comprendemos; de todo lo misterioso; de todo lo que no tiene una explicación evidente; y es exacta, como comprobarás a medida que leas este librito.

Ahora verás: ¿Recordarás tú la primera vez que oíste mencionar la palabra "catarro"? ¿No lo recuerdas, verdad? Eras muy pequeñito. La palabra la dijeron tus mayores. Te enseñaron a temerla. A fuerza de repetirla te instruyeron a comprenderla, te dijeron que no te mojaras los pies, que no te pusieras en una corriente de aire, que no te acercaras a alguien porque tenía catarro y se te pegaba, etc., etc. Todo lo cual se fue grabando en tu subconsciente y formando allí un reflejo. No tuviste jamás que recordar las advertencias de tus mayores. El daño estaba hecho. De allí en adelante, tu subconsciente te ha brindado un catarro (el mejor que te pueda obsequiar) cada vez que te has colocado en una corriente de aire, cada vez que se te han mojado los pies, cada vez que te acercas a un acatarrado y cada vez que tú oyes decir que anda por allí una epidemia de gripe o de catarro.

Por culpa de tus mayores, por lo que has escuchado decir a los demás; por lo que has leído en los periódicos y en los anuncios, en el radio y televisión, y sobre todo porque ignoras la verdad metafísica de la vida, has aceptado estas ideas erróneas y se convirtieron en reflejos que actúan sin premeditación tuya, automáticamente, y que son causa de todos los males que te aquejan en el cuadro de tu vida. Tienes un cargamento voluminoso de ideas ajenas que afectan todos los departamentos de tu vida, tu cuerpo, tu alma y tu mente. Advierte que si no los hubieras aceptado; si por el derecho que te da tu libre albedrío de escoger, aceptar y rechazar, no hubieras aceptado lo negativo, no hay germen ni virus **ni poder en el mundo** que hubiera podido atacar ni convencer a tu subconsciente para que actuara de **ninguna otra forma** que aquella que tú le diste.

Tu voluntad, negativa o positiva, es el imán que atrae hacia ti los gérmenes, las circunstancias adversas o las buenas. Como ya hemos dicho, tu actitud negativa o positiva ante los hechos, determinan los efectos para ti.

vencer a lo subconsciente para que actuara de
ninguna otra forma que aquella que la le diste.

Tu voluntad ......litiva es el súm
que aleas hacia ti los acciones: las creens
hamos .... ya bemos
dicho, la actitud negativa o positiva ante los
hechos, determinan los efectos para ti

CAPITULO III

LA FORMULA INFALIBLE

Quedamos en que cada mente humana contiene una acumulación de opiniones, convicciones
o conceptos errados —contrarios a la Verdad y
en conflicto con los Principios básicos de la Creación— y que están perennemente manifestando,
en las condiciones exteriores, todas esas calamidades y sufrimientos que aquejan al ser humano y el mundo en general; enfermedades, accidentes, dolencias, pleitos, desarmonías, escasez,
fracasos y hasta la muerte.

Felizmente, nada de eso se ajusta a la Verdad
del Ser. Felizmente existe la manera de borrar
todas esas **creencias** falsas y de sustituirlas por
correctas, que no solamente produzcan condiciones y circunstancias positivas, buenas, felices,
correctas, sino que, una vez corregido el error y
establecida la Verdad en el subconsciente, nunca

más podrán volver a suceder las cosas negativas en nuestras vidas. La orden ha sido cambiada. El imán ha cambiado de polo. Es absolutamente imposible atraer algo que no encuentre ya su correspondencia en nosotros.

La fórmula infalible es la siguiente: Cada vez que te ocurra algo indeseable, que te enfermes, que te ocurra un accidente, que te roben, que te ofendan, que te molesten... o que TU seas la causa de algún mal hacia otro o hacia ti mismo... si eres afligido por un defecto físico, o moral, o de carácter; si te desagrada alguien, si lo detestas, o si amas demasiado y sufres por esto; si te torturan los celos; si te enamoras de alguien que pertenezca a otro; si eres víctima de una injusticia, o eres víctima del dominio de otro. (La lista es interminable, de manera que suple tú la condición que te esté afectando). **Conoce la Verdad.**

Así Jesuscristo, el más grande de todos los Maestros de Metafísica, dijo "Conoced la Verdad y **ella** os hará libres" (*). La Verdad, la ley su-

---

(*) **Evangelio de San Juan: 8, 32.**

prema es La Armonía Perfecta, la belleza, la bondad, la justicia, la libertad, la salud (Vida), inteligencia, sabiduría, amor, dicha. Todo lo opuesto es **apariencia**. Es contrario a la ley suprema de la Armonía Perfecta luego es mentira porque es contrario a la Verdad.

Tu "YO" superior es perfecto. En este momento y siempre ha sido perfecto. No puede enfermarse porque es VIDA. No puede morir por la misma razón. No puede envejecer. No puede sufrir. No puede temer. No puede pecar. No tiene que luchar. No puede cambiar jamás. Es bello. Es amor, inteligencia, sabiduría, dicha. Esa es la Verdad. Es tu Verdad, la mía, la de todos los seres humanos, **ahora mismo**.

No es que el ser humano sea Dios. Así como una gota de agua de mar no es el mar. Pero contiene todo lo que forma y contiene el mar, en un grado infinitesimal; y para un átomo, esa gota de agua es un mar.

Cualquiera cosa que estés manifestando; que te esté ocurriendo contraria a La Armonía Perfecta, o que tú misma estés haciendo o sufriendo contraria a la Armonía Perfecta, **se debe a una** creencia errada que tú creaste, ya lo sabes, y que por reflejo estás lanzando hacia afuera y atrayendo su igual, del exterior. No tiene nada que ver con tu YO superior. Este continúa perfecto. Sus condiciones y su situación son **perfectas.**

Ahora, en cada una de las circunstancias enumeradas más arriba, debes recordar lo que te acabo de decir, primeramente, y luego decir mentalmente o en voz alta, como quieras, "No lo acepto".

Dilo con firmeza pero con infinita suavidad. Los trabajos mentales NO NECESITAN de la fuerza física. Ni el pensamiento ni el espíritu tienen músculos. Cuando tú digas "No lo acepto", hazlo como si dijeras "No me da la gana", tranquilamente, pero con la misma convicción y firmeza, sin gritar, sin violencia, sin un movimiento, sin brusquedad. ¿Me hago comprender?

Después de haber dicho "No lo acepto", recuerda que tu YO superior es perfecto; que sus condiciones son perfectas. Ahora di: "Declaro que la Verdad de este problema es (armonía, amor, inteligencia, justicia, abundancia, vida, salud, etc., cualquiera que sea lo opuesto a la condición negativa que se esté manifestando en ese momento). Gracias Padre que me has oído".

No tienes por qué creer ciegamente lo que estás leyendo. Debes comprobarlo tú misma.

En el lenguaje metafísico esto se llama "un tratamiento". Después de todo tratamiento hay que conservar la actitud que se ha declarado. No se puede uno permitir que entre la duda respecto a la eficacia del tratamiento, ni se puede volver a expresar en palabras los conceptos, opiniones y creencias de antes, porque se destruye, se anula el tratamiento.

El propósito es el de transformar el patrón mental que ha estado dominado en el subconsciente, o sea, el clima mental en que has estado viviendo, con toda su serie de circunstancias negativas. San Pablo dijo: "Sois transformados por la renovación de vuestra mente" (*). Esta renovación se hace cambiando cada creencia antigua a medida que vayan presentándose ante

---

(*) Romanos: 12, 2.

nuestra vida (o a nuestra conciencia), en conocimiento de acuerdo con la Verdad.

Hay convicciones que están tan arraigadas que son lo que se llama en el lenguaje metafísico "cristalizaciones". Estas requieren más trabajos que otras. Pero cada "negación" y "afirmación" que se haga respecto a estas cristalizaciones va borrando el diseño original hasta que desaparece totalmente y no queda sino la Verdad.

Verás los milagros que ocurren en tu vida, en tu ambiente y en tus condiciones.

Tú no tienes defectos sino apariencia de defectos. Lo que ves como defectos morales o físicos son transitorios porque al "conocer la verdad" de tu YO verdadero, tu Cristo, tu Ser Superior es perfecto hijo de Dios hecho a semejanza del Padre, comienzan a borrarse las imperfecciones que tú estás presentándole al mundo. Es un hecho constatable. Todo estudiante de metafísica cristiana te puede corroborar lo que acabo de decirte.

Esta es La Gran Verdad. No la olvides jamás. Comienza ahora mismo a practicarla. Mientras más se practica más se realiza, más se adelanta y más feliz te sentirás.

Acuérdate. Tú eres único, como tus huellas digitales. Fuiste creado por un diseño único, para un propósito especial que no puede cumplir nadie más que tú. Has tardado 14.000 años para evolucionar a tu sitio de hoy. Las expresiones de Dios son infinitas. Tú y yo somos sólo dos de esas infinitas expresiones. Tu Cristo es un ser inteligente que te ama con delirio y que tiene siglos esperando que lo reconozcas. Llegó el momento. Háblale, consúltale y espera sus respuestas. Es el guía y Maestro único para ti. Cuando tú llegues a comprender, aceptar y realizar esta verdad, será el nacimiento de Cristo para ti. Es lo que está profetizado para esta era. Es el Mesías. No es que Jesús vuelve a nacer ahora. Es que cada uno va a encontrar el Cristo en su conciencia y en su corazón, tal como le ocurrió a Jesús. Por eso lo llamaron "Jesucristo".

EL DECRETO

Cada palabra que se pronuncia es un decreto
que se manifiesta en lo exterior. La palabra es
el pensamiento hablado.

Jesús dijo dos cosas que no han sido tomadas
en serio. Una, "Por tus palabras serás condenado
y por tus palabras serás justificado". Esto no
significa que los demás nos juzgarán por lo que
decimos, aunque esto también es verdad; como
habrás visto ya, el Maestro enseñaba metafísica,
sólo que la raza no estaba aún lo suficiente ma-
dura para entenderla. En varias ocasiones lo
advirtió diciendo que tenía aún muchas otras
cosas que decir, pero que no podrían ser com-
prendidas. En otras ocasiones dijo que aquel que
tuviera oídos para oír, que escuchara. La segunda referencia que hizo al poder de la palabra
fue: "No es lo que entra por su boca lo que

contamina al hombre, sino lo que de su boca sale; porque lo que de la boca sale, del corazón procede". Más clara no se puede expresar.

Te propongo que pongas atención a todo lo que tú decretas en un solo día. Vamos a recordártelo. "Los negocios están malísimos". "Las cosas andan muy malas". "La juventud está perdida". "El tráfico está imposible". "El servicio está insoportable". "'No se consigue servicio". "No dejes eso rodando porque te lo van a robar". "Los ladrones están asaltando en todas las esquinas". "Tengo miedo de salir". "Mira que te vas a caer". "Cuidado que te matas". "Te va a pisar un carro". ¡Vas a romper eso!". "Tengo muy mala suerte". "No puedo comer eso, me hace daño". "Mi mala memoria...", "mi alegría...", "mi dolor de cabeza...", "mi reumatismo...", "mi mala digestión...". "¡Ese es un bandido!", "esa es una desgraciada". "Tenía que ser, cuando no". No te sorprendas ni te quejes si al expresarlo lo ves ocurrir. Lo has decretado. Has dado una orden que tiene que ser cumplida. Ahora recuerda y no olvides jamás, cada palabra que pronuncias es un decreto. Positivo o negativo. Si es positivo se te manifiesta en bien. Si es negativo se te manifiesta en mal, si es contra el prójimo es lo mismo que si lo estuvieras decretando contra ti. SE TE DEVUELVE. Si es bondadoso y comprensivo hacia el prójimo, recibirás bondad y comprensión de los demás hacia ti. Y cuando te suceda algo molesto, negativo, desagradable, no digas "¡Pero si yo no estaba pensando ni temiendo que me fuera a suceder esto!". Ten la sinceridad y la humildad de tratar de recordar en cuáles términos te expresaste de algún prójimo. En qué momento saltó de tu corazón un concepto viejísimo, arraigado allí, que tal vez no es sino una costumbre social como la generalidad de esas citadas más arriba y que tú realmente no tienes deseos de seguir usando.

Como el **sentimiento** que acompaña a un pensamiento es lo que lo graba más firmemente en el subconsciente, el Maestro Jesús, que jamás empleó palabras superfluas, lo expresó muy bien al decir, "lo que de la boca sale, del corazón procede", y esto nos da la clave inequívoca. El primer sentimiento que nos enseñan es el temor Nos lo enseñan nuestros padres, primeramente, y luego nuestros maestros de religión. Al sentir un temor se nos acelera el corazón. Solemos decir "por poco se me sale el corazón por la boca" para demostrar el grado de temor que sentimos en un momento dado. El temor es lo que está por detrás de todas las frases negativas que te he citado más arriba.

San Pablo dijo: "Somos transformados por la renovación de nuestras mentes". Cada vez que te encuentres diciendo una frase negativa, sabrás qué clase de concepto errado tienes arraigado en el subconsciente, sabrás qué clase de sentimiento obedece: temor o desamor, atájalo, bórralo negándolo por mentiroso y afirma la Verdad, si no quieres continuar manifestándolo en tu exterior. Al poco tiempo de esta práctica notarás que tu hablar es otro. Que tu modo de pensar es otro. Tú y tu vida se estarán transformando por la renovación de tu mente.

Cuando estés en reunión de otras personas, te darás perfecta cuenta de la clase de conceptos que poseen y los constatarás en todo lo que les ocurre. Siempre que escuches conversaciones negativas no afirmes nada de lo que expresen. Piensa "no lo acepto ni para mí ni para ellas". No tienes que decírselo a ellas. Es mejor no divulgar la verdad que estás aprendiendo, no porque haya que ocultarlo sino porque hay una máxima ocultista que dice: "Cuando el discípulo está preparado aparece el maestro". Por ley de atracción, todo el que está preparado para subir de grado es automáticamente acercado al que lo pueda adelantar, de manera que no trates de hacer labor de catequista. No obligues a nadie a recibir lecciones sobre la Verdad porque te puedes encontrar que aquellos que tú creías más dispuestos, son los que menos simpatizan con ella. A esto se refería Jesús cuando dijo: "No déis lo santo a los perros, ni echéis vuestras perlas delante de los cerdos, no sea que los pisoteen, y se vuelvan y os despedacen".

CAPITULO V

¿LA FE MUEVE MONTAÑAS?
¿POR QUE, Y COMO?

Todo el mundo conoce el dicho y lo repite a menudo. Lo repite como loro, pues no sabe en realidad lo que significa, ni por qué ni cómo es eso, que la fe mueve montañas.

Pocos saben que el temor también mueve montañas. El temor y la fe son una misma fuerza. El temor es negativo y la fe es positiva. El temor es fe en el mal. O sea, la convicción de que va a ocurrir lo malo. La fe es la convicción de que lo que va ocurrir es bueno, o que va terminar bien. El temor y la fe son las dos caras de una misma medalla.

Fíjate bien. Tú jamás **temes** que te vaya a suceder algo bueno. Ni tampoco dices jamás **"tienes fe** en que te va a ocurrir lo malo". La fe siempre se asocia a algo que **deseamos;** y no creo que tú deseas el mal para ti! A éste le temes; ¿no es así?

Todo lo que tú temes lo atraes y te ocurre. Ahora que, cuando te ocurre, generalmente dices con aire triunfante: "¡Ajá, yo lo sabía! Lo presentí", y sales corriendo a contarlo y repetirlo como para lucir tus dotes de clarovidente. Y lo que en realidad ha sucedido es que lo pensaste con temor. ¿Lo presentiste? Claro. Lo presentiste. Tú mismo lo estás diciendo. Ya tú sabes que todo lo que se piensa sintiendo al mismo tiempo una emoción, es lo que se manifiesta o se atrae. Tú lo anticipaste y lo esperaste. Anticipar y esperar es fe.

Ahora fíjate que todo lo que tú esperas con fe te viene, te sucede. Entonces, si sabes que esto es así, ¿qué te impide usar la fe para todo lo que tú desees?, ¿amor, dinero, salud, etc.? Es una ley natural. Es una ordenanza divina. El Cristo lo enseñó con las siguientes palabras, que tú conoces: "todo lo que pidiereis en oración, **creyendo,** lo recibiréis". No lo he inventado yo. Está en el capítulo Nº 21, versículo 22 de San

Mateo. Y San Marcos lo expresa más claro aún: "todo lo que pidiereis orando, creed que lo recibiréis y os vendrá". San Pablo lo dice en palabras que no tienen otra interpretación: "la fe es la certeza de lo que se espera, la convicción de lo que se ve". Más arriba te dije que la fe es la convicción del bien.

Ahora te diré que la convicción viene por el conocimiento. Supongamos que tú vives en la provincia y que jamás has ido a la capital. Quieres ir a la capital, y tomas el tren, el auto o el avión. Sabes dónde queda la capital y cómo dirigirte a ella. Un día te diriges hacia la capital y utilizas la forma de conducción que mejor te convenga, pero por el camino no vas temiendo desviarte hacia la luna ¿No? Si fueras un indio salvaje podrías estar temblando de pavor por desconocer totalmente lo que te está pasando. Pero siendo una persona civilizada, vas tranquila, sabiendo que a tal o cual hora llegarás a la capital. ¿Qué es o que te da esta fe? El conocimiento.

La ignorancia de los Principios de la Creación es lo que hace que el mundo tema el mal, no sepa emplear la fe, ni siquiera lo que ella es.

La fe es convicción, seguridad; pero éstas tienen que estar basadas en el conocimiento de algo. Conoces que existe la capital y vas hacia ella. Por eso sabes que no irás a parar a la luna.

Ahora sabes que cuando deseas algo, si temes no obtenerlo, no lo obtendrás. Si lo niegas antes de recibirlo, como en el ejemplo dado ya de la oración que dirige a Dios la generalidad de los humanos: "Dios mío concédeme tal cosa, aunque sé que no me lo darás porque vas a pensar que no me conviene"; no lo obtendrás porque de antemano lo negaste. Has confesado que no lo esperas!

Déjame darte la fórmula metafísica para obtener cualquier cosa que uno desee. Es una fórmula. Hay que emplearla **para todo**. Compruébala por ti misma. No me lo creas ciegamente.

"Yo deseo tal cosa. En armonía para todo el mundo y de acuerdo con la voluntad divina. Bajo la Gracia y de manera perfecta. Gracias Padre que ya me oíste".

Ahora no dudes por un solo instante. Has empleado la fórmula mágica. Has cumplido con toda la ley y no tardarás en ver tu deseo manifestado. Ten paciencia. Mientras más tranquilo esperes, más pronto verás el resultado. La impaciencia, la tensión y el ponerse a **empujar mentalmente** destruyen el tratamiento (La fórmula es lo que en metafísica se llama "un tratamiento").

Para que conozcas lo que has hecho al repetir la fórmula, te voy a explicar el proceso detalladamente. Al tú decir "en armonía para todo el mundo" has eliminado todo peligro de que tu conveniencia perjudique a otro, como tampoco se te hace posible desear un mal para otro. Al decir "de acuerdo con la voluntad divina"; si lo que tú deseas es menos que perfecto para ti, verás suceder algo mucho mejor de lo que tú esperabas. En este caso significa que lo que estabas deseando no lo ibas a encontrar suficiente, o no te iba a resultar tan bueno como tú pensabas. La voluntad de Dios es perfecta.

Al tú decir "bajo la Gracia y de manera perfecta", encierra un secreto maravilloso. Pero déjame darte un ejemplo de lo que ocurre cuando no se sabe pedir bajo la Gracia y perfección. Una señora necesitaba urgentemente una suma de dinero, y la pidió asimismo: para el día 15 del mes. Tenía absoluta fe de que la recibiría, pero su egoísmo e indiferencia no le inspiró pedirla con alguna consideración para nadie más. Al día siguiente un automóvil estropeó a su hija, y el día 15 del mes recibió la suma exacta que ella había pedido. Se la pagó la Compañía de Seguros por el accidente de su hija. Ella trabajó **contra** la ley y contra ella misma.

Pedir "bajo la Gracia y de manera perfecta" es trabajar **con** la ley espiritual. La Ley de Dios que se manifiesta siempre en el plano espiritual. Allí (en el plano espiritual) todo es perfecto, sin obstáculos, sin inconvenientes, sin tropiezos ni daños para alguno, sin luchas ni esfuerzos, "suavecito, suavecito", todo con gran amor, y esa es nuestra Verdad. Esa es la Verdad que al ser conocida nos hace libres.

"Gracias Padre que ya me oíste" es la expresión más alta de fe que podamos abrigar. Jesús la enseñó y la aplicaba en todo, desde antes de partir el pan con que alimentó a cinco mil, hasta para decir cómo transformar el vino en su sangre. Dando gracias al Padre antes de ver la manifestación.

Como irás viendo. todo lo que enseñó Jesús fue metafísico.

Todo lo que tú desees, todo lo que vayas necesitando lo puedes manifestar. El Padre todo lo ha previsto ya, todo lo ha dado ya, pero hay que irlo pidiendo a medida que se sienta la necesidad. Sólo tienes que recordar que no puedes pedir mal para otro porque se te devuelve a ti, y todo lo que pidas para ti debes pedirlo también para toda la humanidad porque todos somos hijos del mismo Padre.

Por ejemplo, pide grande. El Padre es muy rico y no le gusta la mezquindad. No digas "Ay, Papá Dios, dame una casita. Sólo te pido una casita, aunque no sea sino chiquitica", cuando la realidad es que tú necesitas una casa muy grande porque tu familia es numerosa! No recibirás sino lo que pides. Pide así; "Padre, dame a mí y a toda la humanidad, todas las maravillas de tu Reino" y ahora haz tu lista.

Para ir fortificando la fe, haz una lista de cosas que deseas o que necesitas. Enumera los objetos o las cosas. Al lado de esta lista haz otra enumerando cosas que deseas ver desaparecer, o bien en ti mismo o en lo exterior. En el mismo papel escribe la fórmula que ya te dí más arriba. Ahora, lee tu papel todas las noches. No debes sentir la menor duda. Da las gracias de nuevo cuantas veces pienses en lo que has escrito. A medida que veas que se te van realizando las cosas enumeradas, ve tachándolas. Y al final, cuando las veas realizadas todas, no vayas a ser tan mal agradecida de pensar: "Tal vez se me iban a dar de todas maneras", porque es mentira. Se te dieron porque las pediste correctamente. Lo exterior se acomodó para dejártelas pasar.

Como ya estás muy habituada a sentir temor por una variedad de razones, cada vez que te encuentres atacada por un temor, repite la fórmula siguiente, que te irá borrando el reflejo que tienes grabado en el subconsciente: "Yo no tengo miedo. No quiero el temor. Dios es amor y en toda la Creación no hay nada a qué temer Yo tengo fe. Quiero sentir fe".

Un gran Maestro decía "lo único que se debe temer es al temor". La fórmula la debes repetir aun cuando estés temblando de terror. En ese

momento, con mayor razón. Solamente el deseo
de no temer y el deseo de tener fe bastan para
cancelar todos los efectos del temor, y para
situarnos en el polo positivo de la fe.

Supongo que ya tú conoces el principio psicológico que dice, que cuando se borra una costumbre hay que sustituirla por otra. Cada vez
que se niega o se rechaza una idea cristalizada en
el subconsciente, se borra ésta un poquito. El
pequeño vacío que así se hace, hay que llenarlo
inmediatamente con una idea contraria. Si no, el
vacío atraerá ideas de la misma clase y que
siempre están suspendidas en la atmósfera, pen-
sadas por otros. Poco a poco irás viendo que
tus temores desaparecen, si es que tienes la voluntad de ser constante, repitiendo la fórmula
en todas las circunstancias que se vayan presentando.

Poco a poco irás viendo que únicamente te
sucederán las cosas como tú las deseas. "Por
sus frutos los conoceréis", dijo Jesús.

Este gran instrumento —"el poder del decreto"— se presenta a nuestra atención en aquella
extraordinaria historia de la creación que encon-

tramos en los dos primeros capítulos del Génesis en la Biblia. Yo sugiero que tomes tiempo ahora para leer este maravilloso relato. Mientras lees te darás cuenta de que el hombre (esto quiere decir tú y yo) no fue creado para ser la pieza de juego de las circunstancias, la víctima de las condiciones o un títere movido de un lado para otro por poderes fuera de su dominio. En lugar de esto encontramos que el hombre ocupa el pináculo de la Creación; que, lejos de ser lo más insignificante del Universo es, por la misma naturaleza de los poderes que le ha dado su Creador, la suprema autoridad designada por Dios para regir la Tierra y toda cosa creada. El hombre está dotado de los poderes mismos del Creador porque es "hecho a Su imagen y según Su semejanza". El hombre es el instrumento por medio del cual la sabiduría, el amor, la vida y el poder del Creador Espíritu, se expresa en plenitud.

Dios situó al hombre en un Universo respondedor y obediente (incluyendo su cuerpo, sus asuntos, su ambiente) que no tiene otra alternativa que llevar a efecto los edictos o decretos de su suprema autoridad.

El poder de decretar es absoluto en el hombre; el dominio que Dios le dio, irrevocable; y aunque la naturaleza básica del Universo es buena en la evaluación del Creador, puede aparecer ante el hombre solamente como él decrete que aparezca. Vemos que mientras el hombre fue obediente a su Creador, mantuvo su poder de pensar y hacer decretos a tono con el Espíritu del Bien que es la estructura de la Creación, vivió en un universo de bien, un "Jardín del Edén". Pero cuando el hombre "cayó" al comer del árbol del conocimiento del bien y del mal, y eligió basar su pensamiento y usar sus poderes en el bien y en el mal —lo que como agente libre podía hacer— inmediatamente encontró sudor y cardos mezclados con su pan de cada día. Desde la "caída" el hombre se ha atareado declarando su mundo bueno o malo y sus experiencias han sido de acuerdo con sus decretos. Esto demuestra evidentemente cómo responde el Universo y cuán completos y de largo alcance son el dominio y la autoridad del hombre.

CAPITULO VI

A M O R

Sólo te falta este capítulo para terminar de conocer el Primer Principio de la Creación: El Principio de Mentalismo cuyo lema es "Todo es Mente".

Jesucristo dijo "Sois dioses" (Evangelio de San Juan, cap. 10-34). Asi como la Creación, toda ella, fue un pensamiento manifestado, asi el hombre, que es un dios en potencia, crea con el pensamiento todo lo que él ve manifestado a igualdad y semejanza de su Creador. Esto ya lo aprendiste. También has aprendido la mecánica de esta creación mental; el carácter, (positivo o negativo) de lo creado; la fuerza (fe o temor), que determina el carácter; la manera de cambiar el aspecto exterior de lo que hayas creado negando y afirmando); el poder de la palabra; que es el pensamiento hablado y que por lo tanto confirma las órdenes que has dado con tus pensamientos; y finalmente la fórmula infalible para crear, manifestar y obtener lo mejor, lo más alto, lo perfecto: "Conociendo la Verdad", en acatamiento a la ordenanza del Maestro Jesús. Sabes que esta Verdad es que fuimos creados perfectos por un Creador perfecto, con la esencia perfecta de El mismo, con libre albedrío para crear de manera positiva o negativa; por lo tanto el "mal" no es una creación de Dios. No tiene ningún poder frente a la Verdad. Que desaparece al sustituir el pensamiento, y la palabra positiva. Jesús dijo: "no resistáis al mal" (S. Mateo, 5-39) o sea, que domináramos el mal con el bien. La Verdad única es el Bien.

De ahora en adelante no podrás jamás volver a culpar a nadie de lo que te ocurra. Tendrás que mirarte frente a frente y preguntarte "¿Cómo fue mi clima mental en esta circunstancia? ¿Fue positivo o negativo? ¿He sentido fe o temor? ¿Qué especie de decretos he lanzado con mis palabras?" "Por sus frutos los conoceréis". Tendrás que sincerarte y contestar la verdad. ¿Te complace lo que estás viendo ¿O te desagrada? Tú dirás.

Ahora, en metafísica cristiana decimos que Dios tiene siete aspectos: Amor, Verdad, Vida, Inteligencia, Alma, Espíritu y Principio. Como ves, todos estos aspectos son estados invisibles. Mentales, pues. No los podemos ver ni tocar. Sentimos y apreciamos sus **efectos**. Existen, actúan, son reales, son **cosas** y ninguno se puede negar.

Amor se le llama al carácter de Dios, el primer aspecto de Dios, la fuerza más potente de todas las fuerzas y la más sensible. Pocas personas saben lo que es realmente el amor. La mayoría cree que es aquello que se **siente** hacia los padres, los hijos, los esposos, los enamorados, etc. Afecto, cariño, atracción, antipatía y odio son todos diferentes grados de una misma cosa: sensación. El amor es muy complejo y no se puede definir con una sola palabra, pero ya que en nuestro planeta se entiende por amor la sensación, y aunque ésta no es sino, como quien dice, el bordecito exterior del amor, tratemos de acercar la sensación lo más que se pueda al amor, para comenzar a comprenderlo. El punto central en la escala que va desde el odio hasta el senti-

miento que aquí llamamos "amor", es la tolerancia y la buena voluntad.

Parece una contradicción, pero cuando se
"ama" mucho, mucho o demasiado, faltan tolerancia y buena voluntad. Cuando se odia, faltan
la tolerancia y la buena voluntad. O sea, que
tanto el excesivo amor como el excesivo desamor
son la negación de la tolerancia y la buena
voluntad. Jesús dijo "Paz a los hombres de buena
voluntad". Lo cual implica que lo que pase de
allí no trae paz. La paz está en el centro, el
perfecto equilibrio, ni de más ni de menos, en
todo. Todos los excesos, aún el exceso de Bien
(exceso de dinero, de amor, de caridad, de oración, de sacrificio, etc.) desequilibran el peso de
la balanza; llevan más hacia uno de los lados,
y quitan la paz. Cuando Génesis dice: "de todos
los frutos del paraíso podéis comer, salvo del
fruto del árbol de la ciencia del Bien y del Mal"
se refiere a eso precisamente. El tronco de árbol
simboliza el centro, el equilibrio. Las ramas par-
ten de ese centro, desprendiéndose hacia todos
lados produciendo "frutos". Algunos se manifiestan buenos, otros malos. Simbolizan los extremos. Verás pues que "el fruto prohibido" que

tanta tribulación ha causado en el mundo no es otra cosa que los extremos. El exceso en todos los aspectos, pues Dios, que todo lo creó, declaró toda su obra "buena" (léelo en Génesis) y sólo menciona la palabra "Mal" con respecto al exceso.

Un paréntesis para recomendarte que leas y medites el capítulo de Eclesiastés que comienza: "Todo tiene su tiempo..." (La Biblia).

Volvamos al Amor. Aquellas madres que dicen amar tanto a sus hijos que no les permiten separarse del nido, ni casarse, ni actuar independientemente de ellas cuando ya son hombres y mujeres mayores de edad, no aman. Son egoístas y lo que sienten es deseo de posesión. Aquellas novias y esposas que sufren torturas de celos, igualmente. Esos tipos de "amor" no son otra cosa que exceso de sentimiento. Sobrepasan la medida y por lo tanto se van muy lejos de la tolerancia y la buena voluntad.

Por lo general, el exceso de sentimiento prueba que hay falta de desarrollo de la inteligencia. Esto sin duda causará indignación en aquellas personas que se llenan la boca diciéndose "muy sentimentales". A nadie le agrada que otro le descubra su falta de inteligencia, pero pueden comprobarlo. El exceso de emotividad, como todo exceso, es "malo". Es prueba de que falta lo que le haga contrapeso. El exceso de calor, por ejemplo, se equilibra con igual cantidad de frío para llevarlo a ser soportable o desagradable. La inteligencia es fría. La emoción es cálida. Una gran capacidad emotiva es una cualidad magnífica y muy deseable, siempre que esté equilibrada con igual capacidad intelectual. Esto es lo que produce los grandes artistas. Pero el artista tiene su arte en que volcar toda su potencia emotiva. En cambio la persona exageradamente emotiva y con poco desarrollo intelectual vuelca toda su pasión en los seres humanos que la rodean, pretende atarlos y que cumplan su antojo.

El remedio para la excesiva emotividad es pensar y reflexionar mucho, sobre todo ponerse a meditar **Durante un rato y diariamente**, en la inteligencia. Comenzando por preguntarse ¿qué cosa es la inteligencia? Continuando por pensar **en que todo** contiene inteligencia en el universo, las plantas, los animales, etc. y terminando por **afirmar** "Yo soy inteligente, con la inteligencia de Dios mismo, ya que soy creada de la esencia misma del Creador; **por** la inteligencia, **con** la inteligencia y **de** la inteligencia de Dios". A los pocos días de repetir este tratamiento se notará ya un cambio en la elasticidad y la penetración mental; y con sólo una semana del ejercicio se aprecia la transformación en la forma de amar a los demás, una serenidad y una generosidad peculiar que uno nunca se hubiera creído capaz de expresar. Al mismo tiempo se nota un cambio total en los demás hacia uno mismo. Esto se debe a que somos "individuos" o sea, indivisibles; y lo que afecta a uno afecta a todos. El escalón que subas tú ayuda a toda la raza.

Ahora pasaremos a tratar sobre el enemigo Número Uno de toda la humanidad: El resentimiento y el rencor, por no decir el odio. Casi no hay seres humanos que estén exentos de resentimientos, sin saber que esto amarga la vida entera, influencia en mal toda manifestación y es causa de todas las decepciones que sufrimos, aun cuando se aprende a "negar y afirmar", a "conocer la Verdad", a vigilar y corregir los pensamientos y las palabras. Un solo resentimiento, un rencor grabado en el subconsciente y en el alma actúan como una fuentecita de hiel emanando su gota de amargura, tiñéndolo todo y contrariando sorpresivamente nuestros mayores anhelos. Nada, ni la demostración más perfecta puede perdurar mientras exista aquel foco infeccioso malogrando nuestro propio ser! La Biblia, las iglesias, las religiones se cansan de abogar por el perdón y el amor hacia los enemigos; y todo es en vano mientras no enseñen la forma práctica de imponernos el perdón hacia los que nos hieren. Mucho se escucha decir "Yo perdono pero no puedo olvidar". Mentira. Mientras uno recuerde un daño, no lo ha perdonado.

Vamos a dar la fórmula infalible para perdonar y olvidar al mismo tiempo, para nuestra propia conveniencia ya que esto nos establece en el punto central del equilibrio, el de la tolerancia y la buena voluntad y siendo este esfuerzo AMOR. San Juan, el Apóstol del amor dice: "El amor es el cumplimiento de la ley". Cumplir con la ley del amor es cumplir con todas las leyes. Es estar con Dios, en Dios, es ser dichosos, satisfechos y completos en todas nuestras manifestaciones. Mi maestro decía: El hombre que ama bien es el hombre más poderoso del mundo.

Y aquí la receta para bien amar: Cada vez que sientas algo desagradable hacia otro; o bien que te encuentres resintiendo algo que te hayan hecho; o que te reconozcas un franco rencor o un deseo de venganza, ponte deliberadamente a **recordar** (no es tratar de olvidar lo de ahora), es a recordar todo lo bueno que conoces de aquella otra persona. Trata de revivir los ratos agradables que gozaste en su compañía, en tiempos pasados, anteriormente al momento que te hirió. Insiste en rememorar lo bueno, sus buenas cualidades, la forma en que pensabas de ella. Si logras reírte de algún chiste que ella dijo o de algo cómico que gozaron juntas, el milagro se ha hecho. Si no basta con un solo tratamiento, repítelo tantas veces como sea necesario para borrar el rencor o resentimiento. Te conviene hacerlo, "hasta setenta veces siete".

Esto es el cumplimiento de la ley dada por Jesús: "No resistáis al mal". Esto es volver la otra mejilla. Es amar a los enemigos, bendecir a los que nos maldicen, hacer bien a los que nos aborrecen y orar por los que nos ultrajan y persiguen, todo sin exponernos a que nos pisoteen. Si lo haces con sinceridad te vas a dar cuenta de algo muy extraño, y es que te sentirás libertada, primeramente, y luego, que una montaña de pequeños inconvenientes que te ocurrían y que no sabías a qué atribuir desaparecen como por encanto, y tu vida marcha sobre rieles. Además de que te verás amada por todo el mundo, aún por aquellas personas que antes no te quisieron bien.

NEGACIONES Y AFIRMACIONES

Frente a una enfermedad propia o ajena:

Niego la apariencia de toda afección física.
No la acepto ni para mí ni para nadie. La
única verdad radica en el espíritu y todo
lo inferior se amolda a mi palabra, al yo
reconocer la Verdad. En nombre de Jesucristo que nos autorizó, decreto que yo y
todos somos Vida. La Vida es salud, fuerza
y alegría. Gracias Padre que me has oído.

———————

Frente a todo temor (propio o ajeno):

Niego el temor. Dios no creó el temor, luego no tiene otra existencia que la que yo
le quiera dar, y yo no acepto, no deseo más
esta apariencia creada por mí. Suelto y
dejo ir toda sombra de temor en mí (o en
ti). Juan Apóstol dijo: "el amor desarraiga
todo temor". Dios es amor, yo soy su hijo,
soy hecho en, por y de amor. Esta es la
Verdad. Gracias Padre.

Frente a toda tristeza (propia o ajena):

Niego la propia existencia de esta tristeza (pena o depresión) Dios no la autoriza. Borro en mí toda tendencia a la negatividad. No la necesito. No la acepto. Dios es dicha, gozo, alegría. Yo soy dicha, gozo, alegría. Gracias Padre por... (Comienza a enumerar todo lo que tengas, hasta lo más insignificante).

_____

Frente a cualquiera falla o escasez:

Niego toda apariencia de escasez. No es la Verdad, no lo puedo aceptar, no la quiero. La abundancia de todo es la Verdad. Mi mundo contiene todo. Ya está todo previsto, todo dado por un Padre todo amor, sólo tengo que reclamar mi bien. Señálame el camino, Padre, habla que tu hijo te escucha. Gracias Padre.

_____

Frente a todo lo que no sea armonioso:

Niego la inarmonía. No acepto esta apariencia de conflicto. Dios es armonía perfecta. En el espíritu no hay choque, ni contrariedad, ni lucha, ni cosa alguna que se oponga al cumplimiento de la perfecta armonía. Gracias Padre, bendigo tu armonía en esta circunstancia.

———————

Por la paz mundial y frente a toda apariencia contraria:

Gracias Padre que eres Paz. Gracias Padre que nada de lo que está contrariando este hecho tiene consistencia alguna, que todo es creación de los que te ignoran. Perdónalos que no saben lo que hacen. Hágase tu voluntad aquí en la Tierra como es en Ti. Gracias Padre.

———————

Todo lo anterior te lo doy para que aprendas a formular tú mismo tus oraciones. Como todo el día estamos pensando y decretando, todo el día estamos orando, en forma negativa o en forma positiva, y creando nuestras propias condiciones, estados y sucesos.

Lo importante es mantenerse en el ánimo que expresa la oración. Si después de afirmar te dejas regresar al polo negativo, destruyes el efecto de la oración. Cuida tus pensamientos. Cuida tus palabras. No te dejes arrastrar por lo que expresen otros. Recuerda que ellos ignoran lo que tú ya vas conociendo.

Lo que pienses y pidas para ti, piénsalo también para los demás. Todos somos uno en espíritu y esa es la forma más efectiva de dar. Mejor que pan y limosna ya que el pan y la limosna duran sólo unos instantes, mientras que la Verdad se queda con el otro para siempre. Tarde o temprano tu don espiritual le entrará en la mente consciente y habrás hecho labor de salvación en un hermano. El Principio del Ritmo, que es la ley del péndulo, el búmerang, te devuelve el bien que haces (como también el mal que haces).

Se ha dicho que "uno con Dios es la mayoría", de manera que una sola persona que eleve su conciencia al plano espiritual y **reconozca** la Verdad en la forma expresada más arriba, es capaz de salvar de la ruina a una organización, salvar de la crisis a una comunidad, una ciudad o una nación, porque actúa en el plano espiritual que es la Verdad y ésta domina a todos los planos inferiores. "Conoced la verdad y **ella** os hará libres".

LECTURAS RECOMENDADAS

El Sermón del Monte, por Emmet Fox (en castellano).
Lecciones Sobre la Verdad, por H/Emilie Cady, (en castellano).
La Palabra Diaria, suscripción mensual (en castellano).
El Kybalyon, por Tres Iniciados, Editorial Kier, Buenos Aires.
Los tres primeros se obtienen escribiendo a "Unity Panamericano, Nº 100 West 73rd. St. New York, 23, N. Y., que es el Centro Hispano de Unity School of Christianity.

Advertencia: Cada libro metafísico debe leerse muchas veces. Cada vez que se relee se comprende mejor. Ahora, sólo lo que se practica se queda con nosotros. Lo que sólo se lee y no se usa, se va.

CAPITULO VII

SIGNIFICADO METAFISICO DE LOS DIEZ MANDAMIENTOS DE MOISES

Parece ser que aún no se ha podido comprobar si Moisés era lo que dice la Biblia, o si era realmente el hijo de una princesa egipcia hermana de Ramsés II. Su nombre significa "Extraído de las Aguas" (en el simbolismo bíblico) y como la Biblia, en gran parte, está formada por relatos simbólicos destinados a proteger la gran Verdad contra las interpretaciones erróneas de aquellos que no tengan la madurez necesaria para ponerla en práctica, es muy posible que todo el relato bíblico, respecto a su nacimiento hebreo y su adopción por la princesa, sea también simbólico y no histórico.

En todo caso, la verdad de su procedencia no afecta lo que él enseñó. Moisés sí fue un gran iluminado, un gran Maestro de la Verdad metafísica, que no solamente libertó al pueblo hebreo de la esclavitud y las condiciones infrahumanas en que se hallaban sino que también enseñó a muchas tribus errantes que se fueron agregando a su grupo en el desierto; y por esta razón fue que tantas razas distintas, descendidas de aquellas tribus, adquirieron el culto monoteísta (un solo Dios), conservándolo hasta hoy.

Tal abigarramiento de gentes, algunos totalmente primitivos; que no sabían respetar lo ajeno; que mataban a otro porque les molestaba; que dejaban perecer de mengua a los ancianos porque les representaban, cada uno, una boca más; para quienes una mujer no era sino una hembra perteneciente a todos; y otros no tan primitivos, como los judíos que habían vivido esclavos de los egipcios, pero que no habían conocido otra cosa que el trabajo de sol a sol, sin tregua ni descanso; y que en la convivencia con los idólatras habían adoptado estas creencias y olvidado el culto de sus antepasados; obligó a Moisés a formular un código de leyes, simple, escueto, al nivel mental de todos, expresadas en lenguaje casi infantil pero con castigos durísimos por cada infracción, y basadas en la amenaza y el terror, ya que ésta es la única forma de domar a una bestia salvaje.

Moisés había sido educado en el templo de Heliopolis que era, como quien dice, una universidad. Allí se enseñaba lo que llamaban Geometría en aquel entonces, y que incluía, no solamente las Matemáticas, sino la Metafísica, la Astrología, la Numerología (significado de los números) y un simbolismo triple que usaban los de aquellos tiempos para dejar registrada su sabiduría, al servicio de las generaciones futuras, a medida que evolucionaran.

El primer aspecto de esta simbología era sencillo, se refiere a la vida y mundo de los humanos. El segundo aspecto es metafísica. Trata la misma condición pero en el plano mental. El tercer aspecto es jeroglífico y trata el mismo asunto en el plano espiritual, y este último aspecto es tan profundo, que se dice no ser inteligible sino para los espíritus puros. Y aquí está nuestra primera exposición del Principio de Correspondencia que dice: "Como es Arriba es Abajo; Como es Abajo es Arriba". Abajo significa, en el plano material, en las condiciones humanas, en lo visible. Arriba se refiere a lo invisible, a lo mental y por supuesto a lo abstracto, espiritual.

Lo que dice el Principio de Correspondencia es que las leyes todas actúan en todos los planos, y que las condiciones en un plano se repiten en el plano superior como también en el plano inferior. Esto lo irás viendo claro de aquí en adelante.

Así elaboró Moisés sus Diez Mandamientos o Sepher Bereshit (como se llama este código de leyes en idioma hebreo), para que la humanidad a medida que fuera evolucionando y despertando, se fuera iniciando en la enseñanza superior; y la siguiente interpretación no es invento de ningún hombre. Fue dejada en claves conocidas por los muy adelantados pero mantenidas ocultas al través de estos milenios. Como verás luego, ya la humanidad aprendió la primera lección, o sea, que aprendió a obedecer la ley en su primer aspecto. La mayoría es adulta mental y moralmente. Hay un gran sector de la humanidad que ya está protestando en su interior por las contradicciones que hay entre el dogma y el sentido común, y esta es la señal que indica el momento de dar el paso hacia adelante. La mayoría, pues, comienza a razonar en escala alta.

En síntesis, los diez mandamientos dicen: 1.—No hay sino un Dios. 2.—No fabricarás imágenes, no las adorarás ni las rendirás culto. 3.—No tomarás en vano el nombre del Señor tu Dios. 4.—Acuérdate de santificar el día séptimo. 5.—Honra a tu padre y tu madre. 6.—No matarás. 7.—No cometerás adulterio. 8.—No hurtarás. 9.—No levantarás falso testimonio. 10.—No codiciarás.

Este grupo de leyes se dividen en dos grupos. Ocho mandamientos aparentan ser prohibiciones y comienzan con la palabra "No". Estos son los número Uno, Dos, Tres, Seis, Siete, Ocho. Nueve y Diez. Los números Cuatro y Cinco son recomendaciones. A primera vista, el ser humano que aún no ha aprendido a razonar en el plano mental-espiritual, los entiende como prohibiciones o normas de conducta. Esto era necesario para que la gran mayoría de la humanidad recibiera la noticia, y luego se acostumbrara, a no matar, no robar, no mentir, no codiciar, a pensar en el prójimo y a la idea de un solo Dios.

En tiempos de Moisés, la población del mundo se hallaba reducida a un número y a un sector de la Tierra relativamente muy pequeños. Sin embargo en esa área y ese número pequeños, la gran mayoría era totalmente ignorante; y el resto menos ignorante sólo contaba con algunos realmente adelantados, o educados. A la gran masa humana de hoy le ha costado tremendos golpes y porrazos, individuales y colectivos, aprender a comportarse **habitualmente** de acuerdo con las reglas de ética sentadas por Moisés; y aún visto por encima, diríamos que no es así. Diríamos que la humanidad sigue matando, robando y mintiendo como si tal cosa, pero esto no es la verdad. No es verdad con respecto a la gran mayoría. La Gran Mayoría desea la libertad de adorar al Dios único como a ella mejor le plazca. La gran mayoría ya no roba, ni mata. La gran mayoría ama y cuida a sus ancianos; y finalmente, la Tierra entera conoce y cumple la recomendación de descansar un día por semana, el Domingo.

Es la minoría la que rompe las leyes terrenas. Es una minoría muy reducida la que vive en las cárceles. Es la minoría la que desconoce a Dios; y finalmente, si aún existen humanos que ignoran que hay una cosa llamada "la ley" para castigar al que se comporte mal, esos son la gran excepción que comprueba el adelanto de la mayoría.

Ha llegado, pues, el momento merecido ya por la gran mayoría humana, de dar el próximo paso adelante, o sea, de recibir y comprender el segundo aspecto de la trilogía simbólica ya mencionada; el que trata del plano mental; porque el tercer aspecto, el jeroglífico, no lo comprenderemos hasta que seamos limpios de todo error. Cuando se nos pueda catalogar de "espíritus puros", o sea, cuando hayamos aprendido a amarnos los unos a los otros. Y vamos al grano.

Los tres primeros mandamientos exponen el Principio de Mentalismo ya tratado, de manera que no los vamos a desentrañar sino al final, después de exponer lo que encierran los mandamientos números: Seis, Ocho, Nueve y Diez, o sean, "No matarás", "No hurtarás", "No levantarás falsos testimonios" y "No codiciarás".

Para principiar a poner en claro, el vocablo "No" no tiene la misma intención de aquellos afiches que nos colocan en puntos determinados de las ciudades y que dicen "No botar basura", "No pise la grama". Estos son actos que la ciudadanía **puede** cometer pero que no **debe,** y así se lo ordena la autoridad. El "No" de los Mandamientos significa "No puedes" por más que lo intentes. Que es inútil y absurdo que sigas creyendo que lo puedes hacer porque **no** lo lograrás. Mi Maestro decía que el "no" del Pentateuco equivale, en el idioma de hoy, a que alguien dijera: "No atravesarás a nado el Océano Atlántico". ¿Por qué? Porque ya tú lo sabes que no lo puedes intentar siquiera. No posees la fuerza.

El cuerpo material no tiene voluntad propia. No puede oponerse ni mandar. La vida está en el espíritu, en el alma, en el Yo Superior. Al abandonar ésta el cuerpo de carne y hueso sólo queda la masa inerte, sin la vida. De manera que podrías encajar un puñal en el cuerpo de fulano; podrías echar cianuro en el **café** de zutano; podrían sus cuerpos dejar de existir en el plano terreno, pero ellos continuarían llenos de vida y conscientes en el plano que sigue, y lo único que habrías logrado es hacer que la Ley del Ritmo, al devolverse, te golpee a ti. Morirás por mano de otro o por "accidente". Los conocidos dichos "Ojo por ojo, diente por diente' de la Biblia y el popular "El que a hierro mata, a hierro muere", no son mitos. Sólo que no es Dios quien castiga (como se cree) sino Sus Leyes; Su Principio rige en todos los universos y en todos los planos, tanto para retribuir el Bien como para cobrar el Mal. No en vano se dice que "el orden es la primera ley del Cielo", y Jesús dijo "hasta los cabellos de tu cabeza están contados".

Ahora verás mejor lo dicho referente a que ningún mal te puede venir de afuera hacia ti. Nadie puede hacerte un daño si en tu "récord" no aparece que tú hayas hecho un daño similar a otro. Nadie puede "matar" tu reputación, ni tu negocio, ni tu felicidad, ni tu hogar ni ninguna otra pertenencia tuya; ni tú puedes matar nada de eso en otro, ni existen accidentes ni casualidades. Las grandes Leyes te protegen. Ya la gran mayoría se siente incapaz de asesinar al prójimo. Ya es mucho. Pero ahora viene el segundo aspecto del Mandamiento a decirnos que es inútil intentar dañar a otro o a sus pertenencias por medio de la calumnia, el chisme, la mentira o el "truco", y que lo único que se logra con eso es que la Ley, devuelva idéntico mal al que lo intenta. El búmerang regresa inevitablemente hacia el punto en que fue lanzado.

Y ahora con respecto a darle muerte a un insecto o a un animal. **El sentido común es la forma de expresarse la Sabiduría Divina al través del hombre.** Apréndete esta máxima de memoria. Repítela y recuérdala cada vez que te enfrentes a una circunstancia dudosa. Detente ahora y repítela hasta que se te grave.

Somos los hermanos mayores de toda manifestación de la vida inferior a la nuestra. La vida es toda una sola expresándose al través de todo lo que ella pueda animar. Los insectos, las aves y los animales son seres humanos en potencia. Están en etapas muy tempranas de su evolución y algún día, después de muchos, muchos milenios adquiriendo sustancia y materiales, experiencias y prácticas, elevándose de forma en forma, de reino en reino, llegarán a condensar todo esto en la forma exterior de un ser humano. Casi nunca se retrocede. Es decir, que se puede estacionar y retardar, desviar y optar por un camino distinto, pero el ejemplo de no retroceder jamás lo da nuestra Tierra. Ella jamás vuelve sobre sus pasos. Empleó millones de años en transformarse de nebulosa en planeta y de allí en producir seres vivientes. El día jamás se devuelve de las siete de la noche a las doce del día del mismo día. El hombre no puede destruir su esencia para renacer en un animal. Sabiendo todo esto, al contemplar un animalito viviente, debe darnos una compasión muy grande pensar el trabajo que está haciendo y que le está costando, aprender a movilizarse, a adaptarse y manejarse en su mundito de una dimensión, y que al destriparlo con el pie le estamos cortando en seco su minúscula aunque valiosa experiencia. Esto lo aprenderás mejor en el Principio de Vibración. PERO... y es un pero muy grande, la Sabiduría Divina, a través del sentido común, nos convierte en jueces aun siendo los hermanos mayores.

Vamos a decir que un día en nuestra casa limpia, ordenada y aseada, aparece una cucaracha o una chiripa. Estoy cansada de verte dar el salto con el zapato en la mano, y, GRRRAC! pereció la pobre. Y ahora me dirás ¡Pero cómo! ¿Voy a dejar que se cunda mi casa de esos animales. No, en absoluto. No puedes, ni debes permitir que permanezca ni un segundo más bajo tu mismo lecho. Tú, en tu carácter de hermano mayor, tienes el deber de vigilar, de enseñar, de corregir y de frenar a tus hermanos menores. No puedes permitirles que aumenten indebidamente ni que se introduzcan en donde no pertenecen. Tampoco debes permitir que otro, ni siquiera un animalito irracional, abuse de ti. Si lo permites, haces mal. Pero para eso tienes tú la mente que esos seres no tienen aún, y por eso dijo Moisés en Génesis (cap. 1, ver. 26) "Hagamos al hombre a nuestra imagen, conforme a nuestra semejanza; y **señoree** en los peces del mar, en las aves de los cielos, en las bestias, en toda la tierra y en todo animal que se arrastra sobre la tierra. Y creó Dios al hombre a su imagen, a imagen de Dios lo creó". Fíjate que esto último lo dice tres veces. Cuando la Biblia repite tres veces significa que la frase tiene idéntico significado en los tres planos. En otras palabras, que no ha de buscársele interpretación metafísica o jeroglífica; que ella expresa una verdad eterna y fundamental.

Ahora, los animales, o seres irracionales, no tienen un espíritu (digamos), individual. Tienen lo que llamamos "espíritu grupo", o sea, que el gran conjunto de cada especie forma un espíritu; o tal vez no sea sino una partícula de un espíritu. (Eso no lo puedo conocer. No he llegado a esas alturas). Lo cierto es que ellos (los seres irracionales) actúan en grupo y por líneas ya determinadas de acción. Por ejemplo, las abejas. Un tipo de abejas obedece al instinto de construir panales de cera. Otro al instinto de atender a la reina y así sucesivamente. Son acciones automáticas. Ellas individualmente no piensan. Piensa por ella el gran conjunto que forma una mente, y las guía por medio del instinto (podríamos decir). Empleando la ley de Correspondencia, veamos cómo **corresponde** esta actuación mecánica de las abejas a una situación similar en el reino humano. En la construcción de un edificio, por ejemplo, hay los muchachos cargadores de agua. Hay albañiles que pegan ladrillos. Hay carpinteros que hacen puertas. Hay los obreros especializados en molduras, pinturas, adornos. Y todos trabajan casi mecánicamente, cada uno en su línea determinada, todos cumpliendo algo que está en la mente del arquitecto. En el hombre ¿qué corresponde? Los pies hacen el trabajo automático de caminar. Las manos, de maniobrar. Los ojos, de mirar. Los oídos de escuchar, etc. Y todo obedece al impulso que envía la mente al través de líneas, que llamamos Nervios en el hombre.

Sabiendo esto, cuando tú encuentres un insecto fuera de lugar, frena tu primer impulso de aniquilarlo. El espíritu de su grupo está a tu misma altura mental; forma parte de la mente universal; lo contactas al dirigir tu mente hacia él. Simplemente dile: "Aquí hay una célula tuya que se encuentra fuera de su ambiente. No es armoniosa a mi ambiente. Dios es Armonía perfecta. Llévatela".

Sentirás una gran emoción al ver que el insecto se detiene inmóvil, como recibiendo la onda, y al minuto corre a desaparecerse. No lo volverás a ver. Y en el caso de que tu propia conciencia no está aún segura de la Verdad que te acabo de enseñar; bien sea que tú sientas dudas del resultado; o que hagas el "tratamiento" con DEMASIADA VIOLENCIA y ves que el animal continúa molestándote, dale tres "chances". Dile al espíritu grupo: "Si no te lo llevas pronto, voy a tener que matarlo". Generalmente no te verás en el caso de matarlo. En muy pocos casos se resiste a irse. Sólo cuando él mismo está buscando la muerte porque ya ha vivido su vida; y en ese caso (cuando te lo indique tu sentido común, que es la Sabiduría Divina en ti) mátalo con un golpe fuerte y seco. No lo dejes a medio vivir, agonizando. Y sin violencia de tu ánimo, sin rabia ni disgusto, dile: "Que evoluciones en mejor especie". Todo depende de la intención y el pensamiento con que se ejecute.

Hay sectas y órdenes de las que se dicen "ocultistas" que no comen carne. Alegan que las vibraciones de dolor del animal al ser matado contaminan al alma humana; alegan también que las vibraciones de la especie inferior degradan al ser. El Maestro Jesús negó esta creencia cuando dijo: "No es lo que entra por su boca lo que contamina al hombre, sino lo que de su boca sale; porque lo que sale de la boca, del corazón procede". Ya conociste la explicación de esta lección en el Capítulo "La Palabra". Y de acuerdo con Moisés repetimos: "Nadie ni nada puede dañarnos de afuera, a menos que lo hayamos merecido; a menos que lo aceptemos por creer que sí es posible". Pero cuando conocemos esta Verdad y la recordamos siempre, nada ni nadie puede causarnos daño alguno.

El gusto por comer carne, o la necesidad de la carne como alimento sólo significa que el individuo aún conserva una cantidad de su naturaleza animal (animal carnívoro, se entiende). No ha llegado aún al punto en que sus células pueden prescindir del alimento ingerido del exterior, eso es todo; porque el limitarse obligatoriamente a comer frutas y verduras no es una prueba de elevación espiritual, ya que la vaca y el caballo no comen sino yerba y granos.

Al no más entrar a estudiar metafísica, o enseñanza superior, comienzan a limpiarse las células del cuerpo por el hecho de que se empieza a vivir en un mundo mental-espiritual, y de acuerdo con el Principio de Correspondencia, "Como es Abajo es Arriba; "Como es Arriba es Abajo". Todo el ser evoluciona a la vez. El estudiante nota, tarde o temprano, que comienza a no necesitar la carne como alimento, y llega a aborrecerla sin que nada ni nadie lo fuerce a ello.

Algo muy importante: Cuando estudies el Principio de Vibración podrás comprobar la verdad científica que es imposible que una vibración de menor frecuencia pueda dominar a una de mayor frecuencia. El animal vibra en un plano inferior al hombre; ¿cómo podrá jamás afectar a éste? Unicamente bajo una condición; que el hombre esté ignorante del principio de Vibración y crea posible el ser afectado por las vibraciones del animal. Creyéndolo, lo está aceptando y por lo tanto sometiéndose a una ley inferior a él.

Por esta misma razón es que no se puede matar. La vida es positiva. La muerte es negativa, o sea, que es la negación de la vida. La vida es indestructible. No puedes matar por más que lo intentes.

CAPITULO VIII

"NO ROBARAS"

Y conoces el segundo aspecto, metafísico o superior, de este Mandamiento. No puedes robar. No podrás jamás. No lo intentes. No te molestes en soñarlo siquiera. Es imposible. Nadie te puede quitar algo que te pertenece. Podrán intentarlo; podrán llegar a sustraer de tu persona o de tu casa algún objeto; y mientras tú ignoras la ley, y por lo tanto crees que te pueden robar, el objeto puede quedar perdido para ti; pero una vez que conoces la ley, la recuerdas y repites su Verdad, más nunca te robarán, y más nunca se te podrá perder ni extraviar nada. Compruébalo tú mismo. No me creas a ciegas hasta haberlo comprobado la próxima vez que no encuentres algo que crees perdido. Es de las lecciones más fáciles de aprender.

Tu cuerpo de hoy contiene todas las sustancias primitivas de nuestro planeta. Tierra, Agua y Aire. Además, de éstos se desprenden todas las sustancias, todos los elementos. Además, tienes en tu haber todo lo que acumulaste de experiencias y conocimientos en tus miles y miles de años viviendo bajo una u otra. Pero lo primero que aprendiste fue a comer, y a buscar comida, cuándo fuiste una larva en el agua. Cuando después de muchos caminos llegastes a mover tus paticas para caminar sobre la tierra. El comer, el digerir y el movimiento de tus miembros se hicieron derechos adquiridos. Ya no pudiste ni podrás perder jamás esas habilidades. Cada conocimiento o habilidad que se adquiere da automáticamente el derecho de ocupar un lugar más adelantado que el anterior. Ahora ves por qué no se puede retrogradar a un lugar inferior? ¿Cómo? Si es la ley de la evolución además de la ley de atracción que hace que todo atraiga su igual y rechace su opuesto? Esto forma parte del Principio de Polaridad, que es inquebrantable como todos los Principios.

A pesar de que, al iniciarse en una nueva vida, hay que aprender de nuevo lo que ya se ha adquirido en las anteriores, como caminar, hablar, comer, etc., esto es aparente nada más.

Lo que ocurre en realidad es que el ser tiene que recordar. No re-aprender, pues el niño come, digiere, se mueve, llora, ríe, ve, oye, le circula la sangre etc., todo porque ya lo tiene el subconsciente. Los talentos, el genio, el muchacho que es muy perezoso para estudiar, todas las habilidades, son pruebas de que se han hecho ya en vidas anteriores y le son mucho más fácil que a otros quienes las intentan por primera vez. Pero el muchacho inteligente, perezoso para los estudios sólo está manifestando que le aburre tener que volver a recorrer lo que ya recorrió en una vida, o varias vidas anteriores. No hay que preocuparse por eso. Hay que dejarlo allí para que **recuerde** lo que tiene almacenado en el subconsciente. Generalmente ocurre que en el momento de los exámenes le surge al chico lo necesario para pasar tranquilamente, y a la par de todos los demás que se han "matado" estudiando durante todo el año. Esto confunde a los padres y maestros, pero es una de las pruebas a favor de la teoría de la reencarnación.

La reencarnación sí existe pero no es obligatoria. El libre albedrío existe para todo y en todo. Así como en la Tierra cada individuo aprovecha o desperdicia las oportunidades, de acuerdo con su carácter o su deseo; en el plano Astral, (el reino de las almas o espíritus desencarnados) cada uno es libre de aprovechar o no este recurso que se ofrece para adelantar. Así como los humanos son libres de escoger una profesión o una línea de estudios; esforzarse para su propio desarrollo o simplemente vivir sin propósito o ambición, así las almas son libres de regresar al plano terrestre para dar otro paso en adelante; para adquirir nuevas experiencias; para pagar cuentas pendientes (llamadas "karmas") o para cobrar bienes merecidos; o, si les place la vida que están llevando, pueden permanecer en ella todo el tiempo que les convenga. Nadie las obliga. Sólo que al fin y al cabo, el adelanto y bienestar ajeno las induce a desearlo para ellas también, y la moneda con que esto se compra es el esfuerzo, el conocimiento y la experiencia, los cuales se adquieren en la vida activa de la Tierra.

Cada conocimiento y cada experiencia quedan para siempre como posesiones adquiridas, compradas y pagadas. Estas posesiones decimos que son adquiridas "por derecho de consciencia" y no pueden ni perderse ni ser robadas. Nadie puede quitarle a una la inteligencia, el talento, las facultades y los conocimientos. Pero lo que es más extraordinario aún, es que como cada adquisición es hecha al través de experiencia, y esa experiencia es acompañada por objetos, instrumentos, muebles, dinero, propiedades, etc., todo lo que se ha usado en la vida, en una experiencia; todo lo que se ha aprendido a usar, pues la cama, la mesa, los cubiertos, la vajilla, la ropa, las joyas, el dinero, **todo** hasta una cajetilla de fósforos quedan en esencia, o como negativos de fotografías, grabadas y archivadas en nuestro haber individual, por derecho de consciencia; y estas "propiedades" o posesiones las traemos junto con nosotros en cada reencarnación. Ellas aparecen en nuestras vidas, quiérase o no, y esto es lo que hace que algunas personas nacen en la opulencia y otras en la miseria. Se nace donde se ha merecido nacer por derecho de consciencia. La ley se encarga de atraer a cada cual a su esfera. A su sitio propio. No hay injusticia en el plano de la Verdad. A esta ley se refirió el Maestro Jesús cuando dijo: "no os hagáis tesoros en la tierra, donde la polilla corrompe y donde los ladrones minan y hurtan sino haceos tesoros en el cielo donde ni la polilla ni el orin corrompen, ni los ladrones hurtan y minan; porque donde esté vuestro tesoro, allí estará vuestro corazón" (Mateo 6 - 19 a 21). Pero claro está que, como todas las máximas bíblicas, ésta también tiene tres grados de significación. El primero material, el segundo mental, y el tercero espiritual.

Como se verá por todo lo dicho, no hay por qué vivir temeroso de los ladrones. Si hasta ahora has vivido temblando porque te puedan robar tus posesiones; porque en tu casa entren ladrones de noche o cuando te ausentes de tu casa; porque alguien te cobre de más en los comercios; porque has creído en estafas y estafadores, etc., ya puedes vivir en paz. Nadie puede quitarte ni un alfiler que te pertenezca por derecho de consciencia; pues si lo posees, es porque lo mereciste en vidas remotas. Y si se comete el intento contra ti (si por tu propio temor que pueda persistir mientras adquieras la práctica de la nueva consciencia), alguien te roba, o pierdes algún objeto, pronuncia inmediatamente la Verdad: "Nada que es mío por derecho de consciencia puede perderse o ser robado". Mantente tranquila, no lo pienses más, y verás cómo encuentras tu posesión, alguien te la regresa, alguien te regala una igual, o encuentras una semejante. Todo tu haber está en tu archivo mental como el original de un documento, reproducido la copia en lo exterior. No se puede separar de ti. "No robarás"... no lo podrás intentar siquiera.

No creas ciegamente nada de lo que acabas de leer. Compruébalo tú mismo primero. "Por sus frutos los conoceréis".

CAPITULO IX

"NO LEVANTARAS FALSO TESTIMONIO"

Muchas personas se extrañan de que Moisés no le haya dedicado un lugar aparte a la mentira entre los diez mandamientos, y piensan que debería haber un undécimo que diga "No mentirás". Luego se satisfacen con pensar que tal vez la mentira esté incluida en este Mandamiento Número 9. Lo que ocurre es que la mentira fue incluida, y tratada extensamente, en los Mandamientos número Uno, Dos y Tres, como lo veremos más adelante, y que no solamente la mentira no fue descalificada por Moisés como careciendo de importancia, sino que íntegro el Sepher Bereshit es una exposición metafísica de la Verdad y una acusación contra la apariencia y las falsas creencias que va acumulando la humanidad.

¿Será por falta de una ordenanza específica en este código de comportamiento, que los humanos continúan mintiendo a su conveniencia y antojo? Ahora es que van a saber lo que están haciendo.

No levantarás falsos testimonios, se refiere directamente a la palabra hablada: no podrás jamás establecer una falsedad, no solamente porque la Verdad gritará y desvirtuará lo falso, sino que la Ley devuelve la treta y destrozará al que trata de levantarla.

En tiempos de elecciones vemos cómo los partidos tratan, por todos los medios, de desacreditarse unos a otros lanzando calumnias, falsos testimonios e infamias; el **ganador** entra a gobernar seguro de que ha **derrotado** al otro. Lo que ha hecho es acumular testimonios de su propia falsedad. Por sus frutos los conoceréis, o como dijo Emerson: "Lo que eres grita tan fuerte que no oigo lo que me dices"; pues lo que dice el Mandamiento es que tu propio concepto es lo que tu ves. Si lo que ves lo encuentras bonito, es porque tu mirada refleja la limpieza, la pureza y la Verdad en tu alma. Si lo que ves lo declaras feo, tus palabras traducen y delatan tu propia falsedad. No levantarás falso testimonio. No lo podrás por más que lo intentes, ya que estarás mencionándote a ti mismo y no al vecino.

Ahora. En la primera parte aprendiste que el "Yo" verdadero es perfecto, es bello con todas las virtudes y bellezas de su Creador, ya que fue creado **por, con** y **de** la propia esencia del Padre, También aprendiste que ese "Yo" es la Verdad, mi Verdad, tu Verdad y la de todos, y si estamos manifestando todo lo contrario, significa que aún no conocemos nuestro propio poder creador, que es el pensamiento: lo que pensamos se manifiesta en lo exterior y al aprender a pensar se empieza a corregir la prueba exterior. Nuestra ignorancia no es prueba de que el Padre no ha sabido educarnos! Es prueba únicamente de que aún somos niños en el hogar de ese Padre.

Si tú le entregas a tu hijito una bola de barro para que haga con ella muñequitos, no esperarás que produzca una obra de arte ¿no? Pero poco a poco irá aprendiendo ¿no es así? Tú ahora estás aprendiendo que tienes una serie de errores mentales. Lo que te ocurre en la vida y en tu cuerpo es el resultado de una serie, o sea, que tu mundo interior y exterior son el espejo que refleja el estado de tu mente y tu alma y que no te puede suceder nada diferente a lo que tu mente proyecta. Si lo quieres ver diferente, tienes que cambiar tus ideas y tu modo de pensar. El Principio de Correspondencia así lo dice: "Como es Arriba es Abajo. Como es Abajo es Arriba", o sea, que lo que te ocurre en el plano terreno te indica cómo anda tu plano mental.

También aprendiste ya la Verdad, y que comparando lo que ves çon esa Verdad, sabrás si lo que estás creando, proyectando tu pensamiento, es la Verdad y el Bien, o si es un "falso testimonio". Sabes ya que con reconocer la diferencia, el falso testimonio comienza a transformarse. Con pensar y declarar la Verdad verás borrarse la mentira como por magia, pues no tiene ni poder ni vida propia otra que la que tu creencia y tu pensamiento le dan. "Conoced la verdad y **ella** os hará libres" dijo Jesús.

La Verdad es que tu "Yo" es perfecto como toda creación del Padre. Es hijo de Dios. Si tú te consideras fea, mala, pecadora, defectuosa, culpable, lo manifiestas. Pero esos son falsos testimonios y al comprenderlo, negarlo rotundamente y afirmar la Verdad de tu Ser, comienzas a manifestarla y a ver el falso testimonio en ti y en todo lo que te ocurre y que te rodea.

Ese falso testimonio, como toda mentira, se cura con la Verdad. Es decir, que es falso y que no puede afectar ni atacar la Verdad. Por más que se intente.

Cuando las iglesias hablan de "ofender a Dios", es hasta risible. A Dios no lo puede ofender nada ni nadie. Se puede intentar pero sin el más leve resultado. A un Principio no lo puede quebrantar nada. Además, equivaldría a que el rasguño infinitesimal que una hormiguita hace al trepar por una montaña, pudiera causarle dolor a la montaña!

CAPITULO X

"NO CODICIARAS"

Cuando una idea se desprende de la Mente Divina ya contiene en sí todo lo que pueda ser necesario para su desarrollo. No se concibe que Dios sea capaz de idear algo y mandárnoslo incompleto, para que nos devanemos los sesos y nos volvamos locos buscando una solución que sólo El conoce! Eso será propio de un Crucigrama hecho especialmente para matar el tiempo; pero jamás de la infinita Sabiduría, Amor y Justicia, tratándose, muy especialmente, de la evolución de una vida que El mismo ha ocasionado!

El Universo está basado en el orden. La armonía perfecta entre todas sus partes es comprobable a la simple vista del sol, y la tierra girando para recibir toda ella el beneficio que él dispensa.

Cuando se adquiere este conocimiento, ya jamás vuelve a faltar nada que sea necesario. Cuando a ti te sobra algo, es porque hay otro que lo está necesitando.

La naturaleza detesta el vacío. El propio aire, el "espacio", está plena de átomos de todas las especies esperando la oportunidad de formar algo en el momento oportuno.

La vida vive buscando la oportunidad de animar. Este es su cometido y ella no desperdicia una rendija favorable para introducirse. Deja tú un potecito de tierra en cualquier lugar que pueda recibir humedad, y al poco verás asomar una espiguita verde. Si dejas un vaso con agua olvidado, no tardará en llenarse de larvas vivientes. Antes de que el vientre de una mujer conciba un hijo, todo está preparado en aquél para recibir el germen, para asegurarlo, para alimentarlo y protegerlo hasta poder entregar un ser humano íntegro y completo. El huevito de un insecto, un reptil o un ave encierra ya todo lo que requiere para su formación, una criatura minuciosamente equipada para desenvolverse en su reino apropiado. Igual cosa ocurre con semillas vegetales. Luego, si existe una tan amorosa voluntad; una **tan** prevista ternura, una atención tan esmerada **y** minuciosa para preparar y cuidár los detallitos que algún día irán a formar **un hombre** no puede a ese hombre faltarle nada; todo está previsto **y** todo ya creado a la disposición de ese hombre.

"No codiciarás" dice el Mandamiento. Es decir, no tienes que envidiar lo de otro, ni ansiarlo. ni resignarte a no poseerlo. El igual existe **para ti y ya es tuyo.** No tienes ni por qué lucharlo. **Basta con pedirlo,, reclamarlo, y dar las gracias de antemano,** para que lo veas aparecer. ¿No lo **dice bien claro la Biblia?** "El que pide recibe, **el que busca encuentra, el que toca le será abierto".** Y ¿por qué no lo tomas en serio? El tamaño de tu anhelo o la medida de tu necesidad indican el grado de pujanza que está ejerciendo el regalo para entrar en tu vida. Porque es un regalo. No hay que pagarlo. Cuando sientes le necesidad, significa que ya está pagado o merecido. Ya le llegó el momento que esperaba y ya te llegó el momento de aprovecharlo. Pídelo, pero antes **da** gracias.

Puede que te venga por las vías naturales terrenas; o por mano amiga; o puede venirte como milagro. **Puede caer de las nubes** como me ocurrió a mí en una ocasión: que estando en New Orleans sin conocer un alma, se me agotó el dinero mientras esperaba un giro que se retardó No me quedaba un céntimo en la cartera y era Sábado en la tarde. No había Banco abierto hasta el Lunes. Pero yo "conocí" la Verdad y la declaré: "Mi mundo contiene todo; no falta nada en la Creación. Gracias Padre que ya me has oído". En ese momento vi un papel verde que revoloteaba en el viento de la calle y que venía hacia mí. Se me pegó en un tobillo, y al bajar la vista me di cuenta que era un billete de cinco dólares. Sin duda se le escapó a alguien. Esperé con el billete en la mano por si notaba que alguno lo buscaba. Aquel dinero, en una forma milagrosa, me alcanzó hasta para pagar un taxi que me llevó al Banco el lunes, en donde me estaba esperando mi giro.

Los milagros no ocurren porque se haya quebrantado un Principio, como creían ingenuamente las iglesias, sino precisamente porque se echa mano a la acción del Principio; se le estudia, se conoce, se aplica el reglamento de la Ley, o sea, que se actúa de acuerdo con él; porque ningún Principio puede jamás inclinarse para condescender, ni doblegarse para hacer excepciones. Mi Maestro decía que si el Principio de Gravedad se detuviera un instante para impedir que un señor muy importante muriera al caer al suelo, después de haberse lanzado de un último piso, no sería un milagro sino el caos universal.

CAPITULO XI

EL PRIMER MANDAMIENTO

Los tres primeros mandamientos son uno
solo. Los tres se refieren a una misma cosa, y
dicen así:

(1) "Yo soy Jehová tu Dios, que te saqué de
la tierra de Egipto, de casa de servidumbre. No
tendrás dioses ajenos delante de mí.

(2) No te harás imagen, ni ninguna semejanza de lo que esté arriba en el cielo, ni abajo en
la tierra, ni en las aguas debajo de la tierra.

(3) No te inclinarás a ellas, ni las honrarás;
Porque yo soy Jehová tu Dios, fuerte, celoso, que
visto la maldad de los padres sobre los hijos
hasta la tercera y cuarta generación de los que
aborrecen, y hago misericordia a millares, de los
que aman y guardan mis mandamientos.

(4) No tomarás el nombre de Jehová tu Dios en vano; porque no dará por inocente Jehová al que tomase su nombre en vano".

Los números que ves marcados no son para indicar el de cada mandamiento sino para hacer referencias luego en el texto que sigue a continuación.

Lo primero que hay que recordar es que cuando la Biblia repite tres veces algún punto, significa que se ha de tomar en el sentido de la letra y no simbólicamente; además de que ese sentido es el mismo en los tres planos de conciencia: material, mental, espiritual.

En este mandamiento aparece tres veces la mención de "Jehová tu Dios". La primera mención se refiere a Dios, Creador de todo. La segunda se refiere a la Ley, o Principio. La tercera se refiere al "Yo Superior" de cada uno de nosotros, que es uno con Dios, uno con el Principio. O sea, que aquí están presentados tres aspectos de una misma entidad y poder.

Egipto es el símbolo de la materia. Del hombre primitivo que no ha alcanzado aún el grado de poder comprender o aceptar el concepto de un Dios único, invisible. Los egipcios adoraban a muchos dioses, ídolos formados y visibles. Hermes dio el primer paso para inculcarles la idea de un Dios único. Como primer esfuerzo, sirvió de impulso pero no se afirmó. Retrocedieron a sus creencias acostumbradas. Moisés vino a darles un nuevo impulso.

Por esto dice: "Yo soy Jehová tu Dios que te saqué de la tierra de Egipto, de casa de servidumbre. No tendrás dioses ajenos delante de mí".

En la interpretación terrena para el plano material y para los seguidores de Moisés en el Exodo, esto ordenaba hacer tal cual lo que dice, que un Dios único los había libertado de la esclavitud en las casas de sus amos egipcios; que ese nuevo dios se llamaba Jehová y que no deberían continuar sirviéndole a sus antiguos ídolos. En la frase (2) estipula las formas de estos ídolos, o sea. que prohibe adorar imágenes, a los animales, a los peces. En la frase (3) les habla muy claro. Les prohibe venerar y honrar a sus muñecos pintados. Y celoso. Que él castigará no solamente al desobediente sino a sus hijos, nietos y descendientes, pero que tendrá piedad de aquéllos que le obedezcan.

Todo esto es tan infantil que las generaciones futuras protestaron ante la patente injusticia, de modo que fue aclarado y abrogado por el profeta Ezequiel. Lo cual muestra cómo la mente humana iba desarrollándose y encontrando pueril algunos puntos de aquellas órdenes de Moisés.

Para nosotros, el significado metafísico ya está diáfano. "Yo soy Dios, que te extrajo del concepto material. No atribuyas poderes a otra cosa que a mí. No te forjes imágenes (mentales). No les temas ni las respetes, ni formes tus juicios de acuerdo con lo que veas en el exterior (arriba en el cielo, ni abajo en la tierra ni en las aguas debajo de la tierra), porque la Ley te entregará lo que ordenen tus errores (los que me aborrecen) y corregirá tus manifestaciones al tú emplear la Verdad (hago misericordia a los que me aman y cumplen mis mandamientos)".

Los hebreos, andando el tiempo, tomaron las Escrituras tan al pie de la letra, que en sus sinagogas no hay nada que pueda recordar siquiera una "imagen", y se recargaron de todas las imposiciones enumeradas en Levítico hasta el punto que los levitas vivían abrumados por un complejo de culpabilidad, ya que les era humanamente imposible cumplir los seiscientos y pico ritos y detalles diarios a los cuales se creían comprometidos.

La Biblia es un tratado psicológico y metafísico. Es el libro de la Verdad. Ella no ordena. Sólo explica. Encierra una explicación y un consejo para cada una de las circunstancias de la vida, en todos los planos de conciencia.

El Nº (4) "No tomarás en vano el nombre de Jehová tu Dios; porque no dará por inocente Jehová al que tomare su nombre en vano", se refiere directamente a lo que ya tú sabes: No te condenes tú misma con tus palabras. No digas que eres fea, mala, negativa, no te apropies condiciones que después lamentes verlas manifestadas tales como "Mi mala memoria", "Mi corazón enfermo", "Mi cojera", "Mi vista pésima", etc., pues todo esto es tomar en vano el nombre de Jehová tu Dios, y la ley no perdona (no dará por inocente) a lo que se decrete en nombre del "YO". Habrás dado una orden que el subconsciente hará todo lo posible por cumplir en todas tus circunstancias (hasta la tercera y cuarta generación).

CAPITULO XII

NO FORNICARAS

En principio, esa palabra no fue la que empleo ni escribió Moisés. Lo que él dijo fue "No cometerás adulterio", y ese fue el primer adulterio que se cometió al transcribir los diez mandamientos, el de adulterar arbitrariamente le verdad.

Siendo Moisés un adelantado, un sabio, un experto en el conocimiento de los Principios herméticos, era totalmente imposible que él instruyera (y dejara escrita la instrucción) de tratar de burlar el Principio de Generación. La palabra constituye una ofensa, un insulto a la inteligencia humana, en ese sitio en donde la colocaron los escribas, por orden de autoridades eclesiásticas ignorantes.

La misma sustitución fue hecha burdamente en las escrituras del apóstol y evangelista Mateo, capítulo 19, versículos 4 al 12. Pero esto lo trataremos más adelante. A todo conocedor de los Principios, las sustituciones bíblicas le saltan a la vista.

Como todos los Principios, el de Generación funciona de manera automática en todos los planos, y en cada plano actúa en la forma apropiada al plano. En el reino atómico un átomo se junta con otro para dar nacimiento a un elemento, por ley de atracción, cohesión y adhesión, y estas tres son condiciones naturales del Principio de Generación, o sea, que forman parte integral del Principio. No hubiera sido creado nada; no se produciría nada; no nacería nada; no evolucionaría nada si se pudiera destruir el principio electrónico del magnetismo, o sea la atracción entre el positivo y el negativo. La adhesión y cohesión ocurren después de la atracción. La adhesión es la autodeterminación del átomo; en otras palabras, el libre albedrío que contiene TODO átomo de aceptar a rechazar el unirse a otro átomo que sea o no su tipo. La cohesión es la facultad de pegarse el uno con el otro en un grado tal de fuerza, que no necesito recordarles lo que ocurre cuando se logra separar las partículas de un átomo (¡La Bomba Atómica!).

Supongo que habrás visto en lo que acabas de leer, la similitud a lo que ocurre entre nosotros los humanos. Esa similitud te ilustra a perfección el principio de Correspondencia "Como es arriba es abajo; como es abajo es arriba". Es decir, que "estudiando la mónada se llega al "ángel" como lo expresa el Kybalion.

Bien. Los Principios actúan automáticamente, por encima de todo y a pesar de todo lo que podamos nosotros hacer en contra. Si los átomos fueran ya seres humanos; o si ellos hablaran en palabras nuestras, llamarían a ese proceso de atracción, adhesión y cohesión "fornicar" ¿no es así? Igual cosa sería en los reinos botánico y zoológico, donde una abeja transfiere el polen de una flor a otra y de esa unión nace una nueva especie ¿no? Ahora díganse si está en los designios de Dios Creador impedir o prohibir esos procesos!

Es sabido que al oponer una resistencia a un Principio, se multiplica la fuerza que lo impele, y busca la salida por otros conductos, o sea, que lo único que se logra es obligarlo a desviarse; no se logra atajarlo.

En el reino animal, el Principio de Generación es llamado "sexo". Todo el tiempo que los humanos continúen reproduciéndose por el proceso llamado sexual, están comprobando que una parte de su sistema no ha salido aún del reino animal. Y una vez que sus células evolucionan al reino inmediatamente superior, donde el Principio de Generación se manifiesta en una forma diferente, el hombre y la mujer no pueden actuar como los animales. Ya no están en ese reino y no los domina la influencia inferior. No sienten deseos sexuales, ni de comer carne. Es otro orden de cosas.

En este punto los discípulos siempre preguntan: "¿Y si todos evolucionamos, entonces se acaba la raza humana". No, ¿por qué? ¿Siempre nos vienen por detrás millares de millares de seres que tienen que pasar por el reino animal? Te gradúas tú, se gradúa tu generación, se van graduando paulatinamente todos los seres humanos; pero siguen llegando otros, eternamente. Jesús dijo: "Los pobres los tendréis siempre con vosotros". Se refería no solamente a los económicamente pobres sino también a los pobres en conocimientos, los pobres en experiencias, los pobres en evolución.

También dice el Apocalipsis que el Señor anunció para esta Era que "no nacerían más niños". Eso la anunció para el sector humano de su época, que es el mismo que evoluciona hoy. Ya se acerca ese momento. Lo sabemos por lo siguiente y por muchas otras señales: La hora más oscura es antes del amanecer. El moribundo se mejora justo antes de morir. El enfermo se empeora justo antes de curar. La población de la Tierra aumenta en todas partes de una manera extraordinaria. Pronto comenzará a declinar.

Una de las respuestas de Jesús a sus discípulos, tocante al momento de terminarse el mundo antiguo y la entrada del mundo nuevo fue: "Cuando caiga el manto de la vergüenza". Esto significa, cuando sea conocida universalmente la verdad. La verdad de los Principios que estamos aprendiendo, y muy especialmente la verdad que trataron de adulterar con ese título falso de "no fornicarás"; pues atrayendo la atención humana y enfocándola, oponiendo al mismo tiempo una prohibición o una resistencia, precisamente defraudaron su propósito, como expusimos más arriba. El impulso del Principio de Generación se multiplicó, y buscando su salida se desvió Así podemos ver los efectos terribles. Es el mandamiento que ha sido más quebrantado; que ha ocasionado mayor número de abusos de distorsiones mentales y de aberraciones sexuales, de males físicos, de deshonras, vergüenzas y castigos. Todo por la sustitución arbitraria de una palabra.

Todos ustedes han visto esos arbolitos japoneses, enanos, retorcidos y distorsionados a un grado increíble. Los vemos como una curiosidad y como tal los admiramos, pero esto no quita que son un atentado contra la naturaleza. Como lo es un ave enjaulada y un animal amarrado. También sabemos todos que lo prohibido adquiere un atractivo fuera de toda proporción. Eso es lo que ocurrió con todos los intentos de frenar al Principio de Generación, tales como la de darle a la manzana de Adán una interpretación sexual, la de adulterar y añadir a los textos inspirados; todo por ignorancia por el empeño de ejercer dominio o poder sobre los demás.

El significado metafísico del mandamiento "No cometerás adulterio" es precisamente "No malinterpretes las leyes porque no lo lograrás", o sea, que el efecto será el contrario de lo que tú deseas y la ley misma se encargará de dar el mentis a lo que has dicho.

Para el Maestro Jesús, el dogmatismo fanático era aún más repugnante y más digno de castigo que el libertinaje sexual y así lo expresó cuando dijo: "Ay de ti Corazin, ay de ti Bethsaída, os digo que a Tiro y a Sidón les será más tolerable el castigo que a vosotras". Corazin y Bethsaída eran pueblos bíblicos. Cada nombre de pueblo o ciudad en la Biblia es un símbolo. Estos dos nombres simbolizan el dogmatismo y el fanatismo. Tiro y Sidón simbolizan desviaciones sexuales. De manera que él dijo textualmente que a los pecados sexuales les sería más tolerable el castigo que al dogmatismo y fanatismo los suyos. En otras palabras, que serían más duramente castigados los fanáticos religiosos que las rameras.

Volviendo a la referencia que hice al comienzo de este capítulo, San Mateo capítulo 19, ver. 4 al 12, voy a copiarlo completo: Entonces vinieron a él fariseos tentándole y diciéndole: "¿Es lícito al hombre repudiar a su mujer por cualquier causa?". El respondiendo les dijo: "No habéis leído que el que los hizo al principio, varón y hembra los hizo. Por esto el hombre dejará padre y madre y se unirá a su mujer y los dos serán una sola carne? Así que ya no son más dos, sino una sola carne, por lo tanto lo que Dios juntó, no lo separe el hombre". Le dijeron: "¿Por qué, pues, mandó Moisés dar carta de divorcio y repudiarla?". El les dijo: "Por la dureza de vuestro corazón Moisés os permitió repudiar a vuestras mujeres; mas al principio no fue así. Y os digo que cualquiera que repudia a su mujer y se casa con otra, adultera; y el que se casa con la repudiada, adultera". Los escribas eclesiásticos insertaron la cláusula "salvo por causa de fornicación" por su propia cuenta y riesgo. Tenían que meter de cualquier modo la palabrita y les resultó sin sentido, andando el tiempo y a la luz de las enseñanzas superiores.

Le dijeron sus discípulos: "Si así es la condición del hombre con su mujer, no conviene casarse". Entonces, El les dijo: **"No todos son capaces de recibir esto sino aquellos a quienes es dado.** Pues hay eunucos que nacieron así del vientre de su madre, y hay eunucos que son hechos eunucos por los hombres, y hay eunucos que a sí mismos se hacen eunucos por causa del reino de los cielos. **El que sea capaz de recibir esto que lo reciba...**

Si ustedes son capaces de recibirlo, habrán visto expuesto el Principio de Generación hasta el momento de mencionar a Moisés. La explicación original fue, sin duda alguna, más larga y detallada, ya que los discípulos comprendieron y dieron el comentario: "Si así es la condición del hombre con su mujer, no conviene casarse", o lo que es lo mismo "no hay para qué casarse si desde el principio fueron hechos unos", o sea, que cuando el polo positivo y el negativo se juntan, no hay quien los separe.

Cada célula que sale del seno de Dios es mitad positiva y mitad negativa, o sea, que en el lenguaje de los humanos, y en el plano humano, la célula primitiva, o el átomo original, es femenino y masculino. Al poco tiempo de estar evolucionando, se separan los dos sexos y continúan evolucionando cada uno por su lado hasta el encuentro definitivo, al final de los catorce mil años que se necesitan para adquirir la conciencia espiritual.

Estos dos sexos son entidades separadas, independientes, destinadas a formar "pareja" algún día. Sin embargo, los hay que no desean separarse. Estos son los que Jesús llamó "eunucos por causa del reino de los cielos".

Es altamente confortante para todo aquel o aquella que se encuentra solitario en el camino de la vida; o que se considera infeliz y mal casado, saber que en algún plano, encarnado o desencarnado, no importa, pero existe "El" o "Ella", la otra mitad perfecta de cada uno, esperando unirse a su alma gemela, y que tenemos todo el derecho que nos asiste de reclamar esa unión. Si nuestra alma gemela está desencarnada nos uniremos en el otro plano. Si está encarnada, nada ni nadie puede mantenernos separados. La ley arregla todo armoniosamente para todo el mundo si así lo pedimos "De acuerdo con la voluntad divina, bajo la gracia y de manera perfecta". Y esa otra mitad nuestra es exactamente lo que buscamos y deseamos. Lo que nos conviene por perfecta afinidad. Muchas veces, en vidas pasadas nos hemos encontrado, nos hemos unido, y es ese recuerdo el que nos hace vivir buscándola.

Las doctrinas fabricadas erróneamente por los humanos han intercalado una ley que dice "lo que Dios ha unido, que ningún hombre separe". Es exacto, pero la interpretación está errada. Se cree que esto se refiere al matrimonio efectuado en una iglesia con palabras pronunciadas por un religioso autorizado. No es así. Ya hemos visto que se refiere a la unión original de la pareja primitiva, simbolizadas por Adán y Eva. Y no es una amenaza contra el divorcio que es simplemente una solución humana, sino que es un consuelo ofrecido por la infinita ternura de Dios nuestro Padre, como para confortarnos diciéndonos "no temas hijito mío, tienes tu amor de siempre y para siempre".

Jesús vivía consciente en un plano superior. A El le costaba bajar y hablar en el plano humano. Por eso enseñó al través de tantas parábolas ya que el sentido de éstas no varía; es el mismo en todos los planos. El sentido de una parábola no está jamás sujeto a las palabras que estén de moda o en uso.

La referencia a los eunucos es casi una parábola. Se puede tomar en el sentido humano si así se desea. En el sentido científico se refiere a los neutrones, que no tienen carga positiva o negativa. Metafísicamente, los que se hacen eunucos por el reino de los cielos son los humanos que (como ustedes todos) anhelan elevarse, aprender, y estudiar lo relativo a los planos superiores. Pero como dijo el Maestro, "El que sea capaz de recibir esto, que lo reciba".

Observen ustedes que los grandes Maestros evitan pormenorizar cuando se habla de ese mandamiento. Hacen tal como hizo Jesús, dicen algo críptico, y que lo comprenda el que sea capaz de comprenderlo. ¿Por qué? Porque la mente de esta Quinta Raza Raíz que somos nosotros, está evolucionando entre dos planos. Tiene gran parte animal aún, y el animal ni raciocina ni sabe controlarse. Si le dan la luz verde se desborda. Si le ponen la roja se fulmina él mismo. Es un punto de equilibrio muy difícil de mantener. Demos gracias al Padre que ya nosotros estamos con un pie levantado para subir al próximo escalón, y acordémonos del episodio de Jesús, cuando vinieron a presentarle a una mujer que fue sorprendida en flagrante adulterio, y que, de acuerdo con las leyes de Israel debería ser apedreada hasta matarla. El Maestro no respondió una sílaba. Se puso a jugar con un dedo en la tierrita a sus pies. Los hombres que la había traído se fueron yendo uno tras uno y cuando se encontraron solos, le dijo Jesús: "Mujer, ¿a dónde se han ido tus acusadores?". Ella contestó: "No lo sé, Señor". "Tampoco yo te acuso. Vete en paz", fue la contestación del Maestro.

Continuación al presente Libro de la Serie Metafísica al Alcance de Todos es "Te Regalo Lo Que Se Te Antoje de Conny Méndez"

Te Regalo Lo Que Se Te Antoje

INTRODUCCION

Suponemos que ya habrás leído y estudiado el librito Nº 1 de esta Serie, titulado:

"METAFISICA AL ALCANCE DE TODOS", de Conny Méndez.

Para comprender bien estas enseñanzas de la Nueva Era, y para obtener plenamente los beneficios que ellas encierran, es recomendable comenzar por el principio, que es El Principio de Mentalismo, porque todo el Universo, todo en la Creación, está basado en ese Principio, y sin conocerlo se anda a ciegas. Búscalo, adquiérelo, no te pesará.

Estos estudios, charlas, conferencias y consultas se te ofrecen gratuitamente. No estás obligado a pagar nada si es que no puedes, o no deseas, aportar nada. Pero en cuanto no más comiences a ver los beneficios sorprendentes y las demostraciones que ocurren en tu vida, vas a desear que todo el mundo las pueda gozar igualmente, y voluntariamente querrás aportar una ofrenda amorosa para ayudar a costear la impresión de la literatura y el alquiler del local donde asistes a las conferencias.

En una forma o en la otra, bienvenido seas. Puedes traer a quien quieras.

Gracias por tu atención.

TE REGALO LO QUE SE TE ANTOJE

1.—Escribe en un papel, y en orden de importancia para ti, todas las cosas que tú deseas y sin temor de pedir demasiado, pues la fuerza que te voy a dar a conocer no sabe de limitación.

2.—Lee tu lista al despertarte y antes de dormir.

3.—Piensa a menudo en tus deseos. Goza imaginándolos, y siempre que los recuerdes di: "Gracias Padre que ya has dado la orden de que me sean conferidos!".

4.—No le cuentes a nadie lo que estás haciendo. Esto es muy importante porque si lo comentas con alguien, se disipa toda la fuerza y no verás realizados tus deseos. Eso es todo. Ahora...

Para mayor satisfacción tuya, sé espléndido contigo mismo. No digas en tu lista que deseas una casita "Aunque sea chiquitica...". Pídela del tamaño que te convenga y te agrade plenamente. Si es dinero, menciona la suma, si es trabajo indica qué clase, el sueldo a que aspiras, las condiciones y la localidad más conveniente para ti.

En tu primera lista pon cosas sencillas para que te vayas acostumbrando tú mismo a ver caer y ocurrir maravillas, pues como jamás has hecho esto, no vas a creer que sea posible, y te advierto que esta duda te puede costar el que no veas lo que has pedido. Es natural que te vengan dudas y desconfianza porque la idea es muy nueva para ti. Pero cuando sientas escepticismo, pesimismo, etc., saca tu lista, reléela y da las gracias de nuevo. El dar las gracias por lo que aún no se ha visto es la forma más positiva de manifestar la fe. Lo recomendó Jesucristo en varias ocasiones, como tú recordarás, notablemente antes de alimentar a cinco mil personas con cinco peces y cinco panes, cuando miró hácia el cielo y dio las gracias en el momento de partir el primer bollito de pan.

Ah..., te va a sorprender que cada vez que leas tu lista, primero vas a tener que tachar algunos puntos porque ya se te habrán realizado. Entonces tendrás que hacerla de nuevo, poniendo otros puntos en los lugares más importantes. No te preocupe esto. Es natural, A todo el mundo le ocurre. Lo que sucede es que tu Yo Superior te va indicando que muchos de estos deseos están ya al alcance de tu mano, mientras que hay otros que no lo están tanto.

Ah..., no te pongas a "jurungar" respecto a la manera cómo se te van a dar porque esto es contraproducente. La Gran Fuerza Espiritual está más allá de tu comprensión humana. Acepta lo que te da con gratitud, no la interrumpas ni la cohíbas, y sobre todo, no se te ocurra pensar o decir o exclamar cuando veas tus deseos realizados: "Cómo va a ser! Esto no parece posible! Si lo que parece es que todo esto se iba a realizar de todas maneras! "NADA DE ESO!!! Lo que pasa es que la Gran Fuerza Espiritual (cuyo nombre verdadero, entre paréntesis, es "La Ley de Precipitación") es completamente impersonal y coloca sus dones en los lugares más armoniosos, más naturales, aprovechando los canales ya establecidos en tu propia vida. A ella no le interesa el exhibicionismo ni la sorpresa. Sólo cumple con su cometido de darle lo que tú pidas, donde mejor convenga.

_____

"Pide y se te dará; busca y encontrarás; toca y te será abierto".

Mateo 7, 7 a 11.

LA LLAVE MAESTRA

El motivo por el cual hay varias lecciones del Dr. Emmet Fox en este folleto es, porque ha sido compilado para ayudar, para sacar de apuros lo más rápidamente posible, y el Dr. Fox, mi maestro, ha sido, y sigue siendo (aunque ya su materia no está con nosotros) un especialista en el arte de "sacar de apuros".

El artículo anterior te lo hice para que logres todo lo que tú deseas en un mínimo de tiempo. Esto se hace para aliviar toda condición que esté siendo insoportable.

Dice el Dr. Fox:

"He reducido este ensayo lo más posible. Hubiera querido reducirlo a pocas líneas. No es un tratado instructivo sino una fórmula para sacarte de calamidades. El estudio está bien en su propio lugar y momento, pero no te enderezará tus dificultades. Sólo el trabajo de elevar y transformar tu conciencia de las cosas, es lo que te arregla un problema en lo exterior.

Lee a menudo La Llave Maestra. Haz lo que te indica, y si tienes persistencia te verás dominando toda dificultad.

La Oración Científica te sacará a ti de cualquier dificultad existente. Es la Llave Maestra a la Armonía y la Felicidad. A todos los que no conozcan el Poder más Grande en el Universo, les recomiendo que prueben lo que aquí expongo para que obtengan los resultados que afirmamos.

Dios es Omnipotente y el hombre es Su Imagen y Semejanza, con dominio sobre todas las cosas. Esto dice la Doctrina Espiritual y es para ser tomado en serio. No es prerrogativa del Santo o del Místico. Es para todos los humanos. Quien quiera que tú seas, donde quiera que estés, la Llave Maestra a la Armonía está en tus manos ahora.

Esto significa que en la Oración Científica es Dios quien hace y no TU. Tu único trabajo es el de quitarte de en medio para que Dios pueda trabajar a través de ti, que eres sólo un canal. Por eso es que tus defectos, tus limitaciones no interfieren en los resultados. No importa a qué religión pertenezcas. Dios es Dios, el único. Tú eres su hijo y eso le basta a El.

Ahora para la forma de trabajar: Cuando te encuentres en una dificultad, trata de NO SEGUIR PENSANDO EN EL PROBLEMA Y PIENSA EN DIOS. Reemplaza el problema por el pensamiento en Dios. No importa que sea algo muy grande o muy pequeño. No importa lo que sea, lo que sí importa es que dejes de pensar en ello. Piensa en Dios. No importa qué cosas pienses de Dios. Lo que tú sepas de El, que es Omnipotente, Omnipresente, que es Amor, Sabiduría, Verdad, Inteligencia... Que es Todopoderoso, Infinito, no importa que lo sepas muy bien, vuélvelo a pensar. Y piénsalo cada vez que te vuelva a acosar el pensamiento del problema. No te pongas tenso. No trates de adivinar lo que va a suceder ni cómo lo va a arreglar Dios. Déjaselo a El. Ponlo en Sus manos, como decimos en Metafísica, y olvídalo. Has confiado tu problema al especialista más grande, más sabio, más hábil y que lo resolverá en perfecta armonía para todo el mundo, a entera satisfacción tuya, pero no te metas en Su camino. No interfieras con tu personalidad humana. "No metas la pata", dicho en palabras de a centavo.

LA FORMA CORRECTA DE ORAR

El tratamiento Espiritual, es la efectividad de elevar la mente, o la conciencia por encima del nivel del problema. Si tú logras elevar tu pensamiento suficientemente en altura, el problema se resolverá él mismo. En realidad ése es tu único problema: el de elevar tu pensamiento. Tanto más "difícil" sea el problema, lo cual significa que tanto más enterrado en tu subconsciente esté ese concepto, más elevada tendrás que llevar tu conciencia. Aquello que se llama una molestia menor, cederá a una pequeña elevación. Aquello que represente un problema grave, necesitará una elevación mayor, y si es un gran peligro o una situación desesperada, requerirá más trabajo espiritual para vencerlo; pero esa es la única diferencia.

Pero no trates de arreglar tus problemas o los de los demás tratando de componer los pensamientos. Así no es. Eleva tu conciencia y la Acción de Dios lo hará todo. Esto significa que tienen que recordar la Verdad del Ser. la Verdad de Dios, la Verdad del Plano Espiritual, o sea ¿COMO ES QUE SON LAS CONDICIONES EN EL ESPIRITU? o ¿Cómo es Dios? ¿Cómo es el Yo Superior? Pues es perfecto ahora, en este momento. No tiene defectos. No existe allí la muerte, ni la enfermedad, ni la pobreza, ni la lucha, ni la enemistad, ni la guerra, ni lo feo, ni lo malo. Y al "ver" la condición opuesta a la que estés mirando en lo material, se transforma en la Verdad.

Jesús sanó a los enfermos, reformó a los pecadores, controló las tempestades, y resucitó a los muertos porque podía elevar su conciencia tan alto como fuera necesario para lograrlo.

Para elevar tu conciencia tienes que quitarle tu atención al cuadro material por el momento, y luego concentrarte suavemente en el cuadro que presenta la Verdad espiritual. Esto puedes lograrlo dejando de pensar en el problema y leyendo uno de tus libros metafísicos, o diciendo algunas afirmaciones (no como un loro sino meditándolas), o conversando con alguna de tus maestras o tus condiscípulas avanzadas.

Yo conozco personas que han logrado la elevación de conciencia hojeando y releyendo partes de la Biblia, porque la ley de atracción te abrirá la Biblia allí donde corresponda a tu problema. Un hombre se salvó en el hundimiento de un gran trasatlántico repitiendo "Dios es Amor" hasta que pudo realizar algo de lo que significa esta gran afirmación. También puedes emplear todos estos sistemas a la vez, si quieres. Sólo que no te dejes poner tenso. No importa cómo te eleves, con tal que eleves tu pensamiento más allá del plano de los problemas.

DIOS EN LOS NEGOCIOS

Los negocios, sean compra-venta, contratos o lo que sea, son mediaciones entre personas. Tienen que ser satisfactorias para ambas. Son ajustes entre individuos. Sea que estás buscando un empleo o buscando una persona con ciertas condiciones apropiadas, equivale, dice el Dr. Fox, a buscar y encontrar a Dios en ambos lados del problema, o sea en la persona que busca y en la persona que ofrece.

El mismo Dios está manejando el asunto. Dios no se puede dividir para antagonizarse, de manera que tiene que haber un punto de armonía en donde se encuentran las dos personas. El mismo Dios está buscando satisfacerse en cada uno de sus dos hijos.

No trates de imponer tu voluntad. Afirma que es la Voluntad de Dios la que se está cumpliendo en ambas partes. Expón la parte tuya con toda honradez, con toda sencillez. Olvida la costumbre aquella de esperar que "el otro" te esté tratando de hacer una jugarreta para arrimar la brasa para su candela". Acuérdate de que Dios está dentro de él también y lo verás proceder con entera justicia.

Tampoco trates tú de interesarlo con exageraciones. No trates de convencerlo a pesar de él. Acuérdate que si no logras esta venta o este empleo, o este empleado, sólo significa que hay uno mejor para ti. No te afanes, no te apures. Dios jamás está apurado. El trabaja sin esfuerzo. En el Plano Espiritual todo viene "suavecito, suavecito".

No olvides la fórmula mágica: "De acuerdo con la Voluntad de Dios, en nombre de Jesucristo; en armonía para todo el mundo bajo la gracia y de manera perfecta, deseo... Gracias Padre que ya me has oído".

EL VERBO PODEROSO

La fórmula para orar correctamente:

Yo Soy Espíritu Divino. En Dios yo vivo, me muevo y tengo mi ser. Yo formo parte de la expresión de Dios y expreso perfecta armonía. Yo individualizo la Omnisciencia. Yo tengo directo conocimiento de la Verdad. Yo tengo perfecta intuición. Yo tengo percepción espiritual. YO SE.

Dios es mi Sabiduría, de manera que no puede errar. Dios es mi inteligencia, no puedo sino pensar correctamente. No hay pérdida de tiempo ya que Dios es el único hacedor. Dios actúa a través de mí, de manera que siempre estoy actuando correctamente, y no hay peligro de que yo ore incorrectamente. Yo pienso lo indicado, de la manera indicada en el momento apropiado. Mi trabajo siempre está bien hecho porque es el trabajo de Dios. El Espíritu Santo siempre me está inspirando. Mis pensamientos son frescos, nuevos, claros y poderosos como cuadran a la Omnipotencia. "Mis oraciones son manufacturas del Espíritu Santo, poderosas como el águila, y mansas como la paloma. Salen en el Nombre de Dios mismo y no pueden regresarme vacías. Cumplirán aquello que a mí me plazca, y prosperarán en aquello a que sean dirigidas: "Doy gracias a Dios por esto".

Este último pensamiento es de Isaías 55, 11.

¿QUE ES AMOR?

"Dios es Amor, y aquel que more en el amor mora en Dios, y Dios en él".

1, Juan, 4: 16.

————————

El amor es lo más importante de todo. Es la Puerta de Oro al Paraíso. Pide comprensión del amor y medítalo a diario. Destierra el temor; es el cumplimiento de toda la Ley; cubre una multitud de pecados y es absolutamente invencible.

No hay dificultad que no se pueda vencer con suficiente amor. No hay enfermedad que no se cure con suficiente amor. No hay puerta que no abra el suficiente amor, ni abismo que no pueda zanjar el suficiente amor. No hay muro que el suficiente amor no derrumbe, ni pecado que el suficiente amor no redima.

No importa cuán enterrado esté el error; ni cuán desesperado sea el panorama, ni cuán grande el error, ni cuán enredado el enredo. Si puedes amar lo suficiente serás el ser más poderoso y feliz de la Tierra.

LA PRESENCIA

Poderosísima meditación afirmativa para lograr la elevación de Conciencia.

Dios es la única Presencia y el único Poder. Dios está plenamente presente aquí conmigo ahora. Dios es la *única* Presencia real. Todo lo demás es mera sombra. Dios es el Bien perfecto. Dios es causa únicamente de Bien perfecto. Dios jamás envía enfermedad, accidente, tentación, ni muerte; ni tampoco autoriza estas cosas. Dios, el Bien, no puede causar sino Bien. Una misma fuente no puede producir aguas dulces y amargas.

YO SOY espíritu Divino. YO SOY hijo de Dios. En Dios me muevo, vivo y tengo mi ser; de modo que no temo. Estoy rodeado por la Paz de Dios y todo está bien. Yo no temo a las gentes; no temo a las circunstancias; no me temo a mí mismo; pues Dios está conmigo. La paz de Dios llena mi alma y no me puede rozar siquiera el temor. Yo no temo al pasado; Yo no temo al presente; Yo no temo al futuro porque Dios está conmigo. El eterno Padre es mi morada y más abajo están los brazos eternos. Nada me podrá tocar jamás que no sea la acción directa de Dios mismo, y Dios es Amor.

Dios es la vida. Yo comprendo esto y lo expreso. Dios es la verdad. Yo comprendo esto y la expreso. Dios es el Amor Divino. Yo comprendo esto y lo expreso. Yo envío pensamientos de amor, paz y salud a todo el universo; a todos los árboles, las plantas y a todo lo que crece; a todos los animales, las aves, los peces; a cada hombre, mujer y niño en la Tierra sin distinción alguna. Si alguien me ha dañado o me ha hecho algún mal, lo perdono voluntaria y completamente ahora y todo ese asunto terminó para siempre. Lo suelto y lo dejo ir. Soy libre y él es libre. Si queda algún resentimiento en mí, se lo encargo a mi Cristo interior y yo quedo libre.

Dios es la sabiduría infinita y esa Sabiduría es mía. Esa Sabiduría me guía y me dirige, de manera que no puedo cometer errores. Cristo en mí es la lámpara a mis pies. Dios es la Vida infinita y esa vida es mi Providencia, mi Suministro No puede faltarme algo, no puedo carecer de nada. Dios me creó y me sostiene. El Amor Divino ha previsto todo. Ha provisto todo. Una sola mente, un solo Poder, un solo Principio, un Dios, un Elemento. Está más cerca de mí que mis pies y mis manos, que mi propia respiración.

Yo Soy Espíritu Divino. Soy el hijo de Dios y en Presencia de Dios vivo eternamente. Le doy gracias al Padre por la armonía Perfecta.

Esta Invocación se puede hacer combinándola con las Llamas, cuando el estudiante las conozca.

TRATAMIENTO PARA DESARROLLAR EL AMOR DIVINO

Mi alma está llena de Amor Divino. Estoy rodeado de Amor Divino. Yo irradio Amor y Paz a todo el mundo. Yo tengo consciente Amor Divino. Dios es Amor y no existe otra cosa en la creación que Dios y Su Expresión. Todos los seres humanos son expresiones del Amor Divino, de manera que Yo no puedo tropezarme con otra cosa que las expresiones del Amor Divino. No puede ocurrir otra cosa que las expresiones del Amor Divino.

Todo esto es la Verdad ahora. Este es el caso actual, el actual estado de cosas. Yo no tengo que esforzarme a que esto suceda, lo observo en este momento. El Amor Divino es la naturaleza del Ser. No hay sino Amor Divino y yo lo sé.

Yo comprendo perfectamente lo que es el Amor Divino. Yo tengo realización consciente del Amor Divino. El Amor de Dios arde en mí hacia toda la humanidad. Yo soy un foco de Dios radiando Amor Divino a todo aquel con quien yo me encuentre, hacia todo aquel en quien yo piense.

Yo perdono todo, todo lo que necesite mi perdón, absolutamente todo. El Amor Divino llena mi corazón y todo está perfecto. Ahora irradio Amor a todo el universo, sin excepción de nadie. Experimento Amor Divino. Yo manifiesto Amor Divino. Doy gracias a Dios por esto.

———— o ————

Las dos llaves del infierno son la crítica y el resentimiento, llamado comúnmente "rencor". Estos pueden ser destruidos permanentemente con el tratamiento arriba expuesto.

Cuando el estudiante conozca las Llamas, puede hacer este Tratamiento aplicando la Llama Rosa.

El Amor no se limita a sentir cariño por otro. El Amor tiene muchas maneras de manifestarse, y una de las más grandes es la de expresar deseo de perdonar y de enviar a otros el Bien.

Buscar conocer a Dios es amarlo. Tratar de purificar el pensamiento es Amar a Dios. Tratar de corregir conceptos desagradables es amar al prójimo por quien se siente ese desagrado. Gustar de la belleza y del arte es amor. Amor a Dios.

"No hay temor en el amor. El amor destruye el temor. El temor tiene tormento, y aquel que teme no ha sido perfeccionado en el amor".

1, Juan, 4: 18.

LOS QUINCE PUNTOS

Para saber si estoy realmente en el Sendero.

' Si siempre busco el bien en cada situación, persona y cosa.

2. Si resueltamente le doy la espalda al pasado, sea bueno o malo, vivo únicamente en el presente y futuro.

3. Si perdono a todo el mundo sin excepción, no importa lo que hayan hecho; y luego me perdono a mí mismo de todo corazón.

4. Si considero mi trabajo o tarea diaria como cosa sagrada, tratando de cumplirla lo mejor posible (gústeme o no).

5. Si hago todo lo que está en mi poder para manifestar un cuerpo sano, y un ambiente armonioso en contorno mío.

6. Si trato de rendir servicio a todos los demás, sin hacerlo de manera majadera ni fastidiosa.

7. Si aprovecho todas las ocasiones de hacer conocer la Verdad a otros, de una forma sabia y discreta.

8. Si evito incondicionalmente la crítica, negándome a escucharla o a apoyarla.

9. Si le dedico por lo menos un cuarto de hora a la meditación y a la oración.

10. Si leo por lo menos siete versículos de la Biblia o un capítulo de algún libro instructivo sobre la Verdad para esta Era.

11. Si hago un tratamiento especial diariamente para pedir o demostrar la Comprensión. (Hay o que afirmarla

sabiendo que Dios está con nosotros, o encargar a la Señora Maestra Ascendida Nada del Rayo Rubí, como a Las Huestes del Rayo Dorado).

12. Si me entreno a darle mi primer pensamiento a Dios al despertarme.

13. Si pronuncio el Verbo por el mundo entero todos los días, o bien en nuestros ejercicios diarios, o especialmente, digamos, a las doce del día.

14. Si practico la Regla de Oro de Jesús, en lugar de admirarla únicamente. El dijo: haz a otros lo que desees que te hagan a ti. Lo importante de la Regla de Oro es que la debemos practicar aunque los demás no la practiquen hacia nosotros. Pero tambien, no hay regla que no tenga su opuesto, de manera que no permitas que otros te hagan lo que serías tú incapaz de hacerles a ellos.

15. Si me doy cuenta perfecta de que lo que yo veo no es sino un espejismo, el cual me es posible transformar por medio de la Oración Científica.

Para poder demostrar armonía y perfección de todo en tu vida, pregúntate una vez por semana si estás cumpliendo con todos estos puntos.

En donde quiera que se mencione el perdón se puede insertar la oración de la Llama Violeta: "Yo soy la Ley de perdón y la Llama trasmutadora de todos los errores cometidos por mí y por toda la humanidad". Por supuesto que esto es para los estudiantes que ya conocen las Llamas.

MI MUNDO CONTIENE TODO

Cuántas veces te has encontrado con que te falta algo para continuar lo que estás haciendo, si es vistiéndote, te hace falta un alfiler o una aguja e hilo; si es un trabajo, te hace falta una pluma o un instrumento cualquiera, etc. Estás viendo una apariencia material nada más. La verdad está siempre en el espíritu, como ya bien lo sabes. Al pensar y buscar la correspondencia en lo espiritual, o sea que tú piensas "¿Cómo es la situación en el plano espiritual?". Siempre tu mente te dice: "Es perfecta". Ponte a meditar entonces cuál sería la perfección en este caso. La perfección en el caso de que te estás vistiendo y te falta un alfiler o una aguja e hilo, sería que tuvieras en ese momento lo que se te está haciendo falta, o que no tuvieras necesidad de esos adminículos, ¿verdad? Pues bien, ya has visto que tu cuerpo está hecho de las substancias del plano que él habita; contiene todos los elementos que se pueden encontrar en todos los demás objetos, artículos, etc., que hay en el planeta; además, tú has sido acumulado en todas tus vidas pasadas, de todo lo que puedes necesitar y usar; cada experiencia con todos los accesorios necesarios para haberla cumplido y superado ya están en tu cuerpo etérico, como memoria, y en tu cuerpo causal como haber constructivo. Tienes pues plena autoridad de declarar: "Mi mundo contiene todo, y no es verdad que pueda carecer yo de lo que necesito en ningún momento. Espiritualmente, lo que necesito está conmigo y reclamo la apariencia material porque me hace falta para mi materia en este momento". Verás un milagrito, si has comprendido bien el principio que te he estado explicando. O tú encuentras un alfiler o una aguja con hilo, casi sin necesidad de buscarlos, o te viene a la mente de inmediato la cosa que pueda suplir la falta, la forma de arreglar la situación, o alguien entra y te lo facilite. En el caso de que una de ustedes me haga la pregunta que han hecho otros: ¿Y qué sucedería si me encontrara en un desierto y me faltara el agua por ejemplo, y no la hallara? —contesto que una vez que tú conoces esta Ley, este principio y lo apliques dos o tres veces, jamás se volverá a presentar en tu existencia ningún caso en que te pueda faltar absolutamente nada de lo que tú puedas necesitar. Ese caso del desierto sin agua es karmático. Es una experiencia que fue necesaria en un momento dado, pero que si tú estás ya aprendiendo leyes espirituales tan adelantadas como ésta, ya pasaste la experiencia del desierto, la superaste y jamás volverá a presentarse el caso. El paso dado está superado, y no hay que volverlo a dar.

EL COCO

Ustedes saben lo que es El Coco. En venezolano es el monstruo con que asustan a los muchachos para que se porten bien.

El Dr. Fox dice: "Este artículo es para personas que tienen una preocupación. Yo jamás regaño a aquel que esté preocupado. Eso equivale a darle una patada al caído. ¿Acaso una persona se preocupa porque le divierte? Por supuesto, sí hay personas quejosas y quejumbrosas que les complace actuar de esa manera. Esa es una condición que necesita atención urgente, pero no es un caso de preocupación".

No, la preocupación es un infierno del cual la víctima siente gran alivio al ver la menor señal de escapatoria. ¿Y se puede realmente evitar la preocupación? Depende de que tú comprendas o no la Verdad del Ser. Si en verdad la comprendes, la respuesta es que Sí.

Considera lo siguiente: Un Coco en el cual tú no crees no tiene poder alguno para molestarte o preocuparte. El Coco aquel de tu infancia ya ni te asusta ni te engaña, porque ya tú no crees en él. Pero cuando tenías tres años de edad tenía el poder de poner a correr tu corazón, de ponerte las mejillas blancas, de hacer temblar tus rodillas y de hacerte vomitar toda la comida que había en tu estómago. En condiciones especiales te hubiera podido matar. Sin embargo, hoy no te hace ni pestañear... porque ya no crees en él. Esto es todo. Nada ha cambiado en realidad. No existe ese Coco ni jamás existió. La única diferencia radica en ti mismo. Has cambiado tu manera de pensar. Descubriste que era una falsedad y eres libre.

Ahora, exactamente lo mismo ocurre con toda otra forma de Mal que se esté manifestando en tu experiencia.

ya que todo Mal es un Coco y nada más. Te está ocurriendo porque tú crees en él, y se desaparecerá en el momento en que dejes de creer en él. La única vida que lo mantiene vivo se la das tú con tu creencia en él.

Cualquier situación, y hasta cualquier objeto material puede ser cambiado por medio de un Tratamiento Espiritual, o lo que llamamos nosotros la Oración Científica. No importa qué cosa vaya a suceder mañana, ocurrirá algo muy diferente por causa de la Oración Científica: un tobillo lujado, las consecuencias de haber manchado un traje con tinta, el juicio de la Corte ocurrido la semana pasada, o la operación que te van a hacer la semana que viene y todas las consecuencias que puedan salir de allí, todos pueden ser borrados totalmente, hasta de las conciencias de todo el mundo, o el carácter de todas estas cosas pueden ser cambiados para hacer ver que son bendiciones para todos los interesados. A veces ocurre que tú compras un artículo, y cuando llegas a casa te das cuenta de que no era lo que te convenía, y crees que ya es demasiado tarde. No importa. Trata el caso científicamente y verás que después de todo la compra fue correcta, te regocijará la adquisición, o de alguna otra manera tendrás satisfacción por haberlo comprado, ya que todo se vuelve bueno al tratarlo por la Oración Científica.

Todo esto es la Verdad, de manera que esto comprueba que el plano material no es "Real", en el sentido de ser fijo o permanente, y una vez que captamos esta Verdad ya no tiene poder para molestarnos. La Verdad es que nuestras condiciones materiales no son otra cosa que el reflejo exterior de las convicciones que tenemos en la mente, y como tenemos el poder de cambiar estas convicciones, es evidente que podemos cambiar los reflejos exteriores, también.

Tu problema de este momento es exactamente como el Coco de tu infancia. Es el Coco, y el único poder que tiene es el que tú le estás dando al creer en él. Tienes que desistir de creer en él, y la forma de lograrlo es la de orar lo suficiente, científicamente, o conseguir que alguien te ayude, y verás a ese cuadro infeliz transformarse en algo totalmente diferente, o desaparecer completamente.

Con suficiente oración puedes lograr que se borre de tu memoria, pero eso no va a ser necesario ya que tú no vas a querer olvidar al Coco, te es indiferente.

¿Ves por qué es que se puede quitar la preocupación? Cuando tú puedas decirte "Sí, en este momento esto parece una calamidad, pero yo sé que con un buen tratamiento puedo cambiar esta situación en algo totalmente diferente" ya puedes decir que las preocupaciones terminaron para ti y sólo es cosa de tiempo para que la salud, la armonía y la prosperidad sean permanentes en tu vida.

Dice la Biblia "El Nombre del Señor es una Torre Fuerte. El pensador correcto entra en ella y está salvado"

EL DINERO

El Maestro Filmore, fundador de Unity, dice: "No es un crimen ser rico, y no hay virtud alguna en ser pobre, como nos han hecho creer los reformadores. El mal consiste en acaudalar el dinero, impidiendo que circule libremente para que llegue hasta el que lo necesite. Aquellos que ponen a trabajar sus riquezas en forma que contribuyan al bienestar de las masas, son la salvación de un país. Si todos tuvieran lo que llamamos "la conciencia de pobreza", la miseria sería general como lo es en la India y en la China. Allí, los millones de habitantes están atados perennemente al pensamiento de su pobreza, sufren escasez en todas sus formas, desde la cuna hasta la tumba. El peso del pensamiento pobre recae en las tierras, y ellas, año tras año retienen sus productos de manera que miles mueren de hambre".

La conciencia de la Prosperidad hay que formarla. Primero hay que ir negando todas las viejas y falsas ideas de carestía, de restricción, de dependencia en los canales fijos. La idea de que algo es muy caro proviene del estado de nuestra bolsa. Hacemos la comparación del costo con la cantidad que poseemos y decidimos instantáneamente si podemos adquirir o no. Si nuestro haber es poco, el objeto nos parece caro. Si nuestro haber es grande, no le damos ninguna importancia al costo y lo adquirimos. El objeto, no es que sea caro sino que la conciencia es pobre.

Tú estarás pensando que sin embargo, sí hay cosas por las cuales los comerciantes piden demasiado. Pero yo te repito que si tuvieras muchos millones para botar, no se te ocurriría siquiera pensar si el comerciante está pidiendo demasiado o no. Luego no es la carestía sino el estado de tu bolsa, y ésta depende del estado de tu conciencia.

Desde pequeño, tal vez oiste en tu casa el tema del dinero, del costo y de lo que se podía o no se podía adquirir. Cuán pocos pueden hacer alarde de que cuando pequeños pidieron que se les comprara algo y que sus padres no contestaron "Hoy no se puede porque no hay plata". Ese "no hay plata" asumió inmediatamente el carácter del monstruo que todo lo niega, que todo lo interrumpe, que todo lo malogra; ese ogro que se recrea en vernos privados y suspirando, hasta que terminamos doblando la cabeza resignados a la fatalidad. Cuán pocos pueden decir que sus padres contestaban "vamos a pensar que Papá Dios nos lo quiere dar y que no está sino esperando el momento para darnos la sorpresa".

Y éste es el pensamiento que deseo se aprendan hoy de memoria y lo repitan mentalmente, o a viva voz, cada vez que tengan un deseo o una necesidad, y que se encuentren comparando lo que tienen en la cartera, con el costo de lo que están deseando. "Vamos a pensar que Dios NOS LO QUIERE DAR y que sólo está esperando el momento para darnos la sorpresa", para irles formando la conciencia de prosperidad.

Ya ustedes saben que la Verdad es que en el espíritu todo está ya dado, concedido y esperando que lo reclamemos; y que por eso enseñamos a dar las gracias antes de que aparezca. Pero esta idea se empeña en eludir. El subconsciente no tiene discernimiento. Para él, tu palabra es ley. Lo que te oye decir, lo que ve en tu pensamiento, el cuadro que te imaginas, son órdenes que él se esmera en cumplir con la más pronta exactitud. Lo único que lo sacude es la voz del Yo Superior. Las altas vibraciones de la Verdad desmoronan lo petrificado (cristalizado decimos) en el subconsciente, y que le costarían años de psicoanálisis para llegar a descubrirlas. Y aún así el psicoanalista te dirá que si no se sustituye con algo el clavo que acaba de sacar, se vuelve a recaer en el mismo mal. Por esto es que la Metafísica primero niega el mal, luego afirma la Verdad para ir sustituyendo lo que se va borrando, por lo más alto y potente: La Verdad, que no habrá que borrarla jamás.

La afirmación simple, infantil, que te di para que la aprendieras de memoria, encierra una intención triple. La primera, que te vayas formando la idea de que todo proviene de Dios, o sea de la sustancia divina, y se te vayan quitando esas ideas de los canales fijos. Tus canales fijos son, o bien el salario que recibes, o bien la organización donde trabajas; y si no tienes necesidad de trabajar, tus canales fijos son: o bien el negocio de tu padre o de tu marido; o las fincas que te producen tu renta, en fin, lo que sea que te provee con la suma de dinero con que haces tus gastos. Y toda la raza está acostumbrada a pensar que si estos llegaran a fallar, ocasionarían la ruina. Pocos se dan cuenta de que los canales de la prosperidad y de la abundancia son infinitos porque son de Dios, y son Dios. Ignoran lo que ya tú sabes, que toda necesidad viene ya equipada con el material que requiere para llenarla, o sea que (como se dice en metafísica) la oferta y la demanda son una. En la Tierra son dos cosas opuestas. En la Verdad son una sola y misma cosa.

La segunda intención que lleva la afirmación que te di es, que te vayas acostumbrando a que la voluntad de Dios es magnánima; que Dios ansía que tengas precisamente ESO que estás necesitando o deseando, porque el deseo y la necesidad de algo se producen en el momento que se está preparando para gozarlo o aprovecharlo. Ni un minuto antes, ni un minuto después. Y si hace años que estás anhelando, o sintiendo la falta de algo, ese "algo" tiene los mismos años tocando a tu puerta, para que acabes de recibirlo, y es tu subconsciente el que lo está rechazando y haciéndolo esperar, por cumplir la orden que le diste, al aceptar tú la idea de que te sería imposible realizar tu deseo; o bien porque, lo consideraste demasiado costoso, prohibitivo o demasiado difícil. La Biblia explica esto en la forma siguiente y que se los he repetido muchas veces: "Toda tierra donde pongas la planta de tu pie te la he dado por heredad". Los pies son símbolos de la comprensión, y "tierra" es símbolo de Manifestación. O sea, pues que la traducción de la frase maravillosa es: "Toda manifestación que tú puedes CONCEBIR te la he dado ya". La heredad es lo que nadie nos puede arrebatar. Es nuestra por derecho.

La tercera intención que lleva la afirmación que te di está en la frase: "...y sólo está esperando el momento para darnos la sorpresa". A menudo los estudiantes ven que no obtienen una demostración tan aprisa como ellos lo esperaban, y vienen a quejarse conmigo. Casi me culpan de incumplida, como si yo les he prometido algo que no les he dado! Esta es una actitud infantil. Es un resabio de mala crianza que les ha quedado de cuando eran niños en la casa de sus padres, y prueba que fueron niños mimados a quienes no se les negó jamás su menor capricho. La demostración siempre está hecha y preparada para aparecer. Sólo está esperando el momento oportuno. Hay infinidad de motivos que obstruyen la salida o que destruyen el momento oportuno, y la manifestación tiene que esperar que haya otro momento oportuno. Uno de los motivos más comunes y corrientes es la inconsistencia, o falta de firmeza una vez que se ha pensado, invocado, reclamado y hecho el tratamiento.

O bien el estudiante siente dudas; o bien cede a la tentación de salir a conversarlo; o bien expresa con sus palabras conceptos que niegan la Verdad que declara en el tratamiento. Todo esto es muy natural. No hay que impacientarse ni con uno mismo ni con la tardanza de la demostración. No somos perfectos y estamos aprendiendo a serlo.

El subconsciente no tiene culpa de estar pesado y achatado en viejas ideas y costumbres.

Otro defecto muy común es el de pensar que hay que estar repitiendo el tratamiento para que se haga. Esto equivale a estar continuamente abriendo el horno para darle una vuelta con la cuchara a una torta que se está horneando. Un tratamiento se hace una sola vez, lo más excelentemente que se pueda. Se ve la Verdad y se declara. Se dan las gracias, y se le deja a Dios la realización. Cuando venga a la mente el pensamiento de aquello que estamos necesitando y que no acaba de realizarse se hace lo que llamaba Emmet Fox "hacerle un tratamiento al tratamiento", o sea que se dice "Ya yo hice el tratamiento y no tengo por qué angustiarme ni preocuparme, gracias, Padre". Puedes dar gracias infinitas tanto como quieras. Eso sí reafirma la demostración, y es regocijo. "Regocijaos y dad gracias a Dios en todo".

Cuando tú das a alguien un regalo como sorpresa, o cuando te hacen una sorpresa a tí, ES una SORPRESA. Aun cuando has estado deseando algo y que alguien te lo regale, te sorprende y te hace feliz. La frase del tratamiento te pone a esperar la sorpresa que se te va a mandar Dios, en el momento en que menos lo esperas, y esta expectativa entusiasta es la fe que mueve montañas. No lo confundas con la esperanza. La Esperanza es una hermana pobre de la fe, dice Emmet Fox. La esperanza es angustia mezclada con dudas. La fe es expectativa gozosa. Dos cosas muy diferentes. Qué diferente es decir, "tengo la esperanza...", y "tengo la fe...".

Me han llegado noticias de que por lo menos dos de mis estudiantes están careciendo de dinero. Se puede ser muy adelantado espiritualmente y no tener la conciencia de la prosperidad. Así como se puede tener una gran conciencia de prosperidad y no ser nada espiritual. Es que se ha desarrollado un aspecto de la vida, y no se ha tocado el otro. Cuando se está manifestando falta de abundancia hay que ponerse a trabajar en ese aspecto. Hay que meditar mucho sobre la abundancia. Como le dije a una de mis discípulas en estos días, allí donde el hombre no roza con su pensamiento de escasez se manifiesta la abundancia en términos de derroche. En las selvas. En el monte ordinario. Si no vivimos cortando la grama en el jardín, se amontona hasta tapar la casa, y es porque nos la pasamos pensando precisamente en que hay que vivir atajándola. En las selvas no hay quien piense "aquí no crece nada". No hay quien eche veneno para matarla. No hay quien piense "Qué verano tan bravo! Las matas se van a secar todas! ¿Y no irá a llover?".

El Maestro Fillmore continúa diciendo: "El Pensamiento angustiado tiene que ser eliminado, y hay que adoptar el abandono perfecto de la naturaleza, y cuando a esta actitud se añada la realización de que se poseen recursos ilimitados, se habrá cumplido con la ley divina de la prosperidad"

Para lograr esta actitud de abandono de toda preocupación hay que meditar sobre la abundancia divina, manifestada. Hay que examinarse para ver dónde se está poniendo freno inconscientemente a la prosperidad y la abundancia. Hay que afirmar, contra toda la evidencia, que somos hijos, herederos de todo lo que posee el Padre, y que no solamente El ansía vernos manifestar riquezas y satisfacciones, sino que TODA LA HUMANIDAD NOS DESEA LO MISMO. Que NADIE quiere privarnos, ni hostilizarnos, porque toda la humanidad contiene a Dios, y Dios no se divide en dos para desarmonizar con El mismo.

Hay una manera de producir lo que remedia una necesidad inmediata. No sirve para producir abundancia constante, pero que sí produce lo que tape el hueco del momento. Es hacerse un cuadro mental, hecho de pura imaginación, y verse recibiendo cantidades de dinero, de billetes y monedas, tanto que no se sabe qué hacer con ellos. Hay que verse llenando la cartera, depositándolo en el Banco, repartiendo y sintiendo la satisfacción de poder dar y hacer feliz a otros. Pero hay que hacer hasta por sentir con los dedos el grano del papel, el crujir de los billetes, el peso de las monedas, etc. Hay que repetir esto mucho para que el subconsciente se impresione y lo reproduzca. No hay que preguntarse "¿Y por dónde me puede llegar?". El canal se le deja a Dios. Esto último es tal vez lo que queda de valioso cuando se ha terminado de gastar el dinero que va a llegar, o sea la constatación de que los canales de Dios son infinitos e inesperados. No se olviden de insistir en que venga bajo la Gracia y de manera perfecta.

LA MAGIA DEL DIEZMO

La práctica del Diezmo se ha hecho una costumbre de toda su vida en muchos de los discípulos de la Verdad. Tanto así que ya piensan en el monto de su dinero como si fuera sólo el noventa por ciento de lo que realmente disponen, ya que automáticamente ponen a un lado el diez por ciento que consideran como perteneciente a Dios, sin que jamás ni sueñen en romper la costumbre. Esto lo hacen inteligentemente, es decir, como Principio, porque han apercibido que es lo correcto. El resultado de este proceder es que estas personas están inmancablemente libres de toda dificultad monetaria. Aunque puedan tener otros problemas, jamás sufren de privaciones ni de fallas en su prosperidad material. Ellas cumplen con la Ley, de manera que inevitablemente manifiestan el resultado.

Este hecho se está haciendo ampliamente conocido hoy en día, pero lo que no es muy bien comprendido es el Principio Espiritual que lo rige. Se me hacen toda especie de preguntas respecto a la forma de diezmar, en cuáles circunstancias es pertinente no diezmar, cuáles sumas se deben diezmar, en qué forma debe ser dividido el diezmo, y que si la práctica del diezmo es una receta infalible para enriquecerse, etc.

La Verdad del Diezmo es que aquellos que ponen aparte el diez por ciento de su entrada neta para el servicio de Dios, y no con el objeto principal de lucrar sino simplemente porque sienten que así debe ser, encuentran que su prosperidad aumenta por saltos y brincos, hasta que todo temor de pobreza desaparece; en tanto que aquellos que diezman porque en su fuero interno lo consideran una buena inversión, esperando que se les devuelva mucho más de lo que dan, son siempre decepcionados, y desde su propio punto de vista están malgastando su dinero.

Dice Malaquías en su versículo 10, capítulo 3: "Traedme todos los diezmos a mi granero y que haya alimento en mi casa, dijo el Señor de los Ejércitos, y verás si no te abro las ventanas del Cielo y te derramo tal bendición que no habrá sitio en que recibirla".

El diezmo ha sido recomendado en muchas partes de la Biblia, y en todas las edades, donde haya habido creyentes en Dios que hayan hecho de esta práctica la piedra angular de sus casas, este edificio construido sobre esa piedra angular los han asegurado de toda necesidad material, cosa TAN ESENCIAL PARA EL DESARROLLO DEL ALMA.

Es cosa muy conocida que muchos de los más prósperos hombres de negocio de hoy, grandes industriales, atribuyen su éxito al haber formado este hábito en su juventud y haberlo mantenido. Miles de estudiantes de la Verdad han escapado de lo que parecía ser una pobreza sin esperanzas, y entrado en la seguridad y el confort por la práctica del diezmo.

El Principio, o Ley del Diezmo, una vez reconocido y aceptado, hace surgir la pregunta: ¿Y qué se debe hacer con el diezmo? En la Ciencia Divina, el Diezmo no se refiere a la caridad general, ni a las donaciones materiales. Se dedica a la divulgación del Conocimiento de la Verdad en alguna u otra forma, generalmente en la mantención de aquellas instituciones o actividades que se ocupan de esto. Cualquiera que comprende la Idea Espiritual sabe muy bien que lo único que salvaría al mundo es conocer la Verdad para quedar libres de toda dificultad; que hasta que el hombre no llegue a conocer la Verdad metafísica nada lo beneficiará realmente; que hasta que este conocimiento se haga general no importa cuánta instrucción seglar ni cuántos descubrimientos científicos, ni proyectos de reformas sociales, ni reconstrucciones políticas lograrán algún bien efectivo; y que una vez que este conocimiento se haga general, todos los problemas políticos y sociales se ajustarán automáticamente, y se harán innecesarias todas las formas de caridad y sistemas de beneficencia. Nosotros que conocemos la Verdad del Ser somos fiduciarios de la humanidad. Aquellos que desconocen esta Verdad continuarán dando su dinero para promover obras benéficas, pero nosotros sabemos que nuestro primer deber es la divulgación de la Verdad.

"Conoced la Verdad y ELLA os hará libres", dijo Jesús.

El determinar la cantidad del diezmo es muy sencillo. No es, como suponen algunos estudiantes, la décima parte de aquello que puedan ellos economizar cada mes. Significa la décima parte de toda la cantidad. Por supuesto, un mercader o comerciante deducirá los gastos de su negocio antes de contar su ganancia NETA, pero es sobre la ganancia neta, antes de deducir ningún gasto personal o de vida, que se debe hacer el diezmo. Las personas que viven de un salario reciben su ganancia neta directamente en esa forma, pero deberán añadirle toda otra entrada, dividendos, inversiones, etc.

Es por supuesto inútil recalcar que no hay la más mínima obligación de diezmar en absoluto, hasta que no le venga a cada uno el estado de conciencia que le haga ver que es preferible hacerlo. Es decir, que es mejor no intentar el diezmo hasta que se esté preparado mentalmente para hacerlo. El dar por una supuesta obligación o un sentido del deber, es dar con temor, y jamás ningún temor trajo prosperidad.

El pago de un diezmo es un gran acto de fe. A menudo sucede que un estudiante de Ciencia Divina siente un deseo profundo de poner toda su fe en Dios, y de poseer una fe verdaderamente científica. Desear esto es tenerlo automáticamente: sin embargo no siempre se puede lograr la convicción absoluta de esto último, y por el hecho de no poder sentir esta sensación él se cree falto de fe cuando en realidad no lo está, pero si él practica el diezmo por convicción de que es lo correcto, esto será la prueba de su fe, no obstante lo que le digan sus sentimientos por el momento.

Algunos creen que porque están en aprietos no les es posible diezmar por los momentos, pero que lo harán en cuanto sus circunstancias lo permitan. Esto es perder todo el significado porque mientras mayor sea la presente dificultad, mayor la necesidad de diezmar, ya que sabemos que la dificultad presente es debida a una actitud mental (probablemente subconsciente) y por supuesto que las circunstancias no podrán cambiar hasta que haya un cambio en la actitud mental. El diezmar, en verdad espiritual, será una prueba de que la actitud está cambiando, y será seguido por la demostración deseada.

El secreto de demostrar prosperidad por el diezmo es el de comprender, realizar que el único origen de nuestro suministro es Dios, y que el negocio o el empleo, las inversiones o los clientes no representan sino el canal al través de los cuales se está manifestando en ese momento la Providencia que nos viene de Dios. Ahora pues, la práctica de diezmar por motivos espirituales es la prueba concreta de que se ha aceptado esa idea, y la consecuencia inevitable de dicha aceptación es la prosperidad visible. Es fácil ver, pues, la diferencia que existe entre la práctica espiritualmente comprendida y la otra —material e inútil— de apartar la décima parte, a menudo con mala gana, con la esperanza de hacer una buena inversión. Como una expresión de que se considera justicia espiritual, el diezmo es un éxito inevitable. Como inversión egoísta va al fracaso seguro.

La respuesta a la pregunta de cuán a menudo debe ser pagado el diezmo, es también muy sencilla. El momento correcto para pagar el diezmo es al recibir la mesada, o el pago semanal o semi-anual, dependiendo de cómo se recibe la renta. Por lo general es mejor pagar pequeñas sumas que una sola grande, pero no se puede dar una regla general.

"Dad y se os dará": medida buena, apretada, remecida, desbordante; porque la medida que empleareis para con los demás, esa misma recíprocamente se empleará para con vosotros. (Lucas 6: 38.)

Muchos Maestros de la Verdad han atestiguado de los beneficios infalibles del diezmo. Uno de ellos, John Murray, escribió:

"De acuerdo con la Ley Hebraica, el diezmo quiere decir la décima parte, y se refiere a una forma de impuestos por la cual los hebreos tenían que dar, por Ley Levítica el décimo de su producción (de la tierra o de bestias, etc.) para el servicio de Dios. Es notable que mientras este sistema prevaleció la nación hebrea prosperó, colectiva e individualmente, y donde quiera que ha sido aplicada honesta y finalmente jamás ha fallado. Si el granjero se negara a darle a la tierra una cierta cantidad de maíz y papas, de las que ha recibido de esa tierra, no tendríamos cosechas. ¿Por qué, entonces esperamos a recibir la abundancia de parte de Dios, si le damos tan mezquinamente a su santa causa? Aquellos que diezman siempre están seguros de que tienen a Dios por Socio."

La conexión entre el diezmo y la prosperidad es, después de todo, simplemente una expresión de aquella ley que expresa que aquello que nosotros le hacemos al Universo, el Universo nos hace a nosotros. Lo que damos, generosidad o parsimonia, lo recibiremos de nuevo. Igual atrae igual. Que lo que el hombre siembra, eso recoge, y que ningún hombre escapa a la Ley.

El levítico dice: "Y todo el diezmo de la tierra, así sea de semilla o del fruto de árboles, pertenecen al Señor. Es Santificado al Señor". (Levítico 27:30.)

"Honra al Señor con su substancia, y con los primeros frutos de tu abundancia, y tus graneros rebosarán y tus prensas reventarán con vino nuevo". (Proverbios 3:9, 10.)

Después de que Jacob recibió la visión que le dijo que había una escalera mística desde la tierra hasta el cielo (la escalera de la Oración Científica y la actividad justa) decidió de inmediato adoptar la práctica del diezmo realizando que...

"Dios estará conmigo, y me protegerá en mis caminos, me dará el pan y la ropa."

EL ESCALON EN QUE TU TE ENCUENTRAS

Si a ti te gusta todo lo que has leído hasta ahora en esta enseñanza para la Nueva Era; si varias veces en su lectura te has encontrado diciendo "¡Pero si ya yo sabía esto instintivamente!" —"Yo diría que soy una Metafísica nata, porque practico muchas de estas cosas!", entonces ya atravesaste por todas las otras sectas, religiones y credos que existen en el planeta, en el curso de tus vidas pasadas. Todas sus prácticas y teorías las tienes acumuladas. Lo constructivo está en tu Cuerpo Causal, que es el Aura de tu Yo Superior. Lo destructivo está en tus vehículos inferiores (cuerpo físico, cuerpo emocional, cuerpo etérico y cuerpo mental) pero sobre todo, en tu cuerpo etérico está toda la memoria de todo lo que te ha ocurrido en todas tus vidas: nada se pierde. Anota esto muy bien. *Nada se pierde.*

Entonces, si te atraen las enseñanzas Metafísicas; si las comprendes y te absorben, quiere decir que estás preparada para subir un escalón. Si no las aceptas; si no las entiendes; si no te atraen; si más bien te repelen, significa que aún no puedes digerirlas. Te tienes que quedar en otra secta, una menor, donde no se practique el Principio de Mentalismo. En algunas lo encontrarás explicado superficialmente pero sin dársele mayor importancia. Todas esas sectas y doctrinas tienen cosas que tú instintivamente anhelas. Ellas te las darán, y también te darán un cúmulo de conocimientos que te llenan la boca, la mente y las satisfacciones. También te impondrán numerosos ritos, rituales, prácticas físicas, prohibiciones, dietas, ataduras, todo lo cual se puede encerrar en una palabra: LIMITACIONES. Pero si tú las necesitas, ése es tu escalón presente.

No queremos denigrar, ni aminorar, ni desprestigiar a ninguna doctrina. No porque un hermanito sea un niño se le ve como un inferior! Sólo queremos darte seguridad respecto al escalón en que te encuentras ahora.

¿Cómo y por qué sabemos que la Metafísica es la última enseñanza enviada al planeta por los Maestros de la Sabiduría? Por muchas señales. Vamos a empezar por el principio. Ninguna otra doctrina te enseña a resolver tus problemas (La Llave Maestra). Ni a manifestar todo lo que desees (Te Regalo...). Ni a convertir lo imposible en posible (El Coco). Ni te enseña a llevar con tal dulzura y armonía tus negocios al triunfo (Dios en los Negocios). Ni a manifestar el bienestar material en corto tiempo (La Magia del Diezmo). Ni te brinda un desarrollo espiritual inmediato (Cómo Desarrollar el Amor Divino y La Presencia).

Cuando venimos a esta reencarnación, nos borran todos los conocimientos adquiridos en otras vidas porque Jesús dijo "Bienaventurados los pobres en el espíritu, porque de ellos es el Reino de los Cielos". Los conocimientos llenan de orgullo intelectual. Los que ya están preparados para entrar en los estudios espirituales de la Nueva Era, se muestran perezosos en los colegios durante su infancia, y desganados para emprender estudios intelectuales cuando ya son grandes: Un paso dado no hay jamás que volverlo a dar. El que sienta deseos de acumular conocimientos es porque le faltó hacerlo en vida anterior.

Tercer punto: La Nueva Era es la Era de la Liberación. En esta Era se acabarán los ritos complicados, las miles de nimiedades que quitan el tiempo para cosas mejores, más interesantes. Así, cuando en la época del Templo de Jerusalén, la religión imperante ordenaba que cada levita tenía que cumplir con más de seiscientos detalles religiosos, rituales y exigencias diariamente. El Dr. Fox dice que los pobres vivían bajo una conciencia de ineptitud, de esclavitud, de pecado pues, y de acuerdo con el Principio Creador o Ley de Mentalismo, sentirse y considerarse pecador es, de hecho, estar en pecado. No siendo posible cumplir con semejante rigor, se castigaban de manera inmesericorde.

Si los Directores de sectas y religiones que tú practicas, manifiestan enfermedades, miseria, dolor, tristeza, calamidades, etc., sabrás que esos frutos son producto de mentes llenas de errores y falsedades, pues Jesús dijo: "Por sus frutos los conoceréis". No continúes oyéndoles. No tienen nada que enseñarte. Tú eres más adelantado que ellos.

Más adelante en tu estudio de Metafísica aprenderás a quemar el karma tuyo y el ajeno también, sin dolor, sin sufrimiento, aplicando la Divina y maravillosa Llama Violeta (de la Liberación por Amor) que es el regalo del Ascendido Maestro Saint Germain, avatar de la Nueva Era, y para entonces ya podrás ir invocando de tu propio Cuerpo Causal todos los conocimientos y habilidades que son tuyas por derecho de conciencia, y que tienes acumulados. Por el momento ya puedes ir practicando esta fórmula:

Yo soy la Sabiduría Divina de Dios, El en mí todo lo sabe... continúa con la afirmación titulada "El VERBO PODEROSO", que ya leíste más atrás.

La Práctica de la Presencia de Dios (que es como realmente se llaman estos estudios) te va limpiando y te va desatando, te va instruyendo casi sin necesidad de libros pues Jesús dijo: "El Espíritu Santo, que el Padre te enviará en mi nombre, te enseñará todas las cosas". Te va libertando de una infinidad de limitaciones que antes creías que eran deberes tuyos cumplir; y una de las liberaciones más grandes que te llegará es, que sabrás curar a distancia, resolver los problemas ajenos también a distancia (ya no tendrás tú esos problemas) lo cual te liberta de trabajar en lo material como tienen que hacer los demás que no tienen el recurso divino del cual tú dispones, y muchas veces verás transformarse situaciones con tu sola presencia, pues es tu estado de conciencia (Conciencia Espiritual y Conciencia Divina) la que eleva la frecuencia electrónica de las vibraciones bajas en contorno tuyo, que pertenece a otros. Entiende: Es la Conciencia que tú tienes de que en ti, en tu prójimo, está la PRESENCIA DE DIOS!

¿QUE ES EL CRISTO?

Les he enseñado siempre que el Cristo es nuestra Verdad. La Verdad de cada uno y que es perfecto y Todopoderoso. Es lo más noble de cada uno.

Vamos a desmenuzarlo para comprenderlo mejor.

Ya ustedes saben que todo tiene vida. Aquello que tiene vida oye, siente y responde. Algo muerto o dormido, ni oye, ni siente, ni responde. ¿Correcto? Recuerden eso. Vida es la capacidad de oír, sentir y responder, contestar o reaccionar.

Vamos a dibujar varios planos. Pondremos aquí 1º: VIDA. Toda cosa viviente o que se ha despertado a la vida, ante todo tiene vida.

Ahora viene: ¿Qué clase de vida? ¿Elemental?, o ¿terrena? ¿Si es elemental, será del aire, del agua o del fuego? ¿Si es terrena será mineral, vegetal, animal o humana?

Una vez que se haya definido esto, viene la individualidad. Todo es uno e indiviso, pero cada cosa muestra una faceta o unos talentos especiales, virtudes o atributos que no son comunes a todos.

En los humanos, por ejemplo, ¿qué aspecto presenta? ¿Tiene la piel negra, blanca? ¿Los ojos azules, negros? ¿Qué peculiaridad manifiesta? Y si hay tan infinita variedad de clases, aspectos, virtudes, peculiaridades, talentos, tipos, razas, reinos, etc., ¿por qué se dice que todo es uno, un mismo ser?

Primeramente sabemos que todo, absolutamente todo sale de una misma fuente. Eso que llamamos Dios. Por consiguiente, todo es, no solamente UN hijo de Dios, sino El hijo de Dios, porque no hay repetición exacta. Cada cosa es individual. Eso mismo, una sola cosa, un solo ejemplar.

Bueno, pero en esa variedad infinita, hay algo que delate la filiación, la hermandad, la igualdad. Tiene que haber algo que sea exacto en todos. Una especie de marca de fábrica, porque precisamente sale de Dios. Así como en una familia en que todos los miembros sean de diferentes tipos, que ninguno se parece a otro, pero algo hay en todos que señale el parentesco o la filiación. Algo en la forma de la nariz, o en las orejas, o en el hablar. Algo que lo clava a uno con el apellido. ¿Qué nos une a nosotros todos como familiares de Dios? ¿Qué nos identifica? Tres cosas: Conciencia, Inteligencia y Amor. Todo ser viviente tiene conciencia, inteligencia y amor. Nadie es tan malo que no ame aunque sea a su madre o a su perro. Nadie que esté vivo deja de manifestarlo en alguna forma. O bien le late el corazón, o está respirando. Algo está consciente en él. Algo responde, algo siente, algo oye. Está vivo, tiene ya conciencia. Y esto está simbolizado por los tres colores primarios: Azul, Amarillo y Rojo. Todo, absolutamente todo tiene esos tres colores. Todo tiene conciencia, o vida, o lo que es lo mismo: voluntad, eso es azul. Todo tiene inteligencia, amarillo; todo tiene atracción, repulsión, adhesión y cohesión, o sea amor, rojo. Todo, en todos los reinos de la Creación.

Los oídos humanos son torpes. El ser más fino de oído no oye responder a las matas, ni a las células de su cuerpo, por ejemplo. Nadie se da cuenta, por consiguiente, de que los planos invisibles, astrales, etéricos, son una baraunda de sonidos, de voces, una gritería de todo lo que contiene vida. Hemos dicho que todo lo que tiene vida oye, siente y responde. El cuerpo humano, siendo macizo, sólido, no soporta ese vocerío. Yo pido para ustedes que cuando se les despierten esos sentidos espirituales no se encuentren solos. Que estén acompañados, y la mejor compañía es la del Cristo, o sea el Yo Superior que todo lo puede, todo lo sabe, todo lo domina; que es infinito consuelo, infinito amor y ternura.

Ahora ¿qué es pues el Cristo? Es la expresión de esas tres condiciones, Conciencia, Inteligencia y Amor en sus más altos grados. Amor en su grado más puro. Es Voluntad Azul purísima, la de Dios mismo. Es Inteligencia Oro purísima, altísima, como Dios mismo. Es la Esencia de la Divinidad. Es todo lo que somos pero en la escala más alta, más pura, noble, buena y perfecta. Es la esencia de la Verdad. Es el patrón y diseño de la Voluntad de Dios para nosotros, cada uno.

Debemos meditar sobre esto todos los días. Al pensar en El nos enchufamos, como quien dice, en el plano Crístico. Seguimos pensando en El y a los veinte segundos experimentamos un paso como un escalón, nos sentimos más cerca. A los próximos veinte segundos lo sentimos, o lo comenzamos a sentir como una dulzura y como que algo nos eleva. A los terceros veinte segundos nos sentimos felices, que lo amamos y que El nos ama. Si hacemos esto cada día nos pareceremos más a El diseño divino cada día. Nos hacemos más buenos, más puros, bellos, inteligentes, vivos y alertas. Pero recuerden también que El tiene voz y oído. Que no es el mismo oído y la misma voz de nuestro cuerpo. Es un Ser unido y aparte al mismo tiempo. Unido a nosotros y aparte de nosotros. Por eso le podemos hablar y saber qué nos contesta.

Espero que habrán adelantado un poco en la comprensión del Cristo Interior, porque quiero que todas quemen el Karma antiquísimo que está cristalizado, y éste lo quema El Cristo, a quien Emmet Fox llamó "El Señor del Karma".

Hay el Cristo cósmico, y hay el Cristo individual, o sea el Ser Divino, Glorioso dentro de nuestros corazones, hecho de luz universal y creado por Dios-Padre y Madre. Este se desarrolla tal como semilla a través de 14.000 años de evolución. (En nuestra conciencia.)

Este Ser crístico es un Ser inteligente, viviente en cada uno de nosotros, y que está más interesado en ti de lo que estás tú mismo. Durante millones de años te ha estado dando hasta el aliento, y te ha sostenido con la esperanza de lograr una oportunidad de exteriorizar el proyecto divino que tienes tú en el plano de la Creación. Acepta esto ahora y deja que este Dios, a través de ti, cumpla Su propio patrón de perfección, Su maestría y dignidad, Su equilibrio y belleza, Su Armonía y libertad. Hagamos juntos la siguiente afirmación:

"Yo acepto ahora la verdad de que poseo un Ser Divino, glorioso, que en este momento está desarrollando y trayendo a mi vida y a mis sentidos la realización de mi propia divinidad. Afirmo que poseo en el centro de mi cabeza un ganglio (chakra) llamado "FE", que genera y produce toda la fe que me es necesaria, de manera que no puedo jamás volver a decir que mi fe es insuficiente. Si tengo a Dios en mí, si todo mi ser es hecho de esencia de Dios mismo, del cuerpo de Dios mismo, mi padre-madre, tengo en mi ser todas las cualidades y todos los atributos de Dios mismo. Gracias Padre que esto es la Verdad."

No hay sino un solo poder en el universo. Acepta ahora que la Presencia de Dios en tu corazón, que está más cerca que tus pies y tus manos, más cerca que el aliento que entra por tu nariz, porque es tu propia vida que te hace latir el corazón, esa Presencia de Dios que se llama "Yo Soy", es una e indivisible con el latido de tu corazón. Ponte la mano sobre el corazón, cuando medites, e invoca tu exquisita Presencia para que guíe tu meditación.

Cada dos mil años el Maestro del Mundo manda a la Tierra un "Cristo", o sea un ser perfeccionado que desea encarnar y traer a la masa de humanos de esa era, la religión que conviene a ese aspecto de la evolución. Esa religión, en el curso de dos mil años se convierte en el estímulo espiritual de las masas encarnadas en ese momento. A medida que se iban sucediendo las eras de evolución, el Maestro del Mundo ha mandado nuevos Cristos, uno tras otro. Es lamentable que el Mismo Cristo no pudiera continuar a través de todos los cambios, ya que todas las religiones se han visto afectadas por resistencias, antagonismos y rebeliones que han sido provocadas siempre por la ola religiosa precedente, cuando sería maravilloso que ola tras ola añadiera su ímpetu, su fuerza a la próxima, haciéndose un gran crescendo en que toda la humanidad se pudiera encontrar cara a cara con su propia divinidad.

¡Hoy estamos al cierre de los ciclos de tiempo! Frente a la abertura de otro ciclo de dos mil años cuando la entrada del Rayo Ceremonial que así se le llama al séptimo rayo, comienza a hacerse sentir por las vidas. Este rayo será la religión de las masas.

El Cristo no es un cuerpo, es una conciencia. Ya saben lo que les enseñé, que las conciencias tienen vida e inteligencia. La conciencia crística o el Cristo nuestro existe porque en el comienzo de nuestra creación por el Creador, lo que funcionaba en nosotros era esa conciencia pura y bella. Ella ha quedado en las altas esferas, esperando que nosotros lleguemos a reunirnos con ella. Se llama el Cristo; y todos estos Cristos se dirigieron al Tribunal Kármico, que está compuesto por siete entidades de sabiduría; y le pidieron permiso para hacer presión en cada uno de nosotros; limpiándonos de todas las cristalizaciones para poder evolucionar rápidamente, quitando y barriendo del mundo todo lo negativo y estableciendo el reino de los cielos en la tierra lo más pronto posible, pues la tierra está en un peligro grande de destruirse por falta de luz como ustedes ya saben. La tierra está, en lo que llaman los maestros, un estado recalcitrante y es que los humanos no hacen caso, no quieren cambiar por más que hacen nuestros guías y seres de luz y los ángeles y nuestros Cristos están sufriendo, cosa insólita, como ustedes comprenderán. Ese es un estado de caos universal que amenaza. El Tribunal Kármico primero dio permiso para que 2.000 Cristos hicieran la prueba. Somos diez billones de seres humanos entre los encarnados y los no encarnados que pertenecemos a la evolución humana y no más de tres billones están encarnados a la vez en la tierra. La prueba dio resultado y el permiso fue aumentado a 200.000, luego a un millón y luego a diez millones.

LA VIDA

Uno de los aspectos de Dios, o de "aquello que llamamos Dios", es Vida. Dios es Vida; entre tantas otras cosas, Dios es nuestra vida y la de todo lo que existe.

La vida toda es una sola, la tuya, la mía, la de la planta, el insecto, el ave, etc. No nos pertenece individualmente. Es una inmensa vida en la cual estamos nosotros flotando. Somos cada uno una esponja en un océano de vida.

Estamos acostumbrados a pensar que cada uno aisladamente posee una cantidad de vida, y que ésta, como el agua en un pocito, rodeado de tierra, se va evaporando y secando, y que le puede caer sucio o algo que le infecte y le contamine. No. A ella, a ese manantial inmenso, inagotable e indestructible, no le puede ocurrir absolutamente nada. Ella no puede morir. Es un chorrerón de energía que fluye a través de nosotros, que nos penetra y que por lo tanto, nos mantiene vivientes, o sea que nosotros somos seres vivientes porque estamos en ella.

Como la raza íntegra cree que el ser humano es un pocito de vida separado y aislado, que es susceptible a la enfermedad, al desgaste por los años, y a la muerte, toda la raza manifiesta esa creencia; pero cuando se borre esa opinión, a fuerza de negarla y afirmar la Verdad, dejarán de enfermarse, de envejecer y de morir. Mientras más se piense y se medite la verdad, más pronto se librará el ser humano de esas falsas creencias, porque la verdad es acumulativa; "Conoced la verdad y *ella* os hará libres", dijo Jesús, y también dijo: "El reino de los cielos es semejante a la levadura, que una mujer tomó y escondió en tres medidas de harina, hasta que todo fue leudado". Más claro no puede estar. El reino de los cielos no es aquello que nos han ofrecido para otro plano si nos portamos bien. (Es el estado de dicha, armonía y adelanto que estamos buscando aquí). Esta meditación que les está aclarando algo que ustedes no conocían; que les está removiendo células que estaban dormidas, es la levadura a que Jesús se refiere. Esta verdad que escuchan hoy continuará trabajando en ustedes, hasta que un día de pronto se les ilumina la idea como un sol. Porque habrá leudado toda la masa.

Estamos habituados y tan endurecidos por la costum bre, a vernos los unos a los otros, que no nos asombra el milagro que representa un personaje que habla, piensa, se mueve, oye y vive solo por sí mismo, sin ningún cable que lo conecte a una corriente eléctrica; sin que esté sembrado en la tierra; ¿y ese otro milagro que ocurre a cada minuto?, un niño que al ser separado de la madre que le comunica su vida, continúa viviendo. Y nada de esto nos llama la atención. Si nos debería provocar todo esto constante asombro y contemplación. ¿Qué es eso? ¿Cómo es eso? ¿O es que ustedes creen que esa maravilla, ese milagro lo hacen la taza de café con leche? La comida y el comer son resabios que nos quedan del reino animal, son instintos animales. Como éstos no piensan ni reaccionan aún, no tienen intuición sino instinto. Aún los rige la célula aquella primitiva que era un estómago, o deseo rudimentario. Ellos obedecen ciegamente al Principio de Generación y a la ley de evolución que ordena la combinación de los elementos y la alteración paulatina de vibraciones.

El hombre ya es pensante, racional e intuitivo. Sus vibraciones se intensifican al pensar en las más altas. Al escuchar, comprender y aceptar la verdad de todas las cosas, acelera su frecuencia y por supuesto se eleva de plano. La meditación, como es pensar profunda y determinadamente en estos altos conceptos, adelanta al ser rápidamente. Por eso los estoy haciendo meditar.

Nosotros somos hijos de Dios, hechos de su propia sustancia. Somos esponjas en un océano de Vida. No necesitamos alimento exterior. Cuando nos compenetramos bien de esta verdad y que la hayamos realizado, nos encontramos comiendo menos y menos, automáticamente, sin hacer ningún esfuerzo ni sacrificio. La levadura de la verdad habrá penetrado toda la masa; las células del cuerpo estarán vibrando a altas frecuencias. La vida es ella misma alimento. Ella es salud, energía, belleza. Es Vida.

¿Han oído hablar de Teresa Neumann? ¿La mujer alemana que manifestó todo esto en esta nuestra era? Pasó para el otro plano hace unos cuantos años. No conozco los pormenores de su traspaso, pero deben ser muy interesantes y significativos, aunque todavía estaba imbuida de conceptos bastante obscuros.

Un día dejó de comer y beber, y así vivió unos cuarenta y cinco años, o hasta que se fue de este plano. Durante varios años estuvo constantemente vigilada por fiscales del gobierno alemán para comprobar esta verdad.

A mí me tocó hacer el reportaje para una revista y tuve que investigar todo lo que se publicaba sobre ella. Sus fotos eran de una muchacha gorda, llena de salud y energías; una granjera que ordeñaba vacas, sembraba y recogía las cosechas, manejando el pico y la escardilla a cual mejor.

Tenía una manifestación muy original y era que los viernes de Semana Santa se le abrían las heridas de Cristo en las manos y en los pies. Más tarde llegó a conservarlas abiertas siempre. No se le infectaban y jamás volvió a probar una gota de agua ni un bocado de comida alguno. El gobierno alemán lo comprobó.

En la Biblia las palabras comer y beber significan "meditar y pensar". Beber, o pensar, es la cosa flúida, líquida, que no hay que mascarla. Comer o meditar, es detenido, profundamente mascullado y digerido. "El que come mi carne y bebe mi sangre, tiene vida eterna, y yo le resucitaré el día postrero. Porque mi carne es verdadera comida y mi sangre es verdadera bebida. El que come mi carne y bebe mi sangre, en mí mora y yo en él... *Este es el pan que descendió del cielo*... el que come este pan vivirá eternamente".

Dios es vida, El hijo de Dios es esa misma vida. Pensar, meditar en la verdad de Dios, es comer de ese pan, es apropiar esa verdad.

Apropiar es aceptar, creer, ya ustedes saben que lo que uno sabe lo manifiesta.

Medita pues sobre la vida en los términos que te he dado. Dios es Vida, la tuya, la mía, la de todos (somos esponjas en un Océano de Vida). La Vida no necesita alimentarse del exterior. ¿Qué cosa podría comunicarle vida a la Vida misma, si ella es la dadora de Vida?

LA MUERTE

Cuando una madre ve a su hijo agonizando, o cuando muere un niño pequeño, o cuando desaparece un padre o una madre, dejando una familia entera sin sostén, sin apoyo, viene alguien y por todo consuelo le dice a los adoloridos: "Esta es una prueba que manda Dios. Hay que resignarse ante la voluntad del Padre". Ya tú sabes que ésas son blasfemias que indican fe en el mal y creencia en un Dios cruel, inventado por la mente de los hombres.

Primeramente, ya saben ustedes que la muerte no existe, sólo se está cambiando de modo de vivir. Es sólo una de tantas miles de mudanzas que efectúa el ser humano en el proceso de su evolución.

Cuando la familia crece, la casa resulta pequeña, y se mudan para una más grande. Cuando un par de zapatos se pone inservible, se dejan y se usan otros nuevos. Ya aquella casa y aquellos zapatos *cumplieron su misión:* y esto es la muerte. El término de una misión.

No me dirán ustedes que un niño muere porque se vuelve inservible o porque ha aprendido lo que vino a aprender. No me dirán que un joven de 24 años está usado, gastado, viejo y que no sirve; ahora es que comienza su misión.

La voluntad de Dios es que el ser humano termine de cumplir su misión y que llegue a término gozando de todas sus facultades, fuerte y sano. Ni a Dios ni al hombre le es de ninguna ventaja que uno desperdicie una gran parte de su estancia en la Tierra, sordo, medio ciego, feo, en ese estado innecesariamente desagradable que se llama "la vejez" o "senilidad". Dios tampoco quiere que se tronche, se interrumpa o se malogre el propósito de una vida.

Habrán notado ustedes que cuando desaparece una persona muy anciana, nadie se hunde en la desesperación. Aquella muerte no produce sino una emoción dulce, cariñosa, acompañada hasta de una sonrisa tierna, los hijos del que se va tienen sus vidas desbordantes con sus propios intereses, apenas sienten nostalgia por el viejecito o la viejecita; y al terminar de enterrarlo todo el mundo reanuda su vida sin mayor conmoción. Ese es el ideal. Esa sí es la voluntad de Dios; que los seres queridos se separen sin desgarramiento, sin sensación de terrible vacío, y que sólo queden recuerdos gratos, además de ciertos contentos de que el que se fue pasó a mejor vida.

En lugar de desperdiciar poder y energía, temiendo que muera un hijo, una madre o esposo (y que es la manera más segura de verlo suceder) hay que emplear esa energía en decir: "Pues yo no quiero que muera ninguno de los míos hasta que termine de cumplir su misión. Hágase la voluntad de Dios. Gracias, Padre, que ya me has oído". Y cada vez que la idea se ofrezca a la mente, decirle: "No, gracias. No te necesito. Conozco la Verdad", como quien despide a un vendedor inoportuno que llega a la puerta.

Este es el conocimiento de la Verdad que liberta, es lo que se llama "Fe".

Ya ves tú por qué muere a destiempo un ser, y por qué no puede morir si alguno de los que lo rodean tiene fe.

Si logra entrar un metafísico al cuarto del enfermo, las vibraciones positivas de su pensamiento cambian la polaridad negativa que impera en la habitación; porque la luz siempre domina la obscuridad; porque el positivo domina al negativo; porque el Bien domina al mal; porque la verdad desvirtúa la mentira. El sabe que aquella vida es valiosa y que Dios no quiere que sea tronchada. Lo primero que hace es recordar las palabras que nos dejó Jesús: "Toda autoridad me ha sido dada en el cielo y en la tierra" y con la fe del que conoce la Verdad, la declara y el enfermo se cura.

Ustedes preguntarán lo que preguntan todos los principiantes: ¿Y si tiene una enfermedad incurable? ¿Y si ha sufrido un accidente que le ha dañado un órgano vital? ¿Y si no sobrevive a lo que se le haga?

Primeramente, aún la religión ha enseñado hasta la saciedad que "para Dios no hay nada imposible". Esto ha de tomarse en serio, quiero decir textualmente, que para el poder espiritual un órgano destruido o un mal de los llamados "incurables" representan obstáculos *únicamente* para los humanos. Son menos que nada para la Vida. Ella es indestructible, y está previsto que ella se repara ella misma, si las mentes humanas no le cierran el paso con sus falsas creencias.

El polo negativo también es de Dios; todo es de Dios. Contra el libre albedrío no actúa ni Dios mismo; y si tú prefieres situarte en el polo negativo tendrás todo lo que a él pertenece.

Al polo positivo pertenece la sonrisa. Al negativo pertenece el ceño fruncido. Si quieres cambiar de polo en plena manifestación negativa, sonríe, declara el Bien presente, bendícelo y dile al negativo "no te quiero ver". Eso es todo, y verás transformarse lo negro en blanco, lo triste en alegre, el mal en bien. Pruébalo.

En la mayoría de los "milagros" que hacía Jesús le decía al paciente: "tu fe te ha salvado" y lo demostraba, desde sanar una llaga, movilizar a un paralítico, dar la vista a un ciego, y por último, resucitar muertos. No ya órganos destruidos o males diz que "incurables", sino muertos, muertos, muertos, ya en la tumba malolientes, como Lázaro. Manifestando así que para la fe no existe lo "imposible".

Los discípulos le preguntaban a Jesús lo mismo que preguntan ustedes a veces: "¿Por qué no se me dio tal y cual cosa cuando yo hice todo lo que tú me dijiste que hiciera?". Y él les respondía: "Por vuestra poca fe". Nunca dijo que porque él era el Hijo de Dios y los demás no; sino lo contrario. Dijo: "Sois dioses", y de cierto os digo que si tuviéreis fe como un grano de mostaza diréis a ese monte, pásate de aquí allá y se pasará. Y NADA OS SERA IMPOSIBLE".

Tampoco regañaba a nadie por no tener fe, porque él sabía que la fe viene con el conocimiento. Les explicó por qué no podían hacer los milagros que él hacía; y les dijo: "Todas estas cosas que yo hago, las haréis vosotros también, y cosas mayores aún". No sé qué otra interpretación se le puede dar a algo tan categórico y tan claro.

Jesús enseñaba metafísica. La prueba es que todo el que estudia metafísica hace "milagros" como Jesús.

Ahora dirán ustedes que muchas veces se manifiestan milagros a personas que no conocen un ápice de metafísica. ¡Claro está! No se necesita sino tener fe. Esa fe que llaman "ciega" y que sin embargo produce resultados, es simplemente que el paciente sitúa su pensamiento en Dios o en alguna entidad, en un santo, o en el Cristo, o en el plano espiritual; y al mismo tiempo siente la confianza que ha puesto en él. Confía, su ansiedad se relaja. Calla y espera.

Te he visto y te he escuchado innumerables veces *protestar* "¡pero si yo estaba segura, segurísima que esto me iba a resultar, y nada!" ¿Segura? *Segurísima*. ¿Con los músculos tensos? ¿Contándole a todo el que se te acerque el mal que estás *segurísima* de curar? La diferencia es sutil pero creo que me habrás comprendido.

Cada vez que Jesús sanaba a alguno le decía: "Vete y no se lo digas a nadie". Esto no era por modestia, sino porque formaba parte de la técnica. El pollito no revienta su cáscara hasta que está completo, con plumas y todo. Tú no sacas una gelatina de su molde hasta que está firme. "Como es abajo es arriba".

Toda creación atraviesa siete etapas antes de manifestarse en lo exterior. Estas etapas son a veces recorridas en un centésimo de segundo, dependiendo del poder espiritual del que las ejecuta. Si su comprensión y sus conocimientos son grandes como en Jesús, la manifestación es instantánea y significa que las siete etapas se sucedieron con velocidad atómica; pero si es un principiante en la ciencia espiritual, las etapas toman, a veces, hasta años en cumplirse.

Las palabras son pensamientos hablados. Son vibración de sonido, por la vía de ellas se dispersa la energía, y en este caso, se le resta impulso a la manifestación. Los estudiantes o principiantes deben frenar el deseo de comentar los "tratamientos" que estén haciendo; los que piensen hacer y los que acaban de hacer; hasta que la demostración esté muy segura, muy firme.

En el hebreo antiguo, se le decía "El Sabát" a la última etapa creadora (cuando surge una demostración y se sabe que el trabajo ha terminado). Esa palabra dio origen a nuestro "Sábado". En la Biblia, desde Génesis hasta San Juan, dice que en el Sabát cesa todo trabajo. La Creación está descrita como habiendo ocurrido en siete días (o sean las siete etapas que he mencionado más arriba) y que en el "Sabát" Dios descansó de su obra, o sea en el séptimo día. La psicoterapia está descubriendo lo que la metafísica conoce desde siempre: la relación que hay entre las ideas de los humanos y sus males físicos. Aún la medicina general tan reacia a reconocer lo mental-espiritual, ha llegado a ver en las preocupaciones, la causa de la úlcera y los infartos. No tardará mucho en descubrir que los resentimientos y el remordimiento son cultivos que producen cáncer.

Los sentimientos reprimidos por temor de pecar o de ofender, así como la conciencia de culpabilidad, causan parálisis, artritis y alergias. La materia es la esponja que absorbe todo lo que el hombre no desea que salga al exterior.

Hay un tipo de sentimiento que es demasiado fuerte y violento para que ninguna materia humana lo pueda soportar, y es lo que llamamos el "negativo abstracto". Por ejemplo: el odio desenfrenado de una raza contra otra; de una nación hacia otra, etc. A veces se desahoga por medio de una guerra y ambos lados se destrozan, se empobrecen; pero mientran tanto, hay "mala sangre" que *tiene* que buscar una salida; que no puede materializarse en la sutil y refinada contextura del cuerpo humano porque pertenece a una región inferior, y que encuentra por fin su asilo en formas inferiores: en las bestias salvajes, el león, el tigre, las serpientes venenosas, los insectos ponzoñosos, las espinas dañinas de ciertas plantas, y bajo tierra!

Por contra, hay sentimientos y pensamientos tan elevados, tan espirituales y bellos que tampoco encuentran formas en la materia por ser ésta grosera en comparación; y que planean, como quien dice, siempre a la orden de quienes las han creado. Este, el "positivo abstracto" se encarna con todo lo bello que encuentra; en los copos de nieve con sus formas geométricas, en las flores, perfumes, etc., hasta donde lo soporte la vibración material. Ahora, no hay ser humano algo adelantado que no se haya extasiado, aunque no sea sino una vez, ante un paisaje, una puesta de sol, un cuadro evocador, una bella flor, un niño, un rostro amado, un poema, una música, un color, o un pensamiento leído. Estas emociones con sus pensamientos acompañantes son puros, sin malicia, desinteresados, hechos de sensibilidad y de amor. No hay nada en el plano físico que los pueda encarnar; sin embargo son "creaciones" de los hombres y toman forma viviente. Se convierten en entidades poderosas. A estas entidades bellas, luminosas, potentes, las llamamos "ángeles", y hay seres humanos que poseen legiones que están al mandar de sus dueños y creadores.

A éstos se refería Jesús, cuando dijo: "Haceos tesoros en los cielos, que no se agoten, donde ladrón no llega ni la polilla destruye. (Ver el Derecho de conciencia en el Mandamiento "No robarás").

¿Has oído decir "las plegarias de las madres llegan al trono de Dios"? La gente considera que ésta es sólo una forma poética. No Significa lo que expresa. Es decir que cuando el amor de una madre es desinteresado, sin egoísmo, ellas viven produciendo formas angélicas y dirigiéndolas hacia el objeto de su ternura. Cuando su cariño está impregnado de temor y angustia, la forma ya no es angélica sino distorsionada. A veces se torna diabólica y produce lo que ella teme. El niño se enferma, sufre accidentes y también muere prematuramente. La pobre no sabe y cree que es la voluntad de Dios. Ella sufre sus torturas resignada, y de allí que el símbolo humano de la madre es María con su hijo muerto en sus brazos, y el nombre de María significa "MAR" (amargo).

Nada de esto es necesario. No representa la Verdad. Para proteger a quien sea contra nuestros propios conceptos y falsas promesas, los metafísicos hacemos tratamientos en los términos siguientes: "De acuerdo con la voluntad de Dios, *yo no quiero* que ninguno de mis seres queridos sufran enfermedades, inarmonías, accidentes, ni que mueran antes de haber cumplido su cometido en este mundo; por lo tanto no habremos nunca de sufrir, ni ellos por mi desaparición, ni yo por la de ellos. Esa es la Ley de Dios y yo me amoldo voluntariamente a ella. Gracias Padre por tu grandeza". Si te sientes capaz de entender tu pensamiento para incluir a otros que no sean de tu círculo familiar inmediato, mejor.

De ahora en adelante no tendrás que temer jamás el dolor de la muerte, ni tuya ni ajena. Por lo general, la gente rechaza violentamente, o con terror, una idea de muerte. Esto es contraproducente. Cuando la idea se ofrezca, o sea, que se presenta a la mente, todo lo que hay que hacer es decirle con toda calma pero con firmeza: "no, gracias. No me eres necesaria. Conozco la verdad", y luego proceder a pensar en otra cosa.

La idea que viene así sin provocación, no es tuya. Es un pensamiento ajeno que flota, que entra y sale, o que pasa a través de ti, porque la errónea interpretación de la muerte está tan generalizada y es tan antigua, que toda la raza está paralizada en la idea. Por esto dijo Jesús: "El último enemigo a vencer es la muerte", o sea, la idea de la muerte. Nadie quiere morir. Le tienen miedo, y por lo mismo mueren antes de tiempo. La vida ha sido recortada por el temor; de novecientos años que vivieron los patriarcas, a noventa que es el lapso que se vive hoy. Raros son los casos de cien años o más. Estos son de temperamento plácido.

Tenemos el derecho inviolable de conservar todas nuestras facultades y todos nuestros órganos intactos, tanto tiempo como nos sean necesarios; y como en todo momento nos son necesarios mientras vivamos en un cuerpo físico, tienen que servirnos al máximum de capacidad hasta el mismo momento en que pasamos al plano incorpóreo.

NO ES VERDAD que haya que perder vehículos e instrumentos tan indispensables como los dientes, el oído, la vista, los pies, las manos, los órganos vitales, en fin, todo el equipo humano. Este es un universo inteligente y no sería inteligente fabricar un automóvil sin ruedas, un televisor sin pantalla, un teléfono sin bocina, etc., etc. "Como es abajo es arriba". De ahora en adelante cada vez que tu anatomía quiera manifestar algún desperfecto: así como cada vez que te venga una de esas ideas erradas de temor a perder o dañársete una facultad dirás *cortesmente,* pero con firmeza: "No. Nada de eso. No quiero. Tú existes para mi conveniencia, para servirme, y Dios no hace una idea incompleta. Gracias, no lo necesito, no me sirve para nada una idea tan absurda". Este pequeño regaño no va, sino para tu propia conciencia, tu subconsciente, al cual le diste en el pasado una orden que él está cumpliendo; pues la materia no tiene ni voz ni voto. Ella no sabe nada. Es únicamente un vehículo, una cosa.

No hay por eso que despreciar ninguno de los canales que nos proporciona el espíritu divino. La medicina es un canal y un recurso previsto para aquellos que desconocen la Verdad. Si tu fe no se ha establecido aún, debes aprovechar todas las ventajas y todas las armas que tienes a la mano. Al mismo tiempo, como la materia y el espíritu no se pueden divorciar, hay elementos materiales que el espíritu utiliza en un momento dado, como hay elementos espirituales que la materia recibe con ventaja. Me refiero a que hay vibraciones que cambian el orden químico en una sustancia, y sustancias químicas que emanan radiaciones especiales. Después de hecho un tratamiento espiritual, viene a veces un impulso de echar mano a un proceso estrictamente físico. Hay que obedecerlo. Es una inspiración. La inteligencia divina sabe lo que hace. Verás cómo utiliza el espíritu sus vehículos materiales. Es a veces asombroso. Pero nos demuestra una vez más que Dios no está, como se ha creído, separado de su Creación, sino íntimamente ligado y compenetrándola toda.

Utiliza todos los canales de Dios. Todos. Cuando utilices un canal físico, digamos un médico, un proceso, una pastilla de aspirina, o lo que sea, bendice el canal. Así aumentas el bien que contiene para ti y para otros. Así estarás practicando la Presencia de Dios, pues Dios es el Bien. Utiliza a tus ángeles. Puede que tengas legiones. Están para servirte. Su naturaleza es vida, amor y bien.

A todo el que quieras ver protegido, "ponle un ángel" Cuando te acuestes a dormir pon un ángel en cada puerta y en cada ventana. Jamás podrá acercarse alguno que lleve intenciones negativas. Si lo logra sentirá un desgano súbito y se alejará rápidamente, porque las vibraciones potentísimas del bien dominan las del mal como la luz ilumina a la obscuridad. Cuando salgas dejando tu casa sola rodéala de ángeles. Sienta un ángel al lado del chofer que te lleva o que lleva a tus seres queridos. Esto es el amor en acción. Pruébalo una sola vez y quedarás para siempre convencido.

Con todo esto te habrás dado cuenta de que la muerte no es sino un renacer. Es continuación de Vida.

Para cerrar quiero bendecirte con esta afirmación: No hay en tu vida sino una sola presencia, un solo Poder. "Dios", el Bien omnipotente.

MEDICINA ALOPATA-SICOLOGA

Para nuestros efectos, aunque la Medicina tiene una gran variedad de ramas y ramificaciones, diremos que tiene dos grandes ramas: La General y la Especialización.

Diremos que la General estudia estrictamente al cuerpo humano, la anatomía y los males que se manifiestan en esa anatomía. Es pues un estudio de la materia normal, en estado saludable, y los estados anormales que se manifiestan, junto con las medicinas que los curan.

La especialización entonces se limita a un solo sector como la psicoterapia, por ejemplo. Pero fíjense en que ningún médico alópata (que es la medicina corriente) cuando usted lo consulta por un dolor de estómago, por ejemplo, jamás pregunta si el enfermo es feliz en su hogar o en su trabajo, si tiene perturbaciones del ánimo por causa de personas que lo rodean y si tiene preocupaciones. Ahora es que se está comenzando a comprender que la úlcera estomacal es producida por los problemas que preocupan (porque hay problemas que interesan y no hacen sufrir). Ningún médico se interesa en saber si las condiciones de vida de un paciente son agradables o no, y como veremos luego, hay cantidad de enfermedades que no son otra cosa que incomodidad e infelicidad, desajuste con el medio en que se vive, inconformidad con una situación-ambiente.

El sicólogo y el siquiatra sí tratan de determinar si el enfermo está reaccionando a una condición exterior, luego hay cantidad de enfermedades que no son otra cosa, pero como nadie sale a consultar un siquiatra cuando tiene un dolor de estómago, lo que sucede por regla general es que el médico a quien se consulta se limita a averiguar cuál de las comidas no se digieren bien, y abre un librito que contiene los nombres de infinidad de remedios y para qué sirven. De allí copia una receta o regala una muestra. Si el paciente regresa a continuar recetándose porque no se le ha quitado el dolor, el médico entonces dice: "Ah, esto es una colitis", o "una apendicitis crónica". Aconseja la operación, por supuesto, para la apendicitis, o recomienda una dieta estricta para la colitis, y el enfermo sigue lo mismo. ¡El enfermo se cura solo al fin! Ya veremos por qué.

En metafísica estudiamos el medio ambiente y los problemas del enfermo, y sabemos a qué se deben muchas de las enfermedades; sabemos que la colitis es sicosomática. Que los males del hígado, del estómago, de los intestinos también, y que el azúcar en la sangre es una complicación síquica muy interesante y profunda.

Como nosotros sabemos que todo tiene su origen en la mente, podemos relacionar también los sucesos exteriores con los interiores, y viceversa.

Dios nos hizo para ser y estar felices. Un ser feliz jamás está enfermo. Lo mismo que un enfermo jamás es feliz.

Ustedes todos conocen el hecho de que al interrumpir el circuito del mal humor con una sonrisa, se cura el hígado. Desaparece la bilis. Está descrito en mi libro "Metafísica al Alcance de Todos", pero vamos a recordarlo.

Cuando una persona sufre un desagrado y amarra la cara, como decimos, este gesto, que no es sino un pensamiento exteriorizado o actuado, tiene una influencia directa con la glándula pineal que es la glándula de la visión psíquica y astral. De allí baja la amarga vibración por el líquido céfalo-raquídeo en la columna vertebral, luego impregna el hígado, amarga y forma bilis, y esa bilis causa otra vez la expresión de desagrado en la cara, como también el gusto de amargor con que la persona amanece. Es un círculo vicioso muy fácil de cortar. Todo lo que hay que hacer es sentirse feliz. ¿Cómo se hace para sentirse feliz? Es fácil también, si se tiene voluntad.

Primeramente hay que sonreír. Obligadamente aunque no se sientan ganas. La primera sonrisa será indudablemente forzada, con las comisuras de los labios apuntando hacia abajo, pero el segundo esfuerzo será mejor. Ahora hay que comenzar a dar gracias en alta voz por todo lo que uno ve que posee. Desde un fósforo, la ropa, los muebles, los familiares, el sol si está brillando o la lluvia si está cayendo. Todo, absolutamente todo, representa un bien en su momento apropiado y nos haría falta en un momento dado, si no lo tuviéramos, de manera que, pensando en esto, nos dan deseos de dar gracias, de agradecerlo a Dios. Ya está. Estamos pensando en Dios, sentimos gratitud, y esta combinación dulcifica el hígado. Se corta el circuito vicioso y se cura el mal.

Si todos siguiéramos esta práctica, jamás se nos perturbarían ni el hígado ni la vida.

Cuando se siente uno MUY afligido, para curar instantáneamente la aflicción hay que comenzar a declarar inmediatamente: "Bendigo el Bien en esta situación". No hay forma más eficaz para hacer desaparecer toda aflicción, para impedir que se nos convierta en causa y efecto de un mal mayor, y para evitar formar karmas, ya que como ustedes saben, la bendición aumenta el Bien que se bendice, transforma el mal en bien, y es ver a Dios allí donde aparenta estar el mal. ¡Es la más perfecta expresión de fe! No hay mal que se pueda resistir a la bendición del Bien que se esté ocultando tras de una apariencia de mal. Pruébenlo y verán cómo se transforma el mal en bien y se cura toda aflicción.

La colitis y los males intestinales son resultados nerviosos de los temores y desagrados que se estén experimentando en la vida diaria, en el hogar o el trabajo. Muy sorpresivamente la diarrea a veces es ocasionada por demasiado estudio de las cosas espirituales. Parecería que lo espiritual lógicamente debería curar automáticamente lo que ande mal ¿verdad? Pero si la persona mezcla su pensamiento negativo, pesimista y doloroso con sus súplicas a Dios, está creando un disparate. Está formándose una figura errada de Dios. Lo que formó es un dios (con minúscula) doloroso y purgativo, pero no de misericordia. Muchas veces los principiantes encuentran que después de las primeras lecciones de metafísica se les "afloja" el estómago. Ellos no relacionan esto con las lecciones, por supuesto, pero es ocasionado porque han recibido mucho material nuevo, muchas ideas a la vez, y el organismo se defiende eliminando todo lo que no se ha podido asimilar, y se va por los intestinos.

Tenemos cuatro cuerpos inferiores. El cuerpo emocional, el cuerpo mental, el cuerpo etérico y el cuerpo físico. Del cuerpo etérico les diré que es el depósito de todos los recuerdos de todas nuestras vidas. Por supuesto que si en vidas pasadas hay impresiones tan grandes, experiencias tan destacadas o que han durado mucho tiempo, estaremos muy influenciados por esas impresiones, y todo lo que nos ocurre lo "teñimos" como quien dice, con el color de esa experiencia o esa convicción destacada. Por ejemplo, conozco a una señora que pasó muchas vidas, y si no varias, por lo menos una vida entera y muy reciente, siendo profundamente católica, y en la época victoriana en que todo era melodrama. Las novelas, las comedias, etc. Ella ha traído pues a esta vida, una costumbre muy arraigada de convertir todo en melodrama, y todo lo religioso en doloroso. Para ella la figura de Cristo está representada por el Crucificado y la Mater Dolorosa a los pies. Hasta la risa de ella es con las cejas en acento circunflejo. Por supuesto aunque ella desea ardientemente ser feliz, no lo puede porque su cuerpo etérico la doblega en el sentido del dolor. Es el caso de que goza con el dolor porque es donde ella se siente más cómoda, más en casa, más familiar ¿comprenden? Además del cuerpo etérico deforme, tiene el cuerpo emocional muy grande, muy descontrolado, lo cual la hace excesivamente emotiva. Le costará mucho aceptar la nueva ola metafísica que va alineando los cuatro cuerpos en un solo molde para funcionar en armonía y ordenadamente.

Respecto al azúcar en la sangre, o lo que comúnmente se dice "diabetes", pasen revista en su mente por todos los que sufren de ese mal y recordarán que por regla general, todos son de carácter dulce. Las condiciones externas, contrarias a su modo de ser, los afectan enormemente. Al principio se encuentran impedidos de reaccionar. No pueden dejarse ir en protestas ni explotar en ira porque es contrario a su ser innato. A ellos les haría mucho bien poder defenderse con una explosión de palabras, pero no lo logran por su dulzura original. Entonces esa dulzura se agria, se acumula y tiene que desahogarse por alguna parte. El coma diabético es la incapacidad de soportar más la carga de dulzura envenenada, que se manifiesta en azúcar por cantidades superiores a lo habitual, pues ya una vez formado el círculo vicioso, es la defensa que adopta el organismo. Defensa relativa, por supuesto, ya que esta forma de defensa mata también, pero el caso es que por incapacidad de reaccionar en lo exterior, se reacciona a costas del interior. ¿Quién chupa el exceso? La sangre.

Yo conocí a un sicoanalista que recomendó a un paciente tener siempre a mano veinte platos de loza para cuando tuviera un desagrado los rompiera lanzándolos contra una pared. Indudablemente lo hizo para que ese paciente no se reprimiera. Seguramente que tenía tendencia a ser introvertido. Pero eso sería un buen remedio para los diabéticos.

Voy a terminar contándoles un caso que tuve recientemente. Tomé una muchacha para servicio de adentro. La chica venía precedida con el diagnóstico médico de apenditis crónica. La operación no era urgente, pero había que operarla algún día, decía el médico. A los tres días de estar en mi casa le dio el dolor. Yo decidí comprobar primero si era o no del apéndice o si era, como yo sospechaba, resultados del ambiente de la casa que ella había dejado. Era una casa donde no había paz, donde nada de lo que se hiciera resultaba bien hecho porque una anciana enferma mantenía aquello en hervidero. A la chica le daba el dolor con vómitos. Esto es clásico de la apendicitis, como también es típico de los disgustos. Podía ser una cosa u otra, pero yo no me iba a dejar influenciar por el diagnóstico. Le di tres pastillas de menta y le dije: "Chúpate una ahora mismo. Dentro de media hora te chupas otra, y a la tercera media hora te chupas la tercera". Se le pasó el dolor y yo entonces aproveché y le dije: "Mejor es que no te repita ese dolor porque mi convenio con la señora que te mandó a mí fue que si te repetía el dolor yo te devolvería a ella y tendrías que seguir trabajando donde estabas. Además, voy a darte la buena noticia de que no tienes apendicitis crónica. Lo que tienes es un dolor nervioso por los disgustos, que tenías constantemente, y como aquí no tienes disgustos no hay razón para que tengas ese dolor. ¿Estás feliz conmigo? Sí, señora. ¿Estás en paz? Sí, señora. ¿Tienes todo lo que quieres? Sí, señora. Muy bien, entonces ya·se acabó ese dolor". Y así fue. Esto me lo inspiró José Gregorio Hernández porque yo se la encomendé a él. Como él es protector mío, le dije que si había que operarla, lo hiciera él.

DICE SAN PABLO: "ORAR SIN CESAR"
¿QUE ES ESO?

Si no tienes tiempo para la oración, el tratamiento y la meditación, o sea, que si no tienes tiempo para dedicarle a Dios, es porque todo tu tiempo estará ocupado con problemas y enfermedades. Esta es una manera sutil de decirte que todo el tiempo que le dediques a lo espiritual lo pasarás libre de todo lo que hoy te preocupa.

San Pablo dice en su primera epístola a los Tesalonicenses: "Orad sin cesar". Nosotros sabemos que él no quiso decir con esto que pasáramos la vida de rodillas y pasando el rosario. Nosotros sabemos que todo pensamiento, toda emoción, toda palabra que pronunciamos equivalen a las plegarias más sinceras; y que es el *temor* mental que mantenemos, lo que determina el carácter, malo o bueno, de lo que nos sucede. Todo el día y todos los días estamos orando. ¿Como? En mal o en bien.

Orad sin cesar significa que mantengamos nuestra mente y nuestra alma vibrando en plano alto. Ya ustedes todos saben que el positivo es de alta vibración. Que la Verdad espiritual es de altísima vibración. Que pensar el Bien es de la misma altísima vibración. Que la sonrisa, el canto, la alabanza y dar gracias con el sentido común, la calma en lugar de la nerviosidad, la caridad en lugar de la crítica, todas son expresiones de amor puro, y este es el estado de alta vibración que equivale a la más potente oración que se pueda hacer. Mantenerse en paz, contento y ecuánime, es orar sin cesar.

Ahora les diré el versículo completo de San Pablo. Dice así: "Estad siempre gozosos. Orad sin cesar. En todo dad gracias a Dios; porque esta es la voluntad de Dios en Cristo Jesús respecto de vosotros". ¿No es asombroso cómo pudo ese gran metafísico que fue Pablo de Tarso resumir en tan pocas frases, íntegra la técnica de la oración científica? Es la ciencia de la vida en una cápsula: Estad siempre gozosos, orad sin cesar, en todo dad gracias a Dios, porque esa es la voluntad de Dios para vosotros. No se puede agregar una sola palabra más, después que se conocen los "por qué" de estas recomendaciones. Yo he resumido aún más la enseñanza, sin que esto signifique que me quiero hacer aparecer más grande que Pablo de Tarso! No, pero una vez que ustedes han absorbido la Verdad detrás de la apariencia, yo les digo que basta con recordar las dos frases: "Estén siempre gozosos y en todo den gracias a Dios", así es que ya todos ustedes saben lo que quiere decir: "Orad sin cesar".

Voy a darles unos ejemplos sencillos y prácticos que si los adoptan tendrán la seguridad de estar orando sin cesar.

El primero es el saludo. 1.—El verbo saludar quiere decir "salud dar", o dar salud. ¿Quieren ustedes algo más generoso, más desinteresado y más noble que el *darle* salud al amigo y al familiar, al verlo? Pero el saludo ha perdido todo su significado con la costumbre y la rutina. Se hace sólo como gesto de cortesía, por cumplir con la buena educación, o, si se saluda a algún conocido por la calle, es un signo de mero reconocimiento. El metafísico procede distinto. Hace una de dos cosas. O bien le pone intención al saludo, y junto con la sonrisa y el gesto piensa: "Te doy salud", o dice mentalmente: "Saludo tu Cristo interior", y no se limita únicamente a los amigos y los familiares. Se lo brinda a toda persona a quien se dirija, al chofer de taxi que lo conduce, a la vendedora en la tienda, a la foto que mira de paso en el periódico, al repartidor, al cobrador, a' cajero del Banco, y muy en especial a los lisiados y a los pordioseros que encuentra a su paso por la calle. Estas insignificancias son dardos cargados de vibraciones de luz potente que le hacen más bien a quien los recibe, que la moneda casual, si es un pobre, o al pasar indiferente si es un conocido. Además, se devuelve en salud y amor. Lo comprobarán ustedes al ver la atracción que ejercen y en la buena acogida que les muestran en todas partes. Ya más nunca tendrán quejas de cómo han sido tratados por todos aquellos a quienes contacten, y les sorprenderán los elogios con que serán descritos; y es porque la buena voluntad tiene un imán irresistible.

No bendigan a todo el que vean. Jamás bendigan a los pasantes ni al vulgo. La bendición acumula aquello que es bendecido, y no es prueba de amor ni de sabiduría bendecir los efectos, pues se estará aumentando y engrandeciendo también el cúmulo de errores, y de acuerdo con la ley del bumerang, estos correrán hacia aquel que les dan tan bella acogida, produciéndose una gran confusión mental. Hay que bendecir la Verdad, el Hijo de Dios, o el Cristo interior (si es que te gusta más este término) cualquiera que sea la imagen del Ser perfecto que tú concibas, invócalo cuando se te ofrezca la ocasión; es el mismo tuyo que estás mirando en un espejo. Dios y el Hijo son uno mismo.

Si te es más fácil pensar que cada átomo de lo que estás viendo es sustancia divina, piénsalo así. Acepta tu propia inspiración. Es la tuya, la que te conviene; la que te ofrece tu Dios.

Dar salud, al saludar, es más que desear buen comportamiento para el cuerpo. Esto no sería sino dirigirse a los efectos. Se refiere a la salud espiritual, o sea, que es bendecir (o decir el Bien) a la mente y al alma; es desearle luz y Verdad al prójimo. Es ayudar a limpiar los errores del mundo. El mundo se encuentra mejor porque tú estás en él. "Buenos días, buenas tardes, buenas noches, gracias", dicho con la intención que encierra (y que se ha perdido de vista en el mundo), es ir repartiendo el Bien y la Gracia. Estas fluyen hasta donde termina el ciclo respectivo y refluyen multiplicadas hacia donde salieron, sea hacia ti.

Segunda forma de orar sin cesar: Todos los días tienes cosas que hacer, deberes que cumplir, algunos te molestan, te fastidian, te son duros; otros son meras rutinas, otros te gustan, te son placenteros o interesantes, como sentarte a leer el periódico o asistir a una fiesta, etc. Dedícalos. Tanto los agradables como los desagradables. Antes de comenzar di: "Dedico esto al Bien", y si se te olvida hacerlo porque no has hecho aún la costumbre, y lo llegas a recordar cuando ya has comenzado y vas por la mitad, dedícalo de todas maneras. Te sorprenderá ver cómo los quehaceres pesados se te vuelven tan livianos que no los sientes: los gratos te serán verdaderos encantos; y lo más grande es que todas aquellas personas que están haciendo lo mismo que tú, en lugares distintos a ti, y que tú ni siquieras conoces, se benefician con las ondas de bondad que les estás enviando. Les haces la carga liviana, les comunicas tu buen humor, y este bien te bendice a ti.

Tercera forma de orar sin cesar. De noche cuando te acuestes a dormir, que sea tu último pensamiento: "Perdono a todo el que necesite mi perdón, y a mí mismo. Y aunque sé que en el plano espiritual no existe nada que perdonar, perdono porque así transformo la idea del que cree hacerme el mal: "Invito a mis guías invisibles a utilizar mi sueño para yo hacer el bien donde sea oportuno. Gracias, Padre". Sería muy extraño que no te durmieras al instante, pues los guías agradecen tu buena voluntad de ayudar, te cubren con vibraciones de paz y dulzura hasta que estés profundamente dormido. El cuerpo astral se sale al estar dormido el cuerpo material, y a veces viaja a largas distancias. El subconsciente lo cuida extremosamente y al iniciarse el menor peligro, el menor ruido, lo atrae hacia su materia a gran velocidad.

Esos sueños que se tienen a veces, de que se está cayendo verticalmente, ocurren siempre en el último instante antes de despertar, y son cuando el cuerpo astral está regresando a su materia. No se tarda ni segundos. No hay que alarmarse. Tampoco te ha costado nada la ayuda que has ofrecido y que los guías han aprovechado. Si se recuerda haber soñado, y si el sueño es coordinado y muy claro, hay que escribirlo al despertar. Más tarde se olvidarán los detalles y es importante no perderlos porque la mayoría de las veces contienen mensajes del Maestro.

¿Has visto cómo se puede orar sin cesar y sin que interrumpa nada nuestra vida diaria? ¿Has visto cómo aprovechar todo lo que hasta ahora habías estado desperdiciando? Sólo así podrás darte el lujo de no asistir a las clases o conferencias que se te ofrecen con tanto amor; ya que el espíritu de la Verdad se encargará de instruirte; y aunque no acostumbro ni sugerir algo que contenga la más remota amenaza, es mi deber advertir que la frase aquella: "Son muchos los llamados y pocos los elegidos" se refiere a aquellos que, teniendo la gran fortuna de encontrarse con la oportunidad de aprender la Verdad; de recortar el largo recorrido de su evolución; y que por descuido, o por preferir cosas de menor valor que el adelanto espiritual, desprecian este esfuerzo y no vuelven, son los llamados que no han sido elegidos". No es por favoritismo que no han sido elegidos, ya que en el espíritu todos son herederos del Reino. Es porque, como dice la parábola del sembrador: "La semilla que cae sobre la roca son los que cuando oyen, reciben la palabra con gozo, pero éstos no tienen raíces, los cuales por algún tiempo creen, y en tiempo de tentación se apartan".

Cuando se deja perder la semilla, se pasan muchas vidas antes de que se vuelva a presentar la oportunidad; y cerramos con la frase de mi Maestro: "Si no encuentras tiempo que dedicarle a Dios, es porque todo tu tiempo estará dedicado a problemas y enfermedades".

RESPECTO AL ESPIRITISMO

Una de ustedes me hizo una pregunta. ¿Qué por que si ya fuimos espiritistas en vidas pasadas, si fuimos mediums, videntes, claroaudientes, si nos proyectábamos y desdoblábamos, por qué no conservamos la facultad ni recordamos nada de esto en la vida presente?

Respuesta: No siempre es así. Algunas personas conservan algo de la facultad síquica, aunque no siempre en la misma forma en que se manifestó en una vida pasada, puesto que ella también va evolucionando. Por ejemplo, conozco a una persona que es medium de aporte. Esta es una de las facultades de mayor adelanto entre todas las facultades síquicas. Esto significa que ella tuvo facultades en una vida anterior, o en varias, y en ésta se le desarrolló la facultad de aporte. Ella no recuerda ninguna otra ni es vidente ni claroaudiente. Ahora, sabemos quién fue en su última encarnación y sabemos también que fue una gran clarovidente.

Otra razón por la cual no recordamos es que, o la empleamos mal y se nos castiga en esta encarnación, o bien se nos borra para que podamos evolucionar en otras vías y que no nos distraigamos. Las facultades síquicas son una gran tentación para el que tiene una misión diferente que cumplir. El plano astral es de por sí muy absorbente, en algunos casos muy interesantes pero en otros casos torturante. Las personas que comienzan a desarrollar las facultades a veces pasan pruebas y experiencias terribles. La Cuarta Dimensión, por ejemplo agiganta y agudiza. De manera que si la persona está desarrollando la videncia, ve formas gigantescas que se le vienen encima. Además, los "detractores", que es como se llaman los desencarnados que no tienen otra distracción que la de embromar a los nuevos mediums, les encanta asustar, y hasta atemorizar. Se les presentan bajo formas espantosas, los persiguen y acosan, y así es que con la voz los desesperan con mil jugarretas, amenazas y tormentos.

Cuando una persona ha superado ya el plano de la Cuarta Dimensión, le borran las facultades síquicas para que pueda evolucionar y adelantar en un plano superior. La Metafísica es un estudio científico que necesita paz y concentración. Está bajo los auspicios del Rayo Verde. Por eso se llama "La Verdad". Si estuviéramos sometidos a un tormento constante de desencarnados que no nos dejaran dormir con gritos y ladridos en el oído, dentro de la almohada, si de día nos persiguieran con molestias de toda índole, no podríamos estudiar ni practicar la Metafísica. Nos volveríamos locos, o suponiendo que ya no nos molestarían en esa forma, nos interrumpirían constantemente para pedirnos tratamientos, ayuda. No nos sería posible elevarnos a un estado de conciencia positiva porque nos mantendrían la atención ocupada en planos de negatividad. Por esto es que yo les digo que si están ustedes estudiando metafísica en esta vida, significa que en las vidas pasadas ya superaron todas las sectas materialistas. (No crean que esto que acabo de decir es un absurdo). Las religiones las hay materialistas como la Católica, que es eminentemente material. Ella no tiene la menor idea de los Principios Creadores como el Mentalismo, Correspondencia y Causa-Efecto.

EL USO DE LAS PALABRAS CREADORAS
"YO SOY"

Cuando un individuo piensa, siente, escribe o pronuncia las palabras "YO SOY", inmediatamente despierta o alerta la atención de la energía vital en él y en todo lo que lo rodea. Parece que el Universo entero se detuviera ante esta señal, para proceder a manifestar, a darle forma a lo que viene después. ¿Por qué es esto? Porque las palabras YO SOY son sagradas. Porque son eso precisamente, la señal establecida desde siempre hasta siempre, para indicarle a la energía vital que ha llegado el momento de CREAR. Crear algo por voluntad del Hijo de Dios que somos cada uno de nosotros.

La Vida te obedecerá. Siempre ha obedecido al mandato, mental o audible, que está precedido de las palabras mágicas "YO SOY". En Metafísica se dice que son el nombre de Dios Creador, y que por eso somos hechos a imagen y semejanza de Dios, ya que así se llama nuestro YO SUPERIOR. El, nuestro YO SUPERIOR, es la Presencia de Dios en el sitio en que estamos. Y aquel que ya esté consciente de esto; aquel que emplee el YO SOY a sabiendas está con Dios. Por esto decimos que UNO CON DIOS ES LA MAYORIA. Me refiero exactamente a que cuando una persona conoce ya el poder y el valor de este nombre, jamás lo usa para expresar un decreto negativo, una mentira, sino para hacer un Bien, para transformar una situación indeseable, para expresar la Verdad, y la Verdad es uno de los Aspectos de Dios.

Recuerden el Evangelio de San Juan, uno de los versículos más grandiosos de toda la Biblia, y el menos comprendido. Ahora lo van a ver claro:

"En el principio era el Verbo; y el Verbo estaba con Dios, y el Verbo era Dios. Todo fue hecho por él (el Verbo) y sin él nada ha sido hecho de lo que es hecho. En él estaba la vida... y el Verbo se hizo carne y habitó entre nosotros".

El Verbo es "Ser", Primera Persona. YO SOY. Ese Verbo es lo que se llama el Logos Creador. El que lo usa a sabiendas del poder que encierra, está con Dios, ES Dios en el momento y sitio en que lo usa. Nada en el Universo se puede negar a cumplir el mandato. Por eso dice el versículo "Está con Dios, ES Dios". Cuando lleguen a sus casas léanse todo el capítulo para que gocen comprendiendo.

No hay maestro más grande que la propia experiencia. Ustedes todos saben que cada vez que hacen un tratamiento; cada vez que han logrado un verdadero milagro, yo les he dicho "no vuelvas a mencionar el problema o la situación o enfermedad curada". Los principiantes todos, al dar las gracias por el tratamiento, comienzan de nuevo a contar y comentar "porque usted no se imagina cómo era aquello..." y proceden a RECONSTRUIR los hechos que acabamos de desbaratar. ¡Gozan reconstruyendo! Esto les explicará el por qué de las recaídas, tanto en los problemas como en las enfermedades.

TIENEN que quitarse el hábito de volver a las andadas! Me van a decir lo mismo de siempre: "Pero es que es muy difícil quitarse un hábito!" ¿Y qué culpa tengo yo que sea difícil? Claro que es difícil porque es eso mismo, un hábito, pero hay que quitárselo. Pero para cortarles camino voy a darles un lenitivo. Es más. Es la forma de impedir que el problema se ponga peor, pues si recuerdan bien, Jesús le decía a todo enfermo que El curaba: "No vuelvas a pecar, no sea que tu situación posterior se haga peor que la anterior".

Cuando se ha logrado un magnífico resultado con la ayuda de una de las maestras, o de una de las discípulas ya conscientes, es porque ha habido todo un proceso muy bien construido por la persona consciente, ya que las principiantes están llenas de conceptos errados, llenas de ignorancia. Cuando ellas medio comprenden que sus propias palabras han destruido lo que se había ganado, proceden a tratar de volver a hacer aquel tratamiento maravilloso, y la oración que expresan es más o menos la siguiente: "¡Ay Padre! No dejes que ese bandido desgraciado vuelva a hacer lo que tanto me hizo sufrir...", o así: "Ay Padre, no dejes que me vuelva la enfermedad que tantos años me tuvo así y así...". Lo cual es resucitar el problema y echarle leña al fuego recordando resentimientos y rencores. La manifestación que esto trae es mucho peor de lo que era antes del primer tratamiento. El remedio que les doy es el siguiente para que no caigan en peores errores:

Cuando ustedes vean que el problema regresó después de haber estado resuelto, o la enfermedad después de haber sido curada o mejorada notablemente, ya saben que es lo que ocurrió. Entonces digan la oración o afirmación siguiente, SIN REPETIRLA porque es tremendamente poderosa:

YO SOY LA RESURRECCION Y LA VIDA DEL DECRETO CONSTRUCTIVO QUE HICE RESPECTO A ESTA SITUACION, ME PERDONO ESTA RECAIDA. YO SOY LA LEY DEL PERDON Y LA LLAMA TRASMUTADORA DE TODOS LOS ERRORES COMETIDOS POR MI Y POR TODA LA HUMANIDAD. GRACIAS PADRE QUE ME HAS OIDO.

Y nunca les puedo repetir demasiado: Cuiden sus palabras. Cuiden sus decretos después de pronunciar el Santo y Mágico, poderosísimo YO SOY!

YO SOY LA RESURRECCION Y LA VIDA DE
TODA LA GLORIA Y EL BIEN QUE YO CONOCI
JUNTO AL PADRE ANTES DE QUE ESTE MUNDO
EXISTIERA.

YO SOY PERFECTO

Esta es la afirmación que expresa la más absoluta lealtad al Padre, a nuestro Yo Superior, y al Cristo en nosotros. YO SOY PERFECTO (o Perfecta). Sin embargo, los hay entre ustedes quienes no se sienten sinceros al expresarse así. Les voy a explicar, que si sienten dudas, es porque están contemplando a la Conciencia terrena, lo que llamamos la conciencia carnal, y lo que es ésta jamás quiere aceptar lo espiritual. Es justo y natural. Se nos ha dado una conciencia carnal, terrena, para que podamos funcionar en lo material. Si no tuviéramos un intelecto y una conciencia terrena ¿cómo podríamos manejarnos en la Tierra? Seríamos fantasmas y no nos sentiríamos como si perteneciéramos a la Tierra. ¿Comprenden ustedes? Luego, sucede que ella (la conciencia terrena y carnal) siempre está viendo los horrores que hacen los humanos, las guerras, las venganzas, los robos y atracos, los crímenes, los engaños, el odio, el desamor, en fin, todo lo que vemos a diario en todas partes, en los periódicos, en la televisión, radio, etc., y ella piensa con suma razón: "¿Y cómo vamos a aceptar el dicho de que somos perfectos? ¡Pero si somos infames! ¿Dónde está lo perfecto?". Y esto que acabo de decir seguramente que ustedes, en especial las y los principiantes, lo encuentran perfectamente justificado.

Pues no, NO está justificado. A pesar de todo lo que aparenta justificarlo, ustedes ya saben que decirlo, o pensarlo siquiera, equivale a un decreto categóricamente negativo. Ustedes ya saben que la gran Verdad está en el espíritu, y que el espíritu es Perfecto. Ustedes ya saben que si declaran infame al Ser, y a través del Verbo ser, soy, somos, son, están mintiendo además de que están sentando un decreto o ley que ha de manifestárseles en la vida. Y aquí está el clavo del asunto. Si ustedes, al declarar y decretar que algo es infame e imperfecto, saben muy bien que eso va a manifestarse, pues declaren o decreten lo contrario, que es la Verdad, y también lo verán manifestado. Sobre todo que el repetirlo va formando el "momentum", o ímpetu que le dará más y más fuerza para manifestarse lo más rápidamente. A medida que lo repiten; a medida de que ustedes se recuerden a ustedes mismas que el Yo Superior es Perfecto y que esa es la Verdad, van grabándolo en el subconsciente, creándolo en consciente, afirmando con el supraconsciente y... el Verbo se hace carne; manifestándolo en todos los vehículos que ahora están creyendo la manifestación imperfecta.

Para que se vayan acostumbrando a la afirmación, comiencen diciendo: "Yo Soy potencialmente Divino y Perfecto". Así están declarando la Verdad de todas las maneras, pero no se ofenden los oídos carnales que están creyendo la mentira de la imperfección. Además se ganan dos puntos maravillosos con esa afirmación. El primero es que se nos eleva la conciencia, cosa que tanto insistimos en que hagan ustedes, segundo que da una euforia y una alegría tan agradable que es de recomendarle que empleen la afirmación para curarse del mal humor y de la murria cuando les ataque.

MEDITACION

Hay cuatro pasos en la meditación. Son cuatro galerías que se suceden cuando uno medita.

La primera es la Imagen. Comenzamos a meditar y tenemos una imagen de lo que queremos saber, pensar, descubrir, etc. Digamos que vamos a pensar en el Cristo Interior. La idea con que comenzamos se llama la Imagen. Es borrosa, mental y sentimentalmente hablando.

A los veinte segundos de estar pensando en la imagen nos viene una idea distinta, más clara, más satisfactoria. Esta se llama el Ideal. Ya tenemos una idea más lúcida de nuestro Cristo Interior. No es una figura, entiéndase. Es un sentimiento, una comprensión.

A los veinte segundos de estar meditando sobre este sentimiento, o sea que mientras estemos sintiendo aquel sentimiento, siempre que no le quitemos la mente, pasa a la conciencia, o sea que vemos y sentimos más claramente. Ya casi podemos explicarnos en palabras. Se lo podríamos referir a un tercero. Le diríamos algo así: "Entré a un lugar más amplio, más abierto, más puro, donde no existe sino amor entre los seres".

A los veinte segundos tenemos una euforia; una felicidad, una gran paz, satisfacción, consuelo, contento, y ya estamos sonriendo y con la cara iluminada. Cualquiera tercera persona que nos ve nos diría: Esa es la realización. La idea se ha identificado con nuestro ser.

Emmet Fox dice: "No analices el Amor de Dios; siéntelo", y yo no quisiera tener que analizárselo a ustedes, sólo que a mí me fue muy útil la explicación que les acabo de dar y quiero que a ustedes también les sea útil y conveniente.

Ahora saben ustedes que no necesitan más de sesenta segundos para estar en contacto con Dios. Un minuto, ni más ni menos. Si tienen el interés y la paciencia de mantener la mente en un solo punto durante veinte segundos, sentirán los pasos que les he explicado.

Ya comprenden ahora por qué dice el Dr. Emmet Fox que uno puede establecer su contacto con Dios aunque sea en medio de Times Square, y que no es indispensable aislarse en ningún lugar o estado de soledad porque si así lo acostumbras, verás que el día que más necesitas de Dios te encontrarás en medio de un tumulto o un terremoto.

Todo lo que hace falta es voltear el pensamiento hacia Dios, y a los veinte segundos ya se está en el SILENCIO, o sea ese estado misterioso de que tanto hablan y ponderan los místicos pues el Silencio es simplemente un estado de paz, de amor, de confianza en Dios. Un instante de intimidad con El.

LA VOZ DE TU ALMA

Hay un viejo adagio que dice: "Dios tiene un destino para cada ser y, por supuesto, tiene uno para ti". El Maestro Fox dice que el único problema que tenemos es encontrar nuestro sitio correcto en la vida. Que al encontrar esto todo lo demás ocurre automáticamente. Que nos encontramos felices; saludables, porque se está saludable cuando se está feliz. Que estaremos prósperos y con toda la oferta necesaria para cubrir todas nuestras necesidades, lo cual implica que seremos completamente libres, pues no se puede ser libre mientras se está pobre. La pobreza está reñida con la libertad y viceversa. Pero a pesar de que consigas toda la distinción y todo el dinero del mundo, si no estás en el sitio tuyo, el que Dios hizo para ti, no serás feliz.

Universo es armonía unificada. Un plan Divino. En un proyecto Divino no puede existir una pieza superflua, ni algo indeseado. No puede ser que Dios haya creado una entidad espiritual como tú sin un propósito especial. Esto significa que hay un sitio especial para ti, y como Dios jamás ni se repite ni se ha repetido aún (tus huellas digitales te lo comprueban) quiere decir que ese sitio creado especialmente y nada más que para ti no lo puede ocupar nadie más que tú. No hay dos personas que se expresen de idéntica forma. Por esto es que no puede existir realmente la pugna de competencias. No tiene que haber dos mil personas luchando por obtener un mismo sitio. Ese sitio es para una sola de esas personas, y existen mil novecientos noventa y nueve otras colocaciones para las demás.

Pero ¿cómo es que podemos conocer NUESTRO sitio propio? Puede que tú te consideres que no eres ninguna maravilla y dudes de que Dios te tenga alguna ocupación maravillosa. Tu vida es tal vez monótona, poco aventurada y estarás pensando que es muy poco probable que de pronto se llene de cosas bellas, espléndidas. Y suponiendo que fuera así ¿cómo podrás tú hacer para averiguar la manera de realizarlo? La contestación es sencilla como todo lo de Dios. Desde mucho antes de este momento, Dios te ha estado susurrando en tu corazón esa cosa maravillosa que El desea para ti. Esa cosa tan increíblemente adecuada y maravillosa se llama EL DESEO DE TU ALMA. Ni más ni menos. Aquel secreto que tú guardas en tu corazón, aquello que tú no te atreves ni a mencionar por temor de quedar en un ridículo, ese deseo que te parece un imposible realizar, esa es la voz de tu alma. Es la voz de Dios que te llama para que ocupes el sitio que El ha guardado para ti.

No te pongas a formular excusas respecto a que "tus obligaciones te hacen imposible hacer lo que tú quieras, etc., etc." o que "tu familia...", o las "condiciones en que naciste...". La Verdad, confiésalo, es que estás frustrado, y la frustración es la esencia de la negatividad. Si se está frustrado no se está cumpliendo la Voluntad del Padre, por lo tanto, en este momento estás ocupado en cosas que no son de tu agrado o satisfacción, y debes estar haciéndolas mal, o menos bien de lo que podrías hacerlas, ya que te estás obligando, y obligarse es distorsionar el alma. También estás privando a un gran sector de la humanidad de algo que tú sólo puedes darle.

"Por sus frutos los conoceréis". Si tú estás descontento, fastidiado, sin ilusiones, estás insatisfecho porque no estás ocupando tu sitio ni haciendo lo que te pertenece. De manera que el descontento es útil, puesto que te indica que debes orar científicamente para que se te presente TU SITIO. Es algo que amas hacer. Es lo que más gozas haciendo.

Recuerda lo siguiente: Cuando Dios te llama a Su Servicio, El paga todos los gastos en el tipo de moneda que sea! Todo lo que te sea necesario para cumplir con tu misión, Dios lo provee. Dinero, oportunidades, conocimientos, entrenamiento, libertad, fuerza, valor, TODO! Siempre que estés dispuesto a unir tu voluntad a la Suya.

La Voz de tu Alma es La Voz de Dios, y a esa voz hay que obedecer tarde o temprano.

EL RETRATO DE LA CONCIENCIA TERRENA
DE HOY

Cada familia que se forma, cada pareja que se casa y tiene hijos, se dedica a acumular una fortuna. Esta fortuna la logra, si es que la logra, a costa, no sólo de trabajos y sacrificios, como de esfuerzos por ganarla con todos los trucos modernos de viveza, pajarobravismo, cobrando de más o afincándose cada vez que puede. Cada vez que el socio o comprador, o sea, que el pagador del momento es alguien rico, no se tiene en consideración que el pagador tiene un sin fin de obligaciones proporcionadas a sus medios. "Tiene plata y puede pagar", es la consigna. A su vez el pagador sabe que le van a cobrar de más y trata de sacar todo a mitad de precio, tratando de exprimir al vendedor del momento, dando por sentado que aquél lo quiere aprovechar, sea ésta la verdad o no, no importa, "hay que estar ojo pelao", es otra consigna. Allí tienen las dos consignas: "Tiene plata y puede pagar, hay que sacársela" y "Hay que estar ojo pelao, me lo quieren quitar". Es la conciencia de robo que impera por todas partes. Esta conciencia, como los pensamientos, se transmiten, entran y salen de las mentes y se quedan allí donde encuentren afinidades. Son recibidos por los atrasados, los de poca evolución y los impulsan al robo, al atraco y al crimen. Esa es una de las razones del hamponato vigente.

Esta tensión constante de parte y parte hace que no se pueda pensar en otra cosa. La tensión se vuelca sobre el pobre cuerpo físico que se enferma con úlceras, porque la preocupación y el cálculo perduran a través de las horas de comida; con cáncer, porque el veneno de los disgustos lo absorbe el cuerpo, y los infartos, porque no se emplea para nada el amor del corazón que es el óleo que todo lo suaviza, todo cura. Todo lo contrario, mientras más inteligencia y menos sentimiento, mejor es para el negocio. Podría yo continuar enumerando males causados por estas consignas, pero creo que bastan estos ejemplos.

Estas consignas y esta conciencia se extiende a través de todas las actividades de la vida. No es solamente en el negocio de compra y venta. En un hospital se atiende a un enfermo, se opera a otro, con la vista puesta en su bolsillo. El único amor que se evidencia es el del médico y el cirujano hacia la labor de sus manos. Pero no es amor puro como sería el que este médico se desvelara por sus enfermos. Por supuesto que siempre hay quien obre con amor, pero la generalidad actúa lo mejor que puede por intereses creados. El cirujano opera lo mejor que puede por una combinación de interés en el asunto que está operando, e interés en su prestigio y esto no es virtud, entiéndase. Poco le importa que lo tilden de ladrón aprovechador. La cosa es que digan "qué tronco de cirujano, no hay otro igual", para que esta fama le permita poder cobrar lo que se le antoje sin consideraciones. El amor por su trabajo está pues empantanado por el lucro, y ¿para qué todo ese lucro?, para comprar quintas, casas quintas, automóviles, viajes, ropa y amueblado que a su vez suban el prestigio; para adquirir peroles, que se hacen obligatorios porque todo el mundo los tiene. Se pagan los más caros colegios y se visten los muchachos con la ropa más lujosa, que se desea adquirir. Este constante pugilato necesita que la mente esté todo el día ocupada en toda esa secuencia material. No se le da un instante de pensamiento a lo espiritual, a las condiciones que van a encontrarse del otro lado ¡como si esto no existiera, ni fuera preciso considerarlo siquiera!

Del otro lado lo que se encuentra es lo siguiente: El cuerpo físico es una esponja que chupa los excesos mentales, anímicos y sensorios. La excesiva emotividad la soportamos porque tenemos un cuerpo que absorbe. Nadie sabe que esta absorción se convierte en daños a los órganos y a la piel los cuales se enferman. Son los achaques constantes de todos los humanos. Después de la muerte no hay cuerpo físico que chupe, y la emotividad incontrolada, mal educada, se desboca. El ser está más sensibilizado y siente todo profundamente. Oye todo lo que dicen de él los que han quedado aquí. Como éstos no saben que el que murió los está oyendo, hablan y desbarran, exageran y calumnian a su antojo. El que los escucha se desespera porque no puede debatir ni desmentir. Pide a grito volver a encarnar para quitarse la tortura y obtener el olvido que da la reencarnación, la inconsciencia de males pasados. Ese es el infierno que acabo de describir; es el purgatorio si los males se pueden soportar hasta que hayan salido y se hayan retirado.

Llega el día de la muerte y lo que interesa es que la viuda y los hijos hayan quedado bien "fondeados" a prueba de miseria o de estrechez. Se considera que a los muchachos se les ha dado una buena educación porque se les enseñó a conducirse en la vida con la misma serie de tácticas. Si es mujer, que se case con un chico de esas mismas condiciones. La forma de descansar la mente y los sentimientos agotados y deprimidos a fuerza del clima negativo en que se circula todo el día y todos los días, es dando o asistiendo a una fiesta para levantar el ánimo a fuerza de "palos" que llamamos. En vez de liberar Karmas, que a eso se ha venido a la tierra, se acumulan muchos más, los cuales se apelmazan sobre los anteriores ya existentes formando costras endurecidas que se llaman cristalizaciones. Estas para ser disueltas requieren terremotos, inundaciones, cataclismos y esto es lo que están viendo las medium videntes, pues los derrumbes que están ocurriendo en el plano de estas cristalizaciones se deben, primeramente, a la luz violeta que se está deslizando en algunas mentes y segundo, a que está aumentando el número de personas estudiantes de metafísica y por consiguiente, están negando defectos y afirmando virtudes. Esto esparce vibraciones análogas que actúan por donde quiera ellas hacen contacto con otras iguales.

"Como es arriba es abajo, como es abajo es arriba". Si aquí so~ imprescindibles grandes maquinarias para desbaratar rocas y cerros a fuerza de golpes, igual cosa sucede con esas construcciones cristalizadas. Necesitan golpes para desbaratarlas, primero romperlas, segundo triturarlas y tercero limpiar y barrer el polvo. Ahora que en el plano espiritual hay una condición más que no hay en lo terreno. Cada monstruosidad de esas fabricadas por nosotros, por nuestras mentes y nuestros sentimientos tienen vida, piensan, oyen y hablan. Lo que piensan y dicen siempre es relacionado con el material que se les dio en el momento de su creación. Si fue una creación de furia, de odio y venganza en el momento en que se le liberta hacia el aire, en el momento en que se desbarata la corteza que la aprisiona en nuestro subconsciente, ella sale al aire gritando todo lo que la fabricó. Ella no se quiere ir, ese es su creador y lucha por quedarse con él. Los medium claro-audientes, los oyen y creen que son personas que los están persiguiendo. Oyen en palabras los pensamientos que ellos mismos tuvieron hacia los demás y naturalmente, como todo se devuelve, los oyen clamando contra ellos mismos. Esta, llamémosla persecución, dura un tiempo mientras la víctima aprende a rechazarla, a negar, a afirmar, a meditar, orar, emplear la llama violeta, etc. Pero si no son metafísicos ¿cómo lo aprenden? Al fin se retiran, yendo a parar a otras cavidades humanas para quienes estos estados mentales son necesarios en su evolución. Parece que esto es un contrasentido pero no lo es. A una persona muy tímida le hace falta un reflejo de decisión y pujanza. Se le dice reflejo a la actuación de esos pensamientos ya formados y establecidos en el subconsciente. Ustedes ya saben que cada vez que se ofrece una oportunidad propicia, el subconsciente suple el reflejo necesario. Si nuestros pensamientos han sido buenos, correctos, felices, se produce un reflejo de bienestar y se manifiesta una situación feliz. Si han sido negativos se produce lo contrario. Ahora por ley de acción y reacción, la excesiva timidez atrae su contrario, la reacción abre el campo para que entre y se aloje la fuerza contraria. En este caso es un beneficio que aquella creación de violencia, que ha soltado alguien que ya no la necesite, se vaya a alojar en la mente del tímido excesivo, porque la combinación produce un término medio. Cada condición actúa sobre la otra y produce el reflejo que le hacía falta a la persona tímida. Las personas que no son claroaudientes, no oyen a sus creaciones clamando contra ellos, pero en cambio sí sienten un malestar horrible de culpabilidad, de terror, que no saben explicarse y como no saben defenderse de aquello que ellas ni ven ni oyen, sufren mucho. Les atribuyen toda clase de razones que no son exactas. Se castigan y se culpan, hablan mucho en sus estados depresivos y esto los empeora. Por esto es que se dice que los iniciados sufren mucho. Pero la providencia cuida de ellos y encuentran quienes les enseñan estas cosas, encuentran maestros y a su Cristo. Son iniciados, y ya conocen el camino y la forma de actuar. Yo ahora les estoy enseñando para cuando ustedes se enfrenten a estos estados de conciencia antiguos de ustedes mismos, sepan a qué atenerse y sepan catalogarlos, sobre todo, que sepan trasmutarlos, disolverlos con las luces, las cuales aprenderás en el próximo libro titulado: "El Maravilloso Nº 7"

NO PUEDE SER TU DEBER...

Que si estás tratando de vivir la vida espiritual tienes derecho a la paz de tu alma y al progreso armonioso. Si estas cosas te están fallando, pídele a la Sabiduría Divina que te demuestre el motivo de la falla.

Es tu deber dedicarle un tiempo razonable a la oración diaria en la forma de una meditación, o una lectura espiritual, o un repaso de tus afirmaciones preferidas, y vivir el resto de tu vida de acuerdo con la Voluntad Divina hasta donde puedas tú en este momento. Si en realidad estás cumpliendo con este deber sinceramente, no puedes hacer más y no tienes por qué angustiarte ni reprocharte, ni tener sensación de culpabilidad por el hecho de que no estés logrando lo que en este momento presente no te es posible.

En cambio: NO PUEDE SER TU DEBER hacer algo que está más allá de tus fuerzas o de tu alcance en el momento. Dios es tu Padre, y un padre amoroso nunca le exige lo imposible a un hijo que se comporta bien con él.

NO PUEDE SER TU DEBER hacer lo que no tienes tiempo de hacer. Dios es la Sabiduría Infinita, que en la Tierra se manifiesta por el Sentido Común, y no es sentido común esperar que se cumplan más deberes de los que caben en un día de veinticuatro horas.

NO PUEDE SER TU DEBER hacer lo que no tienes DE DINERO QUE TU NO POSEES! Si te estás enfrentando a semejante situación, es que algo marcha muy mal en tus pensamientos. Lo primero que es evidente es que tú crees que Dios es un ogro gigantesco que te lanzó al mundo con las manos atadas para que fracasaras de una vez por todas! Acuérdate del Salmo 46, que comienza diciendo: "Dios es nuestro refugio, nuestra fuerza y nuestra pronta ayuda en las tribulaciones". Luego, termina diciendo: "Aquiétate y recuerda que YO SOY Dios". Pero esto has de creerlo, afirmarlo creyendo lo que afirmas, y no simplemente repetirlo como loro, pues *es tu fe la que mueve las montañas.*

NO PUEDE SER TU DEBER hacer algo que sacrifique tu propia integridad o tu progreso espiritual. Nadie en el mundo te puede obligar a mentir, por ejemplo, y NO ES VERDAD la apariencia de que no hay trabajo, o que no hay servicio, o que el dinero está muy difícil de ganar, o que "está dando mucho infarto y cáncer", etc., etc., etc. MENTIRA, MENTIRA, compruébalo tú mismo afirmando y creyendo lo contrario. No sacrifiques tu progreso espiritual ni tu propia integridad creyendo que "LAS CIRCUNSTANCIAS" te hacen decir lo contrario!

NO PUEDE SER TU DEBER hacer hoy lo que en realidad pertenece al día de mañana. En el plano espiritual (que es la Verdad), no hay tiempo. No hay pasado ni futuro. Todo ocurre en el presente, y si tú piensas y dices (creyendo lo que dices) que Hoy está resuelto todo; Hoy están cubiertas todas las necesidades; hoy tienes toda la fuerza, toda la paz y toda la ayuda que necesitas; y que mañana será otro HOY, te darás cuenta de esa Verdad, como también comprenderás que nuestros temores son siempre para un mañana problemático. Jamás son para HOY. La Biblia dice: "Hoy es el día de la Salvación. Hoy es el día aceptado". Porque Dios vive en un eterno Presente, jamás anda apurado, y siempre está "en un sonriente reposo"

NO PUEDE SER TU DEBER cumplir un deber remoto sacrificando un deber cercano. El Sermón del Monte dice que primero extraigas la basura que hay en tu ojo, y luego la viga que hay en el de tu vecino, porque si no limpias primero tu vista no podrás ver para ayudar al vecino.

o desanimado, o bravo, o resentido o antagónico, BAJO NINGUNA CIRCUNSTANCIA. La Biblia dice: "El gozo del Señor es mi fuerza". Esto quiere decir que para tener éxito, para poder trabajar, para obtener nuestros logros, para ser felices, para nuestro bienestar y nuestro adelanto, tenemos que estar positivos, y positivo significa contentos; porque el Cristo dentro de nosotros no puede hacer nada por nosotros mientras estemos negativos. El goza con nuestro gozo, y se aleja al nosotros permitirnos estar derrotistas.

Continuación al presente Libro de la Serie Metafísica al Alcance de Todos es el "Maravilloso Nº 7" de Conny Méndez

El
Maravilloso
Número

INTRODUCCION

El número Siete simboliza el estado de TOTALIDAD, e indica que se ha superado una etapa especial en un momento dado.

Todo en la Creación recorre siete etapas de actividad Luego viene automáticamente un momento de descanso. El Siete es un punto final que obliga un reposo para luego comenzar una nueva serie de siete pasos.

Nuestro Sol tiene siete planetas en contorno porque está regido por el número Siete, y los científicos pronto descubrirán que todo otro planeta fuera de los siete originales, no pertenece a nuestro Sistema.

Siete son los colores de nuestro prisma, Siete los sonidos musicales, Siete los días de nuestra semana, Siete los Dones del Espíritu Santo, Siete los meses de gestación para que el ser humano pueda vivir al aire, Siete son las edades del hombre (7-14-21-28-35-42-49) para lograr su madurez, autoridad y libertad. Siete son los pasos que recorre toda manifestación desde el momento en que se expresa el deseo hasta que se hace visible la demostración, Siete veces el largo de tu cabeza debe tener tu estatura total. Si tienes mas —o menos— no eres armonioso.

Ahora te presento en este libro algunos otros "Sietes" poco conocidos pero muy importantes para tu desarrollo espiritual y tu evolución en este Sistema.

Doy por hecho . . que habrás estudiado y puesto en práctica la instrucción contenida en los dos libritos de texto metafísico titulados: "METAFISICA AL ALCANCE DE TODOS" y "TE REGALO LO QUE SE TE ANTOJE". Si no lo has hecho, perderás mucho en comprensión de éste, ya que esta es una enseñanza graduada que te va despertando células necesarias para tu comprensión y realización. Hay una máxima que dice: "Cuando el discípulo está preparado, aparece el Maestro". Si te interesa este libro que tienes entre las manos, quiere decir que te ha llegado el momento de adquirir esta enseñanza. Comienza pues por el principio para que no pierdas nada y que aproveches bien tu presente encarnación. No te pesará.

La Hermandad Saint Germain

1. ʻLa Hermandad de Saint Germain fue fundada por Conny Méndez en el año de 1945, para agrupar a todos los estudiantes de Metafísica.

2. La Hermandad Saint Germain no tiene ningún tipo de personalidad jurídica, sede, delimitación física, directiva ni afiliación legal, ya que es de carácter puramente espiritual.

3. Usted se hace miembro de la Hermandad Saint Germain de forma automática al leer un libro de Metafísica de Conny Méndez o del Maestro Saint Germain, y estar totalmente de acuerdo con sus enseñanzas.

4. La Hermandad Saint Germain no está contra de ninguna religión, grupo espiritual, ni personas en específico, su actitud incluye amorosamente toda expresión de vida en todo plano, reino, elemento, religión, clase social, raza, sexo y nacionalidad.

5. Objetivos de la Hermandad Saint Germain:
I. El estudio de la Ley del Mentalismo y las demás leyes universales.
II. La Práctica de la Presencia de Dios a través del Cristo y el Verbo Poderoso del "Yo Soy" que es el nombre de Dios. (Ver Exodo: Cap. 3, Vers. 14).
III. Dar a conocer a los Maestros Ascendidos de la Gran Fraternidad Blanca su enseñanza para esta Nueva Edad, conocida como "La Era de Oro de Saint Germain".

IV. Familiarizar a la humanidad en el uso de los Siete Rayos y especialmente el de la Llama Violeta que es el Fuego Sagrado Transmutador.

V. Que el ser humano conozca sus Siete Cuerpos y los Sietes Planos de Manifestación.

VI. Poner en práctica la Ley del Amor Divino y el Perdón para toda vida, teniendo como máxima "Amor y Perdón".

VII. Que cada ser humano sea feliz y que esta felicidad sea un hecho a nivel de su hogar, urbanización, ciudad, país y planeta, para el logro victorioso de La Ascensión de todas las corrientes de Vida y, en consecuencia, de todo el Planeta Tierra.

6. La Hermandad Saint Germain no ejerce ni apoya ningúr tipo de actividad que tenga que ver con comunicaciones extrasensoriales, magia negra, trabajos, prácticas que atenten contra el libre albedrío, ritos, ceremonias, dietas, disciplinas físicas, obligaciones impuestas por alguna personalidad, ni adivinaciones del futuro. Tampoco otorga grados, iniciaciones, ni títulos, ya que reconoce que a nivel crístico todos los seres humanos son iguales.

7. La Hermandad Saint Germain tiene una cobertura a nivel planetario totalmente libre, ya que en cualquier parte del planeta se puede reunir, bajo su nombre cualquier número de estudiantes sin nigún tipo de liderazgo humano. La Hermandad Saint Germain tiene como única autoridad y cabeza al propio Maestro Saint Germain.

8. La Hermandad Saint Germain tiene como libros de texto: La Serie de libros de Metafísica de Conny Méndez, los libros de Saint Germain y los de los Maestros Ascendidos.

9. Conny Méndez dice que el estado normal de Metafísico

miembro de la Hermandad Saint Germain lo describe el
Salmo 91.

10.El Título de La Hermandad Saint Germain y su afiliación
son de libre uso e ingreso bajo el cual se pueden congregar
todos los Grupos, Talleres, Fundaciones y Núcleos de
Metafísica del mundo entero, sin pedirle permiso a ninguna
persona.   En ella no existe ningún tipo de exclusión o
expulsión ya que las personas mismas quedan fuera de la
Hermandad al dejar de poner en práctica sus enseñanzas.

11.La Hermandad Saint Germain no está ligada a ninguna
especie de movimiento político y no acepta dentro de sus
núcleos de trabajo ningún tipo de polémicas, hostilidades,
denigraciones ni críticas. No exige dinero por la enseñanza
directa ni indirectamente. Recauda sus fondos a través de
"La Donación Amorosa" y mediante la venta lícita y
autorizada de libros, cassettes y fotos de Maestros.

12.La Hermandad Saint Germain y todos sus miembros en
el mundo entero están plegados al trabajo de Buena Voluntad
Mundial que los Maestros conocen y sirven.

13.La Hermandad Saint Germain tiene por símbolo la Cruz
de Malta con el Corazón y la Llama Triple y por Himno el "Yo
soy Perfecto" ambos autorizados por Conny Méndez y que
actualmente son de propiedad y libre uso de toda la
humanidad.

14.El Espíritu Envolvente del Maestro Saint Germain guiará
a todo estudiante y Grupo Espiritual que bajo su nombre se
unan al estudio de la Edad Dorada.

EL PADRE NUESTRO

Vamos a tratar de la oración que liga a todas las religiones. La llamada "PADRE NUESTRO". El Maestro Emmet Fox dice que esta oración es una fórmula compacta para el desarrollo espiritual; que fue compuesta por el Maestro Jesús con sumo cuidado para el propósito específico de efectuar un cambio radical en el alma.

La oración está hecha en **siete** partes, o cláusulas.

Primera cláusula: **Padre nuestro que estás en los Cielos.**

El más pobre de los padres trata de que sus hijos no sufran, no les falte nada, y si el padre es rico, vela por sus hijos y los ayuda en proporción a su riqueza. Estar en los Cielos es una condición de perfecta dicha en todos los sentidos. Si el padre es tan dichoso, tan perfecto, tan opulento, que vive y permanece "en los cielos", es lógico, es seguro que fuera de toda posibilidad de duda que habrá asegurado a sus hijos a prueba de toda adversidad! Esta es la idea contenida en las palabras "que estás en los cielos". Tómala, medítala, acéptala y USALA en todas las circunstancias de tu vida. Como es la Verdad, ella te hará libre.

Al pronunciar las dos palabras PADRE NUESTRO, estarás admitiendo, confesando y afirmando que el Padre tuyo es también el de todos. Estarás admitiendo, confesando y afirmando que todos somos hermanos. Estarás orando por el prójimo y cumpliendo con la Ley del Amor, ya que todo lo que viene después en la oración habrá sido precedido por ese requisito: ¡que lo estarás pidiendo en nombre de todos nosotros tus hermanos! Dilo con esa intención y... ¡bendito seas, hermano!

El hijo siempre tiene que ser de la misma naturaleza del padre. No se concibe que un caballo pueda engendrar a una cabra, que una hormiga pueda engendrar a una abeja, que un pájaro pueda empollar a una orquídea, que un hombre pueda darle el ser a un ratón. Si el padre es Espíritu divino con todos los dones y poderes; si vive en estado de gracia, por lo cual todo lo que desea, idea, afirma o decreta se manifiesta al instante, el hijo participa de su misma sangre, naturaleza, dones y poderes. No puede ser de otra manera. Estamos los hijos en los cielos, en estado de Gracia y todo lo que tenemos que hacer es descubrir la manera de manifestarlo. Te estoy enseñando a manifestarlo. Estás en los Cielos, si tú lo deseas, y no es que tengas que convertirte en un asceta, un mártir, un anacoreta, nada de eso. Vive en tu mundo. Te lo asignó el Padre Nuestro. Goza tu Cielo, pero recuerda darle las gracias y di una vez diaria la Primera Cláusula con toda la atención e intención de que seas capaz.

Santificado sea tu nombre. Segunda cláusula.

El nombre de Dios es "YO SOY", ya lo sabes. Se lo dijo el Espíritu a Moisés cuando éste se lo preguntó. También sabes que no debes, ni puedes calificar ese nombre con cosa alguna que no sea la perfección, pues si dices, o piensas YO SOY (cualquiera afirmación negativa o imperfecta, estarás mintiendo y el castigo es la manifestación en tu persona de aquello que te has atrevido a afirmar).

Al pronunciar las cuatro palabras de la segunda cláusula, habrás expresado el deseo de que tus hermanos, tus prójimos y tú mismo conserven el nombre de Dios santificado, tal cual ES. O sea, que ya estás lanzando la imagen y vibración de un lenguaje depurado de toda mentira, de toda infamia, de toda falsificación, error, enfermedad, de toda imperfección. Cuando repitas la oración, piensa la Verdad de esta cláusula... y que el Padre te oiga, hermano!

Venga a nos Tu Reino y hágase Tu Voluntad aquí en la Tierra como en el Cielo. Tercera cláusula.

Ya te lo dije, la intención del Padre, la Voluntad del Padre para sus hijos, es perfecta. Su Sabiduría, Su Amor, Su Omnipotencia lo ha dispuesto así; pero Su Justicia infinita también ha dispuesto que nadie ni nada interfiera entre Sus hijos y el deseo que ellos expresen.

Un padre tan sabio, sabe que a un niño se le guía sin obligarlo. Se le enseña sin forzarlo, y que tiene que sufrir caídas y golpes para poder aprender a caminar. En el Reino de los Cielos el niño es soberano. Nadie lo cohibe, todo el mundo respeta su libertad y su deseo, pero enseñándolo con inmenso amor. El niño pronto aprende que los mayores no hablan por molestarlo. Que siempre es para advertirles algo que, por lo contrario, los salvará de una consecuencia desagradable. Esa es la condición del Reino. Por eso cuando decimos "Venga a nos Tu Reino", estamos pidiéndole al Padre que nos haga agradables nuestras relaciones con nuestros hermanos, maestros, guías, vecinos, etc. Es el amor lo que rige en el Reino, lo que dicta la conducta, lo que da la incansable comprensión. La Voluntad del Padre es que los maestros nos enseñen por radiación, por inspiración directa al corazón, para que tengamos una evolución sin retardos, sin tropiezos. La Voluntad del Padre, que señalamos en la Primera Cláusula, es la que rigiendo en los Cielos, deseamos verla aquí en la Tierra, y es la que volvemos a pedir en la Tercera Cláusula.

El pan nuestro de cada día dánosle hoy. Cuarta Cláusula.

La palabra PAN es simbólica de todo lo que podemos necesitar en este momento. Sabido es que el pan permanece fresco sólo un día. Mañana ya estará duro, sin sabor. Es por eso que la frase dice "de cada día". Lo necesitamos hoy. El padre ha dispuesto que todo lo que vayamos necesitando, a medida que sintamos la necesidad, se nos vaya realizando. Eso todo está dispuesto ya. Es nuestro ya. La cláusula lo dice: el Pan **NUESTRO**... y DE CADA DIA. Al mismo tiempo reconocemos que es NUESTRO. No sólo tuyo ni mío, sino de todos. Estamos allí mismo pidiendo que se le dé a todos y cada uno lo que le sea necesario en un momento oportuno.

No te llenes de pánico porque creas que algo se va a retardar, que las cosas no te van a alcanzar, porque temas que se acaben antes de tiempo, etc. Sólo tienes que enfrentarte a esta aparente necesidad con la frase que encabeza esta cláusula, o suavemente reclamar lo tuyo: "Padre, ya Tú dispusiste que yo tuviera esto. Deseo en armonía para todos, bajo la Gracia y de manera perfecta que sea manifestado, Gracias Padre que ya me oíste y siempre me oyes!"

La prueba de que todo nos ha sido concedido antes de pedirlo es lo siguiente: Seguramente que en el día de hoy tienes todo cubierto, ¿no es así? Todo el dinero que te es menester lo tienes para el día de hoy, ¿verdad?, pues mañana será otro "hoy". El año que viene será a su tiempo, "Hoy". Lo mismo la semana que viene o el mes que viene. No te preocupes, pues el Padre ha dicho: "Antes de que llamen habré oído, y antes de que terminen de hablar habré respondido"

Perdónanos nuestras deudas, así como nosotros perdonamos a nuestros deudores. Quinta Cláusula.

Todas las faltas que cometemos son siempre el mal uso de la energía divina que nos es entregada

— 216 —

por toneladas cada minuto, en cada latido del corazón. Tenemos pues grandes deudas con el Padre porque hemos desperdiciado Su energía, a veces despilfarrando toneladas de energía en ataques de ira y de violencia. Si le pedimos perdón al Padre instantáneamente, el daño no es tan grande, el castigo no se materializa, primero porque "pecado reconocido es pecado perdonado", y segundo, porque el Padre siempre nos ha perdonado ya. Somos nosotros mismos los que tenemos que perdonarnos, y esto lo hacemos al reconocer que hemos faltado.

Ahora el punto clave de la cláusula: Así como nosotros perdonamos a nuestros deudores. Así como tú te conduces hacia tu prójimo, así puedes esperar que el Padre se comporte contigo. Mas, no es el Padre directamente quien te da la recíproca, sino Sus Leyes y Principios. El Padre es siempre Misericordia y Perdón. Son las Leyes las que dan a cada uno su merecido.

Jesús compuso la oración con tal maestría que nosotros, al pedir perdón, si no hemos perdonado a nuestro hermano antes, se nos atajará el pedido en la garganta, no podremos seguir adelante y tenemos que salir a arreglar las cosas cuanto antes.

Si eres de los que ves que todo se te está entorpeciendo, que todo lo que emprendes lo sacas a duras penas, con luchas gigantescas, no se te ocurra decir que es que "no tienes suerte", o que "tienes muy mala pata" ¡Mentira! Lo que pasa es que eres duro con tu hermano, no has perdonado a alguien, o continuamente culpas a otros por tus fracasos. Primero perdona a todo el mundo. Hazte la obligación de decir esta frase antes de poner tu cabeza en la almohada de noche: "Perdono a todo el que necesite mi perdón. A todo hombre, mujer o niño. Me perdono yo mismo y pido perdón al Padre". Y que tu dicho sea sincero, absoluto, amplio, pues si queda en ti algún pequeño resentimiento contra alguien o algo, será un muro entre tú y el Padre. Un muro entre tú y las manifestaciones de paz y prosperidad.

De ninguna manera repitas el acto de perdón que le hagas a alguien, pues sería como reconocer que tu perdón no tiene gran validez. Cada vez que te venga a la mente, siempre di: "ya yo lo perdoné".

No nos dejes caer en la tentación, mas líbranos del mal. Sexta Cláusula.

El Padre no nos manda tentaciones. La verdad de esta frase es que tanto más elevación tienes alcanzada, tanto más susceptible, sensible te haces, y te esperan poderosas y sutiles tentaciones contra las cuales debes estar en guardia. La peor de todas es el orgullo espiritual. Esto levanta un muro de acero entre el individuo y su Dios. Contra esto hay que afirmar a menudo el famoso dicho del Maestro Jesús "Soy manso y humilde de corazón". Estó último te indica que es la petición del corazón la que es contestada. Si tú pides "No me dejes desperdiciar oportunidades de hacer el Bien" verás cómo eres protegido contra el desperdicio. Pues si tú pides que no se te deje caer en aquellas tentaciones sutiles, serás atendido y protegido, porque bien claro lo dice la Biblia, "si el hijo pide pan al Padre no le dará una serpiente!"

Dicen que el peor de los pecados es aquel del cual no estamos conscientes. Pídele al Padre que te muestre tus faltas ocultas. Pídele al Padre que no te deje ser víctima de cosas como el trabajar para tu propia gloria, o de ejercer preferencias personales en tu ayuda y servicio a la humanidad. Pide y se te dará. Toca y te será abierto. Busca y encontrarás.

Líbranos de todo mal. Esto no necesita explicación, pero sobre todo, pide que se te haga comprender cuán irreal es el llamado "mal". Eso no existe, ya que la apariencia de todo mal es simplemente un estado en que impera el polo negativo, al cual sólo le falta el polo positivo para convertirse en el Bien evidente. No puede existir algo que no tenga ambos polos. Lo que esté expresando únicamente su polo negativo se equilibra y parece desaparecer en cuanto se le polariza con el positivo...

Pues Tuyo es el Reino, el Poder y la Gloria. Séptima Cláusula.

¡Sabia y potente afirmacóin! Con ella se te obliga a reconocer al Padre como Unica Presencia y Unico Poder. Se te obliga a disolver el orgullo espiritual, la última de las faltas a superar. El ejemplo de tremendo castigo que acarrea esta falta lo han dado en la "caída" del más glorioso de los ángeles, LUZBEL, que se convirtió en LUCIFER por el pecado de orgullo. Esto debe ser una alegoría porque ningún Maestro nombra a semejante personaje; pero sea lo que fuera, la afirmación última del Padre Nuestro lleva la misión de libertarnos del último de los peligros, siempre que sea dicha con intención, fervor y devoción sincera.

LOS SIETE ASPECTOS DE DIOS

¿En qué se diferencian la Ciencia y la Religión? En que la primera representa la Sabiduría Divina, la segunda representa el Amor Divino?

Así como aquello que llamamos Dios, o el Creador, es UNO SOLO INDIVISIBLE, toda la Creación es una sola, vista bajo sus innumerables Prismas o infinitas manifestaciones. La Ciencia y la Religión son una sola cosa, vista bajo dos caracteres diferentes, como luego veremos. Forman un círculo en que la una se convierte en la otra y la otra se convierte en la primera.

Estudiemos primero los Siete Principales Aspectos de Dios. Dios es: **VIDA - AMOR - VERDAD - INTELIGENCIA - UNIDAD - ESPIRITU - PRINCIPIO.** En el Librito Nº 1 llamamos "Alma" al aspecto "Unidad". Es cuestión sólo de preferencia.

Dios es Vida. Dios está en todas partes. La Vida está en todas partes. La Vida es Dios. Es su Primer Aspecto. La Vida es indestructible. Luego, la Muerte no existe. Sólo existe la Transformación, de una forma en otra.

Es infantil pensar que Dios es un hombre con caracteres humanos. La forma humana que presentamos los habitantes de este planeta, no es sino para este planeta. La vida se manifiesta en forma adecuada a su medio ambiente, así como en el agua la vida existe en forma de pez para poder circular y deslizarse con fluidez en el elemento agua que lo rodea enteramente. Así como en el elemento agua no se requieren pulmones que inhalen aire, pues asimismo, en otros planetas donde no haya aire, los habitantes están conformados de una manera diferente a los humanos de Tierra. Es absurdo pensar que porque en Venus el calor no es soportable para un terreno, quiera decir que no existe vida allí! La vida se manifiesta en todas partes. En un potecito de tierra surge la vida en forma de una hierbita, porque esa es la forma que adopta la vida en tal ambiente y condiciones.

Dios no cambia jamás porque es Principio y un principio no puede cambiar. La Vida, pues, no es posible que se convierta en Muerte. Sería un contrasentido. Vida no puede ser Muerte ni muerte puede ser Vida. Luego, lo que llamamos muerte no es verdad, ya que aquello que pretenda contradecir un Principio es mentira. La muerte no tiene permanencia. La Vida SI. La muerte es una transición de un estado a otro. De un estado de Vida a otro estado de vida, se entiende, o sea que el individuo termina con una etapa de su evolución y se gradúa a otra.

La evolución es continua. No se detiene jamás. De aquí a miles de años tú estarás vivo en alguna parte, evolucionando, transformándote, con concimientos y poderes infinitamente superiores a los que posees hoy. Piensa que eso mismo le ha ocurrido a todo ser humano que haya pasado por este planeta en su trayectoria, en su evolución. Es urgente que comprendas lo que te acabo de decir, porque más adelante vas a saber verdades que te van a sorprender, pero ante las cuales no debes enfrentarte en estado de incredulidad. Los que hoy no pueden comprender que otros planetas estén habitados con formas de vida que se acoplen a las condiciones químicas particulares al planeta, están en la situación de la rana en su pocito que tiene que negar las copas de los árboles porque no alcanza a verlos.

La Vida es invisible. Lo que vemos es sus efectos. Dios es invisible, pero lo vemos en todas partes a través de Sus manifestaciones; debes, pues, conservar tu mente abierta para reconocerle posibilidad a todo, por extraño que te parezca.

La Vida tiene tres condiciones inequívocas: Salud, alegría, entusiasmo. Estos tres igualan = Felicidad. Diariamente da gracias al Padre porque tienes Vida, porque El se está manifestando a través tuyo en su aspecto Vida. Tu corazón está latiendo, luego tienes a Dios, la Vida, presente en ti, EL LATIDO DEL CORAZON ES LA PRIMERA PRUEBA DE VIDA.

Esta es una meditación. Medita sobre la Vida. Mientras más la pienses, la analices, más la manifestarás, más alegre te sentirás, más salud demostrarás, más feliz serás. La tristeza es la pérdida del sentido de

Dios en nosotros. Cuando sabemos que Dios es nuestra Vida; que no puede morir; que es alegría, salud y dicha constante, no podemos darle cabida a la tristeza. La Biblia dice: "Los hijos de Dios gritan de dicha". También dice: "La dicha del Señor es mi fortaleza". Cuando te sientas triste, comienza a darle gracias a Dios de que la Verdad es Vida y Alegría, Salud, Dicha, y a los pocos momentos te sentiráas otro.

La Vida es movimiento. Los niños están llenos de Vida y lo manifiestan en su inquietud. Cuando haya un enfermo, cúralo pensando en que él es Vida, la Vida es Salud, es Dios, y no puede estar enfermo. Está moviéndose, su corazón está latiendo, luego Dios se está manifestando en él. Rétalo mentalmente: "No puedes estar manifestando una mentira". Se curará.

Contra la indiferencia, la falta de ambición, la apatía, la displicencia, el conformismo, el estancamiento, el atraso, la parálisis, la poliomielitis, háblales mentalmente y diles que son mentira, que no tienen poder alguno porque la única Presencia y el Unico Poder es Dios y Dios es Vida, Entusiasmo, Salud, Energía, Dicha.

———————

VERDAD...

Vamos a dar como Aspecto Segundo la Verdad. No importa cómo se coloquen. Todos los aspectos son Uno Solo. La Verdad es una Presencia Imperante, eterna y constante. No importa la mentira que se esté representando o hablando, la Verdad está ahí, viviente, presente. Invócala y se manifestará. Es una Entidad Viviente porque es un Aspecto de Dios. ES DIOS MISMO ACTUANDO. Alguien dijo: "En medio del vocerío más bullanguero en que se esté negando a Dios a gritos, El está callado. No se impone. Pero invoca Su Presencia y verás Su Manifestación". Eso es porque El es la Verdad. La Verdad Absoluta. Donde presencies una verdad relativa, reconoce que la Verdad Absoluta está presente y la verás con tus ojos. Donde alguien te trate de convencer de algo que tú no estés aceptando plenamente, dile a la situación mentalmente que la Verdad Absoluta se encuentran en ella y verás suceder algo que la traiga a la vista.

Jesús dijo: "Conoced la Verdad y Ella os hará libres". Fíjate como él la trata; como persona, como entidad, ELLA. La Verdad es la gran sanadora junto con el Aspecto Vida.

Cuando necesites una información; cuando sospeches de algún engaño; cuando vayas a firmar algún documento; cuando esté siguiéndose un juicio, expresándose una opinión o sospeches un engaño, etc., afirma que la Verdad se encuentra en plena circunstancia porque la Verdad es Dios y está en todas partes. Verás manifestarse la Verdad, ante ella todo se queda callado. Una mentira obliga otra y luego otra, y otra. Además obliga a estar hablando y protestando. Una verdad tumba todo lo que antes se afirmó falsamente, y todo permanece en silencio.

¿Qué sucede cuando alguien se te abalanza acusándote de algo? Si tú lo hiciste y lo niegas por temor, se te pone la situación imposible. Te salen muchos acusadores y te encontrarás envuelto en una gritería complicadísima que no le verás el fin. En cambio, acepta la acusación y di: "Es verdad, sí lo hice". Verás desvanecerse la acusación junto con la ira del que venía atacándote. Le verás avergonzado de su propia violencia. Lo verás ensalzándote. Lo verás convertirse en tu amigo del alma. Jamás niegues algo por orgullo, o por no quedar mal, o por temor de lo que te pueda caer encima. La Verdad es Dios. Cuando lo confieses, sabiendo que estas invocándolo verás el Espíritu Divino actuando entre los hombres. La verdad SIEMPRE está de parte tuya. Acostúmbrate a no temerle. La Verdad no puede obligarte a mentir, como por ejemplo, cuando te enfrentes a un caso en que decir la verdad te acarrea un problema. Quiero decir, cuando la verdad implica a otro, delata alguna cosa vergonzosa, invócala y dile, como quien invoca a Dios mismo, "Sálvame. No quiero dañar a nadie. Tú no puedes ni obligarme a mentir, ni producirme problemas por lealtad hacia ti!" Y verás desvanecerse la situación peligrosa.

El reconocimiento de Dios en la Verdad te evitará horas de trabajo y cansancio cuando estés buscando información, o cosas así como un objeto perdido.

un lugar, una casa, una persona, etc. La información que sea necesaria te vendrá en alguna forma. Algo ocurrirá que te compense.

AMOR...

Tú has oído decir mucho, "Dios es AMOR". El Amor es también invisible. Todos los Aspectos de Dios son invisibles. Pero todos son Absolutamente reales. Vemos los efectos, y no los podemos negar. De modo que cuando alguien te diga: "Soy ateo. No creo en Dios", le dirás: "Mentira", porque esa persona ama a alguien. A su madre, a su hijo o a su perro. SIEMPRE se ama algo aunque no sea sino a su propia comodidad. Hay una preferencia. Hay una distinción entre el bien y el mal. Hay un reconocimiento de lo bueno. Luego, se cree en lo bueno. Luego, se cree en Dios aunque no se esté consciente de ello, porque Dios es el Bien, Dios es lo Bueno, Dios es Bueno. Jesús dijo: "no me llaméis bueno. No hay sino uno solo Bueno... Dios". Dios está en todas partes. El Bien, lo Bueno, está en todo.

El número clave de nuestro universo es el 7. Se compone de tres unidades negativas y cuatro unidades positivas. Es lo mismo decir cuatro blancas y tres negras, cuatro buenas y tres malas, cuatro unidades de luz y tres de oscuridad. El hecho es que el Bien siempre es mayor que el Mal. El Positivo mayor que el Negativo. El Yo Superior mayor que el Yo Inferior. ¡El Angel, más poderoso que el Diablo! y al bendecir el Bien contenido en las 7 unidades, se aumenta el Bien porque tú sabes que lo que uno bendice se engrandece. Es un poder que tenemos todos, hasta los más ignorantes. Bendiciendo el Bien desaparece el contenido llamado "Mal". Eso que bendices te muestra de inmediato su aspecto Bueno. Has reconocido la Verdad, has alabado a Dios, y eso te liberta del Mal que te esté molestando. Pruébalo. No me lo creas sin comprobarlo. Es facilísimo comprobarlo. Sólo tienes que decir: "Bendigo el Bien en esta situación (o condición) y quiero verlo". Te asombrará el resultado. Esto es amar el Bien. Es amar a Dios. Es amor. Si quieres impedir que alguien te haga daño di mentalmente: "Te envuelvo en mi círculo de amor". Lo verás cambiar al instante. Envuelve a tu casa en tu círculo de amor y a todos los que se acerquen a ella. Jamás te podrán robar ni dañar tu propiedad. A esas personas que están atormentadas porque el esposo (o la esposa) le está siendo "infiel", o simplemente que se han enamorado de otro u otra, que digan, pensando en la rival, "te envuelvo en mi círculo de amor". Que persistan hasta ver el cambio maravilloso que ocurre. No es indispensable sentir ese Amor. Basta con la Buena Voluntad de expresarlo Buena Voluntad ya es Amor. El Amor Divino jamás falla. Pero hay que comprender que el Amor Divino está dentro de nuestro corazón. No se puede manipular de afuera hacia adentro. Estando la Vida dentro del latido del corazón, tienen que estar todas las virtudes de Dios y como esto es la Verdad, al afirmarlo comienza a exteriorizarse. Los Siete Aspectos de Dios se entremezclan y se manifiestan, o bien separadamente, o conjuntamente, pero todos están unidos y están dentro de nosotros. Esto es el Yo Superior o El Cristo. La Verdad. No es verdad, pues, que seamos "malos". Esto es sólo una falsa creencia, pero como manifestamos todo lo que creemos, manifestamos odio y maldad al creernos "malos". Comienza a decretar que eres perfecto o perfecta Hija de Dios, con todas Sus Virtudes y comenzarás a manifestarlas donde antes manifestabas mentiras.

En el librito Nº 2 de la Serie "Metafísica al Alcance de todos", hay una oración-ejercicio del Maestro Emmet Fox, para desarrollar el Amor Divino. Es simplemente una serie de afirmaciones de la Verdad, y que te transformará.

San Pablo dijo: "eres transformado por la renovación de tu mente". Esa renovación es lo que logran las declaraciones de la Verdad, las afirmaciones basadas en la Verdad Divina. Cuando te hayas transformado; que no conserves en ti rencor, ni odio, únicamente buena voluntad hacia todo y hacia todos; que no sientas deseos de ver a nadie "castigado". Que jamás pienses "Bien hecho. Lo merece" respecto a nada ni nadie, podrás curar con sólo pronunciar la palabra y en muchos casos con tu sola presencia. Esto no quiere decir que aprobarás un acto errado, pero al niño que rompe un objeto valioso no se le odia. Se le enseña, se reprueba el acto, pero no el actor.

Hay algo de suma importancia. Por nada debes permitir que se te engañe o que se abuse de ti. Muchos creen que están expresando Amor Divino, creen estar perdonando, cuando lo que están haciendo es encubriendo y hasta ayudando a cometer desaciertos. Esto no es otra cosa que hacerse cómplice del infractor y participar en el Karma o castigo de él. Protege tu derecho, pero sin violencias. Perdona y olvida, pero no aplaudas aprobando el error. Cura.

El temor, la crítica y la condenación, destruyen, impiden que se realicen tus tratamientos. Si tus oraciones no están siendo contestadas, es seguro que no te has quitado el rencor hacia alguien, hacia algo como una institución, una religión, un recuerdo, algo. Si no se te acaba de quitar el temor, sea por lo que fuere, es porque estás faltando a la ley del amor por algún lado.

El Amor no es simplemente sentir, no. Es compartir, es ser consecuente, es tener lealtad, es desear el bien, es tener buen humor, tener buena Voluntad, es no querer dañar, es ser considerado, es devolver el bien por el mal, es amar lo bello, es tener paciencia, es ser cortés, es obrar con bondad, es sonreír siempre. Es comprender a los demás, es colocarse en el lugar de otros, es defenderlos cuando están ausentes. Es ayudar, es ser apreciativo de la labor ajena, es encontrar todo bien y no "siempre malo", sin ser hipócrita, por supuesto. Es buscar el bien y la belleza en todo, como hacía el Maestro Jesús, por ejemplo cuando yendo por un camino con los apóstoles se encontraron con el cadáver de un perro en estado de descomposición. Los apóstoles se cubrieron la nariz y los ojos y se remangaron las batas para no contaminarse. El Maestro miró los restos del animalito y comentó: "Ni las perlas son tan blancas como sus dientes". Amar es enseñar al que no sabe y no criticarlo y culparlo porque no sabe, y cuando se ve que no sabe. Amor no es dar limosnas por la calle ni dar todo lo que se nos pide. No es facilitarle todo lo que le falte a todo el que se acerque a nosotros. Hay personas que creen que es el deber de ellas componerles íntegramente todos los problemas a los demás. Eso es impedirles que adelanten por sus propios esfuerzos. Es quitarle su Karma y apropiárselo. Luego se quejan de los problemas y obstáculos que ellas mismas sufren, y que creían haber superado! El Amor es, pues, ser manso y humilde de corazón, y al repetir a menudo esta afirmación se va desarrollando el Amor en Ti. (Yo Soy), etc.

Si temes algo, estás pobre de Amor Divino. E que ama con Amor Divino siempre piensa la Verdad "ve" la Verdad a través de la mentira cada vez que se le presenta un caso de enfermedad, de crimen, de injusticia, de negatividad. El que está en el Amor Divino no cuenta sus hazañas, las curaciones que logra, los problemas que resuelve en los demás, porque es prueba de que se ama a él mismo más de lo que ama a Dios. Cuando se está haciendo un tratamiento no se cuenta, no se habla a otros lo que se está tratando porque se desperdiga la fuerza. Cuando Jesús sanaba pedía no se lo dijeran a nadie, ya que el referirlo es orgullo espiritual, o considerar más importante tu hazaña, tu presencia material.

Cuando hagas un tratamiento por ti o por otro, hay un momento en que sentirás paz. Eso lo llamaba el Maestro Fox "la bajada del Espíritu Santo". Al tú sentir el Espíritu Santo, deja de pedir o "tratar". Espera con fe y paz. Significa que el tratamiento ya tuvo efecto. Muchas veces se siente deseos de suspirar. Es señal segura que el tratamiento "le llegó" a la persona tratada.

INTELIGENCIA...

Es el Cuarto Aspecto Principal de Dios. Dios no es solamente Inteligente, sino que ES LA INTELIGENCIA. Dios está en todas partes y ES la Inteligencia, luego todo contiene inteligencia. Medita esto para que llegues a una conclusión asombrosa: Que no solamente son inteligentes los animales y las plantas, sino también los objetos inanimados!! Son compuestos de átomos. Todo está hecho de átomos y el átomo es inteligente. El núcleo del átomo es luz. Esa luz es inteligencia. Es Dios. Es Energía. Se mueve, circula, siente, se adhiere a lo que le conviene o repele lo que no le sirve. Obedece la Ley de la Atracción que en términos anímicos-religiosos, es el Amor. El átomo, pues, está compuesto de las dos principales facultades o condiciones (como quieras llamarlas), universales: Inteligencia y Amor, el Padre y la Madre, el Positivo y el Negativo. Más adelante te volverás a encontrar con este Aspecto en la Ley de Generación.

La sustancia de todo lo que existe es Inteligencia. Es Energía Atómica que es Dios. No vemos la Inteligencia. Es invisible, pero vemos sus efectos, como todos los aspectos de Dios.

Cuando hay cosas en tu vida que no marchan bien, hazles un tratamiento recordándole que es inteligencia y lo verás componerse. No importa lo que sea, tu cuerpo, tus órganos, tus artefactos eléctricos, tus plantas, animales, hasta tu ropa. Le hablas al artículo y le recuerdas que tiene la inteligencia divina y no puede marchar contrario a ella. Que fue inventada para traer armonía a tu vida y no puede ser que desarmonice. Verás milagros, pues si está dañada responderá al instante a cualquier tratamiento físico que se le haga.

Si le atribuimos a Dios cada cualidad de un Dios infinitamente inteligente, amoroso, tierno, justo, infinito y todopoderoso, El se nos manifestará a sí mismo. La Biblia dice que Dios nos comunica: "Lo que tú pienses que yo soy, eso será para ti".

Debemos hacer tratamientos para hacernos más inteligentes, por lo menos tres veces a la semana. Cuando los niños estén trayendo malas notas en los estudios, se les debe hablar al Yo Superior en ellos y recordarles que El es la Inteligencia Divina. Responderán de inmediato. Los niños responden siempre. Y al tratar a una persona, ese tratamiento no se vuelve a borrar jamás y aunque sea dentro de cincuenta años o más se mostrará una persona mejor y más inteligente por el tratamiento que se le hizo cuando niño.

Bendice la inteligencia en tus empleados o tus compañeros de trabajo, en tus familiares, en todo el que muestre señales de estupidez, etc.

Cada órgano y cada célula es inteligente. Cuando alguien manifiesta falta de vista, de oído, de salud, malos dientes, caída de cabello, gordura excesiva, hay que hacerle saber que no sería inteligente haber formado un cuerpo que necesita de todo eso para existir sobre éste planeta, o que se descompongan cuando más se necesitan. Hay que hablarles a los órganos y a las células y decírselos. Si ya sabes esto y no lo cumples, se te devolverá el mal que les haces, agrandándose el defecto. Cuando la raza humana haya comprendido que Dios es Inteligencia y que está en todo, se eliminará la creencia en la vejez y en la muerte también. Se habrá desaparecido la enfermedad y la fealdad.

Estos Aspectos de Dios nos permiten pensar en El de una manera inteligente, y esto es orar. Cada

vez que pienses en uno de estos Aspectos lo estarás
desarrollando en ti. Cada vez que los afirmes en ti
se aumentarán. Cuando se te presente un problema,
recuerda el Aspecto con que está relacionado, decré-
talo, afírmalo, relaciónalo y se arreglará.

UNIDAD... INDIVIDUALIDAD

Dios es UNO Tú y yo somos individualizaciones
del Dios Unico. Entiende que no es tu cuerpo sino tu
Yo Superior, tu Cristo, tu Chispa Divina, como quiera
que se llame, lo que es una individualización del Dios
Unico .Tu cuerpo es parte de tu conciencia carnal, que
ha sido hecha para poderse movilizar en el planeta
Tierra. Es sólo el cobertor de todo lo que eres tú.
TU eres la presencia de Dios en el lugar donde te
encuentres, lo cual no significa que eres un absurdo
pequeño Dios personal! Tú eres como el bombillo,
o un bombillo en la corriente eléctrica. Al ser encendido representa luz, sin ser la única luz. La corriente
está presente en todo el circuíto, pero se hace consciente en el bombillo encendido, podíamos decirlo así.

Al llegar a comprender que somos individualizaciones de Dios no puede hacernos vanidosos. Debe
darnos humildad y confianza en nosotros mismos, así
como quitarnos el temor.

Dios se individualiza como hombre, como ángel,
como espacio, como tiempo, como célula, como átomo,
como sol, como luz. Individuo no significa, como cree

mucha gente, "separado". Lo contrario, significa "parte integral". Dios, porque es Dios, se puede individualizar en innumerables seres distintos. Siendo El la Vida, está individualizado donde quiera que haya vida.

Para muchos esto será una idea muy nueva, y deben meditarlo hasta que la comprendan. No se domina rápidamente. Hay que pedir luz y cuidarse de hacer conclusiones temerarias.

Cuando de pronto te toca efectuar una tarea que te parece demasiado grande para ti, debes recurrir al Aspecto de Dios "Unidad", y creer que Dios actúa a través de ti. Si comprendes esto verás cómo te desenvuelves de maravilla. El asunto entonces se convierte en "Nuestro asunto", uno con Dios, en lugar de "Mi asunto", tuyo exclusivamente. El hombre es el instrumento. Dios es el actuante.

———————

ESPIRITU...

Dios es Espíritu. ¿Qué cosa es espíritu? Es aquello que aunque invisible, no puede ser destruido, dañado, lastimado, degradado en modo alguno. El Espíritu no puede envejecer, ni morir, ni deteriorar, ni cansarse. No puede conocer pecado, ni resentimiento, ni desilusión, es lo opuesto a la materia, pero cuando se reconocen las condiciones espirituales, la materia se acopla a ellas. Es decir, la materia se desgasta y el espíritu no. Es sustancia, lo que no está sujeto a la descomposición ni a la discordia. Cuando se piensa en el espíritu, con relación a una condición material, el espíritu provoca una renovación en la condición mencionada, porque Espíritu es lo opuesto a la materia.

Tú eres espíritu. Tú, en la Verdad, no morirás. La materia no es, por supuesto, una ilusión. Existe y se desintegra, pero no es **tu** verdad. Es sólo un vehículo para movilizar el espíritu en la Tierra. Ella atiende y obedece las órdenes que le son dadas amorosamente, ya que las células son inteligentes y son entidades bajo el gobierno del Elemental de tu Cuerpo, el cual es el mismo que te ha integrado y desintegrado desde la primera vez que encarnaste en este planeta. Amalo. Háblale. Dale las gracias por su servicio desinteresado a través de tantos miles de años, pues los Elementales cumplen su labor y lo único que esperan es la gratitud y el amor de aquél en quien efectúan su misión.

Tú eres superior a todo eso: materia, Elementales células, etc. Tú das una orden cuando piensas o recuerdas que todo lo que estás viendo contiene a Dios, la Perfección. Cuando por fin llegas a comprender que todo es una idea espiritual, o sea, una creación de Dios (porque hasta las falsas creaciones llamadas "creaciones humanas" son fabricadas con sustancia divina que el hombre dispone con el pensamiento), o sea, que cuando tú "Conoces la Verdad", esa cosa, sea un órgano dañado, sea una condición negativa cualquiera, recibe la orden de manifestar la Verdad espiritual y lo cumple.

Estas órdenes se las puedes dar a todo lo animado y lo inanimado. Desde tu cuerpo y tus circunstancias hasta tus zapatos, tu reloj, tu casa, una silla, un teléfono, el televisor, etc. Los Objetos inanimados son ideas espirituales dados al hombre al través de su mente, que es parte de la Mente Divina. Deben marchar a perfección porque en perfección salieron de la Mente Divina para el bienestar del hombre, el Hijo de Dios.

Aquellos que no están aún familiarizados con las leyes espirituales sentirán extrañeza ante estos datos. No me crean. Comprueben todo y si no han leído los libritos anteriores, procedan a leerlos cronológicamente para poder comprender lo que están leyendo.

PRINCIPIO. . .

El séptimo Aspecto Principal de Dios es Principio. ¿Qué cosa es Principio? Procedamos a considerar unos ejemplos ya conocidos por ustedes.

"El Agua busca su propio nivel" es un principio. Toda agua, en toda la Tierra, jamás se dobla ni se quiebra. Inclinando un vaso de agua hacia la tierra, el agua permanece horizontal, o sea que busca su propio nivel, horizontal. Esto no cambia jamás. Tú no puedes obligarla a subir un cerro verticalmente. Puedes impulsarla mecánicamente a que alcance un nivel superior y por escalones irla llevando hasta la cima del cerro. Puedes dejarla caer desde un nivel superior a un nivel inferior, pero en cualquiera de los niveles, ella se mantiene horizontal. Ese es su nivel y ella se adapta a él.

"La materia se expande bajo el calor". Es un principio y por eso jamás varía. "Los ángulos de cualquier triángulo siempre suman 180°".

Estos principios son ciertos desde hace billones de años y seguirán siendo ciertos de aquí a billones de años. Jamás cambiarán en ninguna parte.

Dios es el Principio de la Armonía Perfecta, por consiguiente lo que haga Dios Creador tiene que ser de acuerdo con la Armonía Perfecta. Si no lo estamos viendo así, el defecto está en nuestra vista, interior o exterior.

La Oración Científica, que estudiamos en estas enseñanzas, no trata de cambiar las leyes ni le pide a Dios que transforme una ley para complacernos. Nos sintoniza con el Principio y vemos cómo nos sale el asunto perfecto.

Así como cuando tú quieres escuchar un programa especial en la radio o televisión, tú buscas sintonizar tu aparato con la onda de la Estación, así cuando quieres proceder en cierto modo, piensas en Dios o en la Ley relacionada, o en la Entidad que se encarga de ese departamento (Maestro Ascendido, Arcángel, Elohim, etc.), o simplemente en tu Cristo Interior que es tu Yo Superior, y pides Luz, ayuda, inspiración, y verás manifestarse lo que pides. Insiste en tu derecho de que la perfecta armonía es la Ley del Ser, y no se te puede negar lo que pidas porque ésta es una poderosísima afirmación, porque es la Verdad, y la Verdad es Dios.

Estos siete Aspectos de Dios son, cada uno, un elemento. Dios los contiene todos a la vez así como una flor presenta a la vez fragancia, color, forma y textura. Sin embargo, podemos hablar de cada aspecto por separado.

Dios es el nombre que le da la religión al Creador Mente es el nombre metafísico y Causa es el nombre que le da la Ciencia. El universo es el efecto de la Causa, o Dios. Dios es Bueno, es el Bien, luego el universo tiene que ser bueno.

El Dr. Fox recomienda hacer el tratamiento "Para el Amor Divino" y reemplazar la palabra Amor por la del Aspecto que quieras desarrollar en ti.

La Religión dice AMOR. La Ciencia dice Ley de Atracción. La Religión dice Espíritu. La Ciencia dice Causa y Efecto. La Religión dice VIDA. La Ciencia dice Ley de Generación. La Religión dice Unidad. La Ciencia dice Ley de Mentalismo. La Religión dice Bueno y Malo. La Ciencia dice Positivo y Negativo, o Polaridad. La Religión dice Dios es El Principio de todas las cosas. La Ciencia dice Causa, y los Principios.

En la página siguiente comenzaremos a estudiar Los Principios. Ves tú cómo esta serie de Aspectos que presentan la parte anímica, sentimental o religiosa se empatan con la parte científica o mental que le sigue, formando —como quien dice— un círculo? **EL PRINCIPIO** es uno. Sin embargo, ahora lo vamos a estudiar en un aspecto séptuple.

LOS SIETE PRINCIPIOS UNIVERSALES

Mentalismo, Correspondencia, Vibración, Polaridad, Ritmo, Causa y Efecto, Generación

Repite esta lista en el orden dado hasta que la sepas de memoria, pero recuerda siempre que la división y enumeración se emplean únicamente para mayor facilidad de comprensión; ya que los siete principios son uno, actúan conjuntamente, en todo y siempre.

En la parte primera (Metafísica al Alcance de Todos, Nº 1) estudias el Principio de Mentalismo que es la iniciación a la Verdad detrás de todo lo visible y sensible; o sea, la iniciación superior, a la cual no se llega hasta que el ser humano lo desea intuitivamente, la busca y la acepta gustoso al encontrarla, porque reconoce en ella la respuesta a sus preguntas interiores.

Si tú, en algún momento durante el proceso de estos estudios, sientes deseos de discutir y rebatir, no lo hagas. Simplemente deja a un lado el punto que te sea difícil aceptar y continúa leyendo todo lo demás. Si encuentras que en nada estás de acuerdo, es inútil que sigas leyendo; te faltan pasos o escalones. Estos los encontrarás en el curso de tu vida corriente. Estos estudios producen paz y serenidad, y si a ti lo que te producen es deseo de entrar en polémica, está claro que aún no te ha llegado el momento de desear la paz. Aún quieres guerra.

Hasta ahora, y a través de las dos partes anteriores, has tenido vislumbres de los siete principios. En esta tercera parte entramos a detallar un poco más cada uno de los seis principios restantes, a partir del Principio de Mentalismo que ya tú conoces; y he dicho sólo "un poco más" y no "a fondo" porque la amplitud se adquiere meditándolos. Es tu propio espíritu el que te instruye. Yo sólo dirijo tu atención. "El reino de los cielos está dentro de ti", dijo el Maestro Jesús, y también dijo: "El Reino de Dios está a mano".

Aquello que llamamos "Dios" es infinito. Sin limitaciones. Si decimos que Dios es "esto", o que no es "aquello", lo estamos definiendo, y por consiguiente limitándolo. Dios no puede ser definido por nosotros. La mente finita no puede contener el infinito. Equivaldría a tratar de introducir el mar en un bote. Ahora, que nada impide llenar y vaciar el mismo bote tantas veces como se desee, o tantas veces como sean necesarias. Así, nosotros estudiamos a Dios por partes. Cada parte nos va dando un poco más de comprensión, al tiempo que vamos mejorando en calidad, ya que cuanto más se contempla el Bien, tanto más mejora el ser.

Ya tú has visto siete partes o aspectos de Dios: Dios es Amor, Vida, Verdad, Inteligencia, Unidad, Espíritu y Principio. Al analizar esta última de las siete partes (el aspecto Principio) encontramos que se subdivide también en siete. Es porque consiste en un Principio único que tiene siete caras, ya enumeradas más arriba.

Nuestro universo funciona sobre una base séptuple: siete aspectos de Dios, siete Principios universales, siete años en cada etapa del hombre, siete planetas alrededor del sol, siete notas musicales, siete colores en el espectro, siete días en la semana, siete meses de gestación antes que un ser humano pueda sobrevivir al aire, y así sucesivamente. A medida que el hombre se va haciendo consciente, va descubriendo mayores dimensiones en todo.

En el sector de los Principios universales, algunos, como Generación, Polaridad primero, y más tarde Ritmo y Vibración, iban siendo reconocidos y aplicados científicamente en ciertos y determinados estudios como la Biología, la Botánica, la Electricidad, la Música, etc., pero se ignoraba que podían funcionar en toda la creación, subjetiva y objetiva.

Siempre han habido Maestros y Avatares, seres más avanzados que el resto de la humanidad, quienes han sabido todo lo relacionado con los Principios. Hoy la gran masa humana ha adquirido la capacidad de comprender siete, y el conocimiento es accesible a todos. Ya no son necesarias aquellas organizaciones llamadas "ocultistas", únicas conocedoras de la manera de practicar y aplicar las leyes inmutables.

EL PRINCIPIO DE MENTALISMO

Primer Principio de Hermes, o sea el más importante de todos Los Principios de la Creación

Este Principio ya lo aprendiste en el librito de texto: METAFISICA AL ALCANCE DE TODOS Nº 1. Tiene por lema "TODO ES MENTE". Ya tú sabes que todo es mente y lo has comprobado, y te repito aquí: **no aceptes nada que no puedas comprobar.** Lo que te sepa a cosa que no puedas saborear déjalo para más tarde. Ya sentirás lo que yo llamo "el tiro", sin que tengas necesidad de consultar siquiera con otros más adelantados.

Ya tú sabes que los pensamientos son "cosas". Son materia. Se manifiestan en lo exterior. Se convierten en sucesos, enfermedades, tropiezos o premios, desgracias o felicidades, dependiendo de si son negativos o positivos, y que nadie tiene la culpa de lo que a ti pueda ocurrirte en tu vida. Sólo tú eres el productor de todo lo que te venga o te suceda. Todo depende del clima mental en que tú vives. Si eres constantemente malhumorado, no te extrañe que te traten mal. Si eres contento, risueño, feliz, optimista, no te extrañe que seas popular, amado, bienvenido en todas partes y que todo lo que te ocurre es bueno.

Tenemos libre albedrío de escoger el Bien o el Mal, lo negativo o lo positivo. ¡Hágase según tu palabra! Lo que tú esperas que suceda, lo que tú decretes que sucede, sucederá. Lo que niegues, no ocurrirá. Cuando cambias tu modo de pensar, se transforma la manifestación exterior. San Pablo el Apóstol lo expresó: "Somos transformados por la renovación de nuestras mentes"

Si alimentas ciertas ideas no tienes poder ni manera de cambiar las consecuencias. Estas son las cosas que verás suceder en lo exterior. Cada condición y situación de tu vida es la encarnación de una creencia que tienes en el subconsciente. Está alojada allí y produciendo su igual en lo exterior.

Tus verdaderas creencias son lo que ves manifestadas. Pero hay una gran diferencia entre lo que tú verdaderamente crees; lo que tú crees que crees y lo que crees que debes .creer. No es difícil distinguir entre estas tres cosas, porque como no verás suceder sino lo que tú realmente crees, puedes juzgar tú mismo

Has oído decir muchas veces que somos hechos a imagen y semejanza de Dios. Eso significa que somos creadores como El. Dios creó los Universos con su Mente. Nosotros creamos nuestro mundo con nuestra mente. El mundo en que vivimos no es ni malo ni bueno. Todo se juzga con el cristal que lo vemos. Te lo voy a dar con el ejemplo siguiente: Piensa en una lámpara. Piénsala con un bombillo de cien bujías. Ahora colócale una pantalla de color verde. La habitación y todos los objetos que en ella hay se han afectado. Todos tienen un tinte verdoso. Los colores limpios se han ensuciado. Los ojos se han ennegrecido. Todo se ha oscurecido.

Ahora cambia esa pantalla y coloca una de color rojo. Todo se ha transformado. Los verdes se han ensuciado, los rojos se han avivado. Son los mismos objetos pero vistos con otro par de ojos.

Tú sabes que detrás de esa pantalla siempre está el bombillo blanco de cien bujías. Lo que estás viendo no es mentira. Está allí el color, pero es sólo una apariencia. El color verdadero es otro. Tú puedes quitar ese color en el momento que quieras.

Exactamente ocurre en tu vida. Cambia tu creencia, cambia la posición mental que estás manteniendo y todo se transformará.

¿Y por qué no se ha sabido antes? ¿Por qué no lo enseñan las religiones ni las sectas, ni otras organizaciones ocultistas? Eso preguntan los discípulos de esta Nueva Enseñanza.

Porque todas las demás organizaciones que buscan la Verdad, son los pasos que hemos ido dando en nuestra evolución. Esos pasos han ido apareciendo en la Tierra a medida que los humanos podían soportarlos, comprenderlos, absorberlos. Todas las personas que están adheridas a esas sectas y religiones es porque aún las necesitan. Todas las que están estudiando la Nueva Enseñanza para la Era, ya superaron las demás. Esta instrucción es la de los Iluminados e Iniciados. Es la que estudiaban los Sabios Astrólogos, los llamados "Magos" Reyes que visitaron al Niño Jesús en Belén, los Altos Sacerdotes compañeros de Moisés; en fin, lo que instruía Hermes Trismegisto, lo cual jamás ha estado "oculto" sino para las mentes que aún no podían asimilarlo. Ya hoy la mayoría de la humanidad está lo suficientemente adulta para poder digerir las enseñanzas superiores que comienzan por la Psicología, Metafísica, Principios herméticos y luego lo que iremos dando en su momento, en esta forma clara y sencilla.

PRINCIPIO DE CORRESPONDENCIA

La primera frase de la Biblia dice: "En el principio creó Dios los cielos y la tierra. La tierra empero estaba sin forma y vacía...".

En la segunda parte del librito N° 1 (Significado Metafísico de los Diez Mandamientos) aprendiste el simbolismo triple que emplea la Biblia, y también obtuviste una idea de la forma en que actúa el principio de Correspondencia, cuyo lema es "Como abajo es arriba, como arriba es abajo", lo que equivale a decir que en nuestro propio ambiente terreno y en todo lo que nos rodea, podemos leer, descifrar, traducir como ocurren esas mismas cosas en otros planos. Que toda acción y toda condición tiene su analogía o su **correspondencia** en todos los demás planos de existencia, siempre tomando en cuenta que, a medida que la vida se eleva, se van ampliando las experiencias y los poderes. Y veámoslo.

Vamos a tomar un ejemplo terreno, y de acuerdo con el principio de Correspondencia vamos a deducir cómo es realmente ese "Dios" a quien nos instan a amar, a pesar de la imagen inconcebible de crueldad que de El han dado las enseñanzas.

¿Cuántas veces te has sentido inconforme, molesto, ante el "gran misterio" de que los seres humanos nacen en pecado original por una culpa de Adán y Eva?

¿Qué te ha soplado en el oído tu sentido común? ¿No te has dicho acaso: "Pero qué demonios tendré yo que ver con una pareja que existió —si es que existió— millares de siglos atrás, y hasta cuándo estaremos pagando la deuda? ¿No te ha dicho eso tu sentido común? ¿Y no lo has obligado tú a callar por el simple hecho de que tus mayores te enseñaron a no analizar "los misterios divinos", so pena de algún castigo terrible?

¿Y frente a aquel otro "gran misterio" que te ha perplejado siempre: "Dios todo lo sabe". no te has preguntado: "¿Quiere decir que sabe ante de nacer una criatura si ésta se va a condenar o no al fuego eterno? Y antes de atreverte a saber la pregunta que se desprende, alguien te dijo: "¡Calla! ¡No nos es permitido sondear los designios de Dios!" Y ¿no te dijo tu sentido común que a semejante imagen de bestial crueldad, no es posible amar?

El sentido común; ese que alguien clasificó "el más común de los sentidos" es la expresión de la Sabiduría divina en este nuestro plano humano. Ya lo aprendiste en la parte segunda. Si notas que algunos de los que te rodean carecen de sentido común, puedes estar seguro de que, si no es retardo mental, ha sido tan frenada y reprimida su mente por los que lo han rodeado, que no se atreve a confiar en su propio discernimiento y siempre sale a consultar la opinión ajena. ¿Qué manifiesta en su vida común? Confusión y disparates.

La Biblia dice que el hombre es hecho a imagen y semejanza de Dios. ¿Qué hace un hombre corriente que va manejando su auto y se le atraviesa un niño? ¿No hace un esfuerzo sobrehumano, frenando con todo su cuerpo, sus sentidos y sus reflejos? ¿No olvida su propia vida, echando a un lado el auto para salvar la vida del niño?

De acuerdo con el gran misterio citado arriba, el hombre debería emular la insensible deidad que él conoce y continuando glacialmente su camino, pasar por encima del niño y dejarlo destripado en medio de la calle!!!

Pues si el hombre, que es apenas un átomo en la Creación, pone todos sus pobres recursos a favor de un niño extraño, el Dios infinito, Todopoderoso, nuestro Padre, cuya esencia ha formado a aquel hombre, tiene infinitos recursos para redimir, proteger y salvar a su infinita creación.

Esta es la forma de aplicar en la práctica el Principio de Correspondencia que dice: "Como es Arriba es Abajo, como es Abajo es Arriba". Estudiando la mónada se llega al ángel, dijo Hermes.

No podemos juzgar y apreciar **exactamente** cómo es una condición de vida superior a aquélla que estamos viviendo. Un pobre piensa de un rico "¿Cómo será de agradable el tenerlo todo?" No lo está experimentando y no lo podrá apreciar totalmente hasta que se encuentre rico, aunque sí puede anticipar el agrado juzgando por lo que él mismo siente cuando logra satisfacciones, de acuerdo con su nivel económico.

Eso mismo ocurre entre planos o dimensiones. La hormiga vive en primera dimensión. La mente en ella no pasa de ser un instinto. No le es posible, pues, ni calcular, siquiera la vida de un hombre. A esto he querido llegar para explicar el término "conciencia" que tanto usamos en Metafísica y cuando mencionamos la "conciencia" espiritual y la "conciencia material", "el derecho de conciencia", etc. Es el estado de adelanto o de atraso. Es el estar consciente de algo, en pleno conocimiento de algo por el hecho de estar experimentándolo en carne propia o en mente propia.

Si a la hormiga le fuere posible meditar sobre el hombre y si se le pudiera enseñar a aplicar el principio de Correspondencia, habría que decirle aproximadamente: "Un hombre es un ser como tú, que fabrica su casa como tú, que busca alimento como tú, que tiene su gobierno como tú y sus reglas de buen convivir, como tú". Nada de lo demás lo puede captar porque nada de lo demás ha entrado en su plano de conciencia.

En cada plano existen adelantados que ya están casi a punto de ascender al próximo plano de conciencia, y que ya vislumbran, o presienten las condiciones superiores. Entre los animales hay perros, caballos, etc., de los cuales se dice, "le falta poco para hablar". Entre los hombres surge un Jesús, por ejemplo, que condesciende en regresar a un plano inferior con el propósito de enseñar a adelantar.

Nosotros estamos ya entre-planos, viviendo y aprendiendo las condiciones del plano Mental, al cual nos estamos graduando. Se dice de nosotros que estamos desarrollando "la conciencia espiritual", o sea, que nos estamos haciendo conscientes de cosas insospechadas por la gran mayoría que vive en "la conciencia material".

Por esto es que la gran mayoría rechaza la idea de que los Platillos Voladores puedan ser naves espaciales dirigidas por superhombres, que vienen a escrutarnos, tal como nosotros nos detendríamos a escrutar a una pajarita en su nido empollando sus huevecitos. No nos quieren mal. Sólo nos curiosean. Como es abajo es arriba.

EL PRINCIPIO DE VIBRACION

Este es el Tercer Principio hermético. Su lema es: "Todo está en movimiento, todo vibra".

Empecemos por pensar en la hélice de un avión. Cuando está inmóvil vemos las astas; dos remos de madera fijos a un eje. De pronto se ponen en movimiento, van acelerando y al ratico no vemos nada! Se vuelven transparentes. Esto es lo que ocurre con la alta frecuencia. Por esto mismo es que no vemos a los espíritus desencarnados. Ellos viven aquí en medio de nosotros pero en una frecuencia de vibración indiferente a la de nuestros cuerpos de carne y hueso. En cambio la inmovilidad de una roca, que también se mueve en su propia frecuencia de vibración, es porque su rata vibratoria es excesivamente lenta.

El pensamiento positivo vibra a una frecuencia altísima. Sus colores son brillantes, claros, luminosos. El pensamiento negativo vibra lentamente y sus colores son opacos. Cuanto más negativos, tanto más sombríos y tanto más bajo el "tono" de su sonido.

El pensamiento positivo, como la mente que está polarizada en plano positivo, no puede ser dominado por una vibración baja, a menos que haya algún concepto o idea negativa "agarrada" por alguna parte en el individuo. O a menos que el individuo permita que su pensamiento se vuelva negativo. Jesús dijo: "El dios de este mundo viene a mí y no encuentra nada en mí para asirse". El dios de este mundo es el polo negativo que es lo que impera en la mayoría de las mentes.

El polo positivo, ya lo hemos establecido, es de alta vibración. El polo negativo, de baja vibración. Los sonidos bajos son de vibración lenta. Los sonidos altos, de alta vibración. Los colores oscuros son de bajas frecuencias. Y los colores brillantes de alta frecuencia.

Todo lo que es materia está siempre en movimiento circular. Girando en contorno a algo más grande como los planetas que giran alrededor del sol. Este es el patrón universal para todo lo material.

Los herméticos han enseñado siempre el movimiento vibratorio de la luz, el calor, el magnetismo, la cohesión que es el principio de la atracción molecular que llamamos comúnmente "Amor", lo mismo que ese gran misterio llamado "la gravitación" o "gravedad".

Hoy todo el mundo conoce la relación entre el movimiento y el sonido, aunque aún no se ha estudiado en nuestro plano terreno, o sea que aún nadie lo considera de gran importancia. ¿Quién no ha percibido el zumbido de un abanico eléctrico girando a máxima velocidad? La rotación va produciendo diferentes sonidos musicales. Un avión que pasa emite un sonido musical del cual se desprenden varios otros tonos. Estos se llaman "armónicos" como es sabido por los músicos.

Cuando se golpea una nota musical cualquiera, digamos en un piano, repercuten otras dos notas en octavas más altas. Los tonos que suenan son una tercera y una quinta nota del tono golpeado. Esta combinación armónica se llama "el acorde Mayor", por lo general.

El oído humano no percibe los sonidos que pasan de cierta frecuencia. Cuando algo gira emitiendo un sonido que va en aumento de velocidad, pasada la frecuencia imperceptible para el humano se comienza a ver grados de color, empezando por el rojo oscuro. A medida que aumenta la velocidad el color se va haciendo más brillante, luego pasa al naranja, luego al amarillo, de allí al verde, al azul, al añil y al fin al violeta. Si la velocidad aumenta se vuelve blanco, y de allí en adelante suceden los rayos llamados "equis" (X), luego electricidad y finalmente el magnetismo. Más adelante estaremos en planos mentales y espirituales. Einstein decía que mientras más estudiaba la electricidad más cerca se encontraba del espíritu. Para los humanos estas cosas son aún inexplicables. Pertenecen a los planos sutiles donde residen nuestros cuerpos Astral, Etérico, Emocional, Mental y Espiritual.

Los estados de ánimo vibran y lanzan al espacio esas vibraciones en sonidos y en colores. Todos los estados mentales se lanzan al exterior del cuerpo que los crea, van golpeando cuerpos afines como hacen los instrumentos musicales, y estas vibraciones afectan en bien o en mal a otras mentes, aumentando los estados emocionales y mentales que están a tono con ellas. Por ejemplo, si alguien se encoleriza, lanza vibraciones de ira, las cuales son atraídas magnéticamente por otro que está también encolerizado, se aumentan unas a otras. El estado emocional va empeorando y se puede llegar hasta el crimen cuando las personas afectadas no tienen el hábito de controlarse.

Los pensamientos e ideas respecto a Dios, sobre los Maestros de Sabiduría, sobre el Yo Superior o sobre todo lo noble y puro tienen vibraciones altísimas. Estas elevan cualquier vibración menor, pudiendo curar enfermedades, resolver problemas, etc.

EL PRINCIPIO DE POLARIDAD

LEMA: "Todo es dual. Todo tiene dos polos, todo su par de opuestos, los semejantes y los antagónicos son lo mismo. Los opuestos son idénticos en su naturaleza pero diferentes en grado. Los extremos se tocan. Todas las paradojas pueden reconciliarse".

Este Cuarto Gran Principio hermético encierra la verdad de que todas las cosas manifestadas tienen dos aspectos, dos polos, que son un par de opuestos con innumerables grados entre ambos extremos. Aquellas antiguas y eternas paradojas que han confundido las mentes como: "Todo es y no es, al mismo tiempo". "La tesis y la antítesis son idénticas en naturaleza", y "Los extremos se tocan", quedan explicadas si se medita este Principio.

La Ley de Polaridad explica que lo que exista entre cosas diametarlmente opuestas es solamente cuestión de grados, y afirma que todo par de opuestos puede reconciliarse mediante la aplicación de esta Ley. Vamos a examinar este Principio en los diferentes planos.

En el plano físico encontramos que el calor y el frío son de idéntica naturaleza, siendo la diferencia sólo cuestión de grados. El termómetro indica los grados de temperatura, siendo el polo inferior el llamado frío y el superior calor. Entre estos dos hay muchos grados de calor y frío, y de esos grados el superior es más caliente, en relación con el inferior, que es más frío. No hay absolutamente un tipo fijo. Todo es cuestión de relación y grados. No hay ningún sitio en el termómetro en donde cese el calor y comience el frío. Absolutamente. Todo se reduce a vibraciones más o menos elevadas o bajas. Las propias palabras "elevado" y "bajo" que estamos usando no son más que dos polos de una misma cosa. Son relativos.

Así sucede igualmente con el Este y el Oeste. Si viajamos alrededor del mundo en dirección Oriente, llegamos a un punto que se llama Occidente. Marchamos lo suficiente para el Norte, y pronto nos encontramos viajando hacia el Sur.

El mismo Principio se manifiesta en la luz y la oscuridad, las que en resumen son la misma cosa. ¿Dónde termina la oscuridad? ¿Dónde empieza la luz? ¿Cuál es la diferencia entre grande y pequeño? ¿Cuál entre duro y blando? ¿Entre blanco y negro? ¿Entre positivo y negativo? La escala musical es lo mismo. Partiendo de Si, llegamos a encontrar el Si.

El mismo Principio opera en idéntica manera en el Plano Mental. El Amor y el Odio son considerados como diametralmente opuestos e irreconciliables; pero si aplicamos el Principio de Polaridad encontramos que no existe ni un amor absoluto ni un odio absoluto diferentes uno de otro; los dos no son sino términos aplicados a los dos polos de una misma cosa. Empezando en cualquier punto de la escala encontramos más amor y menos odio si ascendemos por ella, o menos amor y más odio si descendemos por ella. Hay muchos grados de amor y de odio, y existe también un punto medio donde el agrado y desagrado se mezclan en tal forma, que es imposible distinguirlos. El valor y el miedo quedan también bajo la misma regla. Los pares de opuestos existen en todo. Donde encontramos una cosa encontramos también su opuesto.

Esto último es lo que permite transmutar un estado mental en otro, siguiendo las líneas de polaridad. Las cosas diferentes no pueden transmutarse unas a otras, pero sí las de igual clase. Por ejemplo, el Amor no puede transmutarse en Este u Oeste, pero sí puede tornarse en Odio, e igualmente el Odio, cambiando su polaridad puede tornarse en Amor. El valor puede transmutarse en miedo y viceversa. Las cosas duras pueden tornarse en blandas, y así sucesivamente, efectuándose siempre la transmutación entre cosas de la misma clase, pero de grado diferente. Tratándose de un hombre cobarde, si se elevan sus vibraciones mentales a lo largo de la línea miedo-valor, se llenará de valentía y despreciará el peligro. Igualmente lo perezoso puede hacerse activo y enérgico, polarizándose simplemente a lo largo de la línea pereza-diligencia.

Una vez entendido el Principio de Polaridad se ve inmediatamente que los cambios mentales que deseamos ver en nuestros enemigos, amigos, nuestros hijos, empleados, etc., son posibles aplicando la Ley. Es como producir un deslizamiento a lo largo de una escala, a saber, no se trata de transmutar una cosa en otra completamente diferente, sino de reducirla a un simple cambio de grado de la misma cosa. Los estados mentales pertenecen a innumerables clases, cada una de las cuales tiene su opuesto, y a lo largo de su propia línea es posible la transmutación.

El Espíritu y la Materia son polos de la misma cosa, siendo los estados intermedios, o planos, cuestión de grados vibratorios solamente. Estos dos polos, en todo lo que existe, se clasifican ellos mismos por su grado vibratorio, o sea su frecuencia, en positivos y negativos. Así, el Amor es positivo, el odio es negativo. La Fe es positiva, el miedo es negativo. La actividad es positiva con relación a la inercia. El color blanco es positivo contra el negro negativo. La Verdad es positiva, la mentira negativa. La prosperidad es positiva, la carencia negativa. Lo superior es positivo, lo inferior negativo. Debemos recordar que la tendencia de la Naturaleza es en dirección a la actividad dominante del polo positivo.

Además del cambio de polo de nuestros propios estados mentales mediante el arte de la Polarización, el fenómeno de la influencia mental en sus múltiples fases demuestra que el principio puede extenderse hasta abarcar las influencias mentales; esto es, que los estados mentales pueden producirse por inducción de los demás. Es, pues, posible polarizar un ambiente, una situación. La mayoría de los resultados obtenidos mediante los tratamientos mentales se obtienen aplicando este Principio.

Nosotros los estudiantes de Metafísica, jamás empleamos este Principio en otro sentido que el del Bien, pues como se verá más adelante, en el Principio del Ritmo y el de Causa y Efecto, que son las leyes del Bumerang, lo que hagamos hacia otros se nos devuelve en idéntica forma, tarde o temprano.

La práctica de este Principio nos permite comprender mejor nuestros propios estados mentales, así como los de los demás, y nos cerciora de que esos estados son puramente cuestión de grados, pudiendo elevar las vibraciones interiores a voluntad, cambiando la polaridad y haciéndonos dueños de esos grados en lugar de sus esclavos.

Esta Ley nos permite ayudar a otros inteligentemente, polarizando situaciones. Por ejemplo: Ya tú sabes saludar, reconocer y despertar el Cristo en tus semejantes. Es simplemente recordando que el Yo Superior, el YO SOY, la Verdad del prójimo es Perfección. En el lenguaje de la Nueva Era se llama "El Concepto Inmaculado". Cuanto más emplees esta práctica, tanto más se te olvidarán los defectos que hayas visto, o que veías, en los demás. Llegará el momento en que no te afectarán en lo más mínimo, porque te sentirás en perfecta seguridad de que ese prójimo y hermano sólo está manifestando una mentira que con sólo saberlo tú, elevas su rata vibratoria hacia el positivo, su Verdad.

Las frecuencias vibratorias de un metafísico entrenado, a menudo logran transformar un ambiente en que él penetra, simplemente con su presencia. Sólo con la vista de sus ojos, de su sonrisa, de su paz y su alegría polariza los estados mentales. Con unas cuantas palabras positivas transmuta conceptos ajenos negativos imperantes en el ambiente, porque **cambia el humor** de los presentes, se llenan de esperanza donde antes estaban desesperantes. En este sentido, el poder de Jesús era tan grande que al ver curar a los enfermos a su paso, por eso les decía: "No volváis a pecar". El grado de realización que tenga el estudiante, el practicante, al reconocer el Concepto Inmaculado en los demás, por encima o a pesar de la apariencia que estén manifestando, cura completamente o mejora la condición. Todo depende de su propia fe. (Recuerda que fe es conocimiento.)

El metafísico sabe que la enfermedad es una apariencia producida por una forma mental, creación del individuo. Es ignorancia y credulidad. Sabe que la Verdad eterna es VIDA. Sabe que se está manifestando una enfermedad porque aquel hermano está **creyendo** en realidad de la forma mental que él ha creado. (El Evangelio dice que está "embrujado" por su propia creación). Vamos a decir que es CREENCIA en la PERMANENCIA de su propia creación que está viviendo. De acuerdo con el Principio que estamos estudiando, sabemos ya que es posible POLARIZAR, transmutar la creación propia, deslizando la mente hacia arriba, por la línea del positivo, pensando salud y vida. La Vida es VIDA, no puede convertirse en MUERTE. Se puede pensar en muerte y producirla, pero al pensar en Vida se transmuta la muerte en vida. La vida es indestructible. Está previsto que ella misma si las mentes humanas no le cierran el paso con sus falsas creencias, falsas pero que nadie se inmiscuye en el libre albedrío, que le permite a las mentes humanas creer lo que ellas quieran creer. Contra lo que tú escojas no puede nadie sino tú mismo. Si prefieres situarte en el polo negativo tendrás todo lo que a él pertenece. Si prefieres el polo positivo tendrás todo lo que a él pertenece.

Al Polo Positivo pertenece la sonrisa, al negativo pertenece el ceño fruncido. Si quieres cambiar de polo en plena manifestación negativa, sonríe, declara el Bien presente en la manifestación, bendícelo y agrega: "y lo quiero ver". Eso es todo. Verás transmutarse lo negro en blanco, lo triste en alegre, el mal en bien. Pruébalo. Polariza todas las situaciones que se te presenten, todos los ambientes donde penetres, todos los seres que hablan contigo y los oirás exclamar: "¡Pero qué bien me siento!" Polariza a tus hijos, tus amigos, tus empleados, tus alumnos, y así serás lo que llamó Jesús "La Sal de la Tierra".

Lo no deseable se transforma cambiando su polaridad. Si tú mismo no sabes hacerlo rápidamente hazlo de grado en grado, de condición en condición, de polo en polo, de vibración en vibración. Primero hay que adquirir el arte de cambiar la propia polaridad para luego poder cambiar la ajena. Así como puedes transformar la polaridad de los demás, trayendo el Bien contigo, así también se puede llevar el negativo a donde uno vaya. Esos son los llamados "Pavosos". Estos están siempre polarizados en polo negativo y lo llevan a todas partes.

Para dominar el arte de polarizar hay que practicarlo, como todo lo que se desea dominar. El Principio de Polaridad es la Verdad. Los resultados dependen de la práctica que haga el estudiante.

LEY DEL RITMO

"TODO FLUYE Y REFLUYE, TODO TIENE SUS PERIODOS DE AVANCE Y RETROCESO, TODO ASCIENDE Y DESCIENDE, TODO SE MUEVE COMO UN PENDULO, LA MEDIDA DE SU MOVIMIENTO HACIA LA DERECHA ES LA MISMA QUE LA DE SU MOVIMIENTO HACIA LA IZQUIERDA; EL RITMO ES LA COMPENSACION".

Este Principio encierra la verdad de que todo se manifiesta en un determinado movimiento de ida y vuelta; en todo se manifiesta una oscilación media, un flujo y un reflujo, un movimiento semejante al del péndulo de uno a otro polo, según el principio de Polaridad, con el cual el Ritmo está estrechamente relacionado. El Ritmo se manifiesta entre los dos polos de todo. Esto no significa que la oscilación rítmica vaya hasta los extremos de cada polo, pues esto sucede muy rara vez; es muy difícil establecer los opuestos polares extremos en la mayoría de los casos. Pero la oscilación se efectúa hacia un polo primero y después hacia el otro polo. Siempre hay una oscilación, un avance y un retroceso, una elevación y una caída manifestándose en todas las cosas y fenómenos del universo.

Esta ley rige para todo: soles, mundos, mentes, energía, espíritu, materia, animales, vegetales, etc. Lo vemos en la historia de la vida en todas las cosas, en la elevación y caída de las Naciones, es decir, que en todos los Planos este Principio está en función. En el Plano Espiritual, por ejemplo, siempre hay una emanación seguida de una absorción. Nosotros emanados de Dios nacemos (descendemos a conciencia material) y luego morimos (somos absorbidos a conciencia espiritual). Este es nuestro Gran Ritmo. Es una evolución Rítmica ascendente, en nuestro nacer y morir. Es la Respiración y la Aspiración de Brahma, según dicen los Brahmines. Los Universos se crean, alcanzan el punto más bajo de materialidad y entonces comienza la oscilación de vuelta. Los Soles nacen, llegan a la cumbre de su Poder, y empieza el proceso de retrogresión y después de Eones sin cuento se convierten en grandes masas de material inerte, esperando otro impulso que los lleve a otro nuevo ciclo de vida solar. Estos son los grandes Ritmos, pero el Principio lo vemos en todo. Así en los grandes movimientos Filosóficos; creados de cualquier clase; gobiernos, políticos de turno; nacen, crecen, llegan a la madurez, decaen, mueren; sólo para renacer de nuevo. Todo se repite una y otra vez, igual al pulso que es el Ritmo más pequeño que nosotros podemos ver o sentir; el día y la noche, las estaciones, nada está en reposo. Todo tiene su propio Ritmo. También lo vemos en todas las fases de la humana actividad. Las mareas de la vida fluyen y refluyen de acuerdo con la ley, y así vemos suceder nuestros estados de ánimo fluctuantes, nuestros sentimientos, nuestros estados mentales. Vemos que empezamos algo con gran entusiasmo que no sabemos cuándo ni por qué decae, y luego vuelve y así nos va manejando este Principio porque él, como toda ley, es inmutable. Siempre se cumple; pero al estudiarlo y conocerlo y saber que él siempre está en función, se aprende a usar igual que lo hacemos con la ley de mentalismo, o la de causa y efecto o la de Polaridad. Es decir, que estas leyes no son ni buenas ni malas. Simplemente garantizan el funcionamiento armónico del Universo, y es nuestro conocimiento y uso de ellas lo que las hace buenas o malas para cada quien. En este caso, por ejemplo, sabemos que no se puede anular el principio del Ritmo, pero tampoco podemos permitir, una vez conocido, que juegue con nosotros y nos lleve de allá para acá, igual que brizna de paja, sino que aprendemos a eludir sus efectos hasta cierto grado. Grado que depende del dominio que se tenga de dicho Principio.

Aprendemos a usarlo en vez de ser usados por él. Aprendemos a polarizarnos en el punto donde deseamos quedarnos y nos elevamos por encima de la oscilación pendular. Todo el que ha adquirido cierto grado de dominio sobre sí mismo ejecuta esto hasta cierto punto, consciente o inconsciente. El maestro lo efectúa conscientemente, y por el dominio de la

ley alcanza un grado de equilibrio, estabilidad y firmeza
mental casi imposibles de concebir por la mayoría que
va y viene en un continuo movimiento ondulatorio,
siempre impulsada por su propio Ritmo. Sabemos que
hay dos planos de manifestaciones de los fenómenos
mentales, o sea, dos planos de conciencia, uno superior y otro inferior. Entonces si nos elevamos al plano
Superior escapamos a la oscilación pendular y sólo
se manifiesta en el plano inferior. En otras palabras,
la oscilación del péndulo se produce en el plano inconsciente y nuestra conciencia no queda por lo tanto afec-
tada. A esto lo llamamos Neutralización. Su operación
consiste en elevar el YO sobre las vibraciones del
plano inconsciente de la actividad mental, de manera
que la oscilación negativa del péndulo no se manifieste en la conciencia y no quede uno afectado por ella.
Es lo mismo que levantarse por encima de una cosa
y permitir que pase por debajo. El que conoce y practica la Ley se polariza a sí mismo en el polo requerido
y por un procedimiento semejante a rehusar, o negar
participar en la oscilación retrógada, permanece en
su posición y permite al péndulo oscilar hacia atrás
en plano inconsciente.

LA LEY DE CAUSA Y EFECTO

La mente es un motor. Los pensamientos son
fuerza o energía que genera la mente. Esta energía
sale de nuestra mente en vibraciones, en ondas que,

por obra y gracia de la Ley del Ritmo regresa a nosotros trayéndonos el futuro que hemos recogido. Acabo de decirles que el futuro es análogo a lo que hemos sembrado. Es decir, que si haces un bien a alguien, o si hablas bien de alguien, esas palabras o ese acto bueno sale en vibraciones de color. Ese color atrae las vibraciones de su mismo color y te regresan aumentando el bien que hiciste. Te ocurren cosas bellas, cosas milagrosas y dices: Qué casualidad, mira lo que sucedió hoy por la mañana, qué maravilla.

No existen casualidades. No pueden existir porque no existe la Ley de la Casualidad. No hay sino leyes exactas llamadas Principios, porque son inmutables. El Principio de Polaridad fija lo que haces y dices en uno de los dos polos, positivo o negativo. Es decir, que lo que piensas, dices o haces, es positivo o negativo. No existe un tercer polo.

Si piensas o hablas mal de alguien, es negativo. Lo has sembrado en polo negativo, sale de color gris o negro, dependiendo de la cantidad de maldad que contiene, recoge en su camino cantidad de energía del mismo color y te regresa aumentando en fuerza. Te ocurre un choque, un accidente, siempre será algo desagradable. Allí tienes, pues, la explicación de lo que te ocurre. Si criticas, serás criticado; si dañas a alguien o a algo, serás dañado o algo tuyo sufrirá un daño; si eres injusto, duro, esa injusticia se te devuelve igualmente esa dureza. Esas causas que siembras tienen que dar su fruto en efectos, antes de que quedes libertado. Si siembras discordias, tienes que recoger discordias; si siembras bondad, amor, ayuda, tienes que recoger bondad, amor, ayuda. Lo que siembres, que sea constructivo o destructivo, lo verás devolverse. ¿Cómo puede la gente seguir creyendo que pueden impunemente ser crueles, calumniadores, malhumorados, violentos, mezquinos y esperar tener salud, amor, fortuna, felicidad, es decir, todas las cosas buenas de la vida, si sólo siembran las cosas malas? El mundo entero se lo pasa enviando odio, egoísmo, discusiones, pleitos... y recogen la cosecha en confusión, caos, guerras y molestias de toda clases.

No siempre se puede devolver la cosecha inmediatamente. El planeta Tierra tiene una cantidad enorme de deudas acumuladas, de todo el mundo, y se desahoga por donde puede, en tempestades, ciclones, terremotos, desastres marinos, derrumbes, inundaciones, erupciones volcánicas, etc. Muchas veces las personas a quienes hemos dañado en alguna forma se mueren antes de que se haya podido saldar la cuenta con ellas, y TIENE que haber una oportunidad para saldarla en el futuro, porque DIOS ES INFINITA MISERICORDIA y no deja a un hijo suyo en eterno castigo sin darle oportunidad de saldar sus deudas. Por eso es que Dios ha instituido la Reencarnación. Para dar oportunidad de pagar las deudas, y... para dar también oportunidad de cobrar el bien carnal y material que hayamos merecido y que no se puede cobrar en un plano invisible e inmaterial. No sería justo que nos quedáramos sin el premio a nuestros esfuerzos y bondades, por supuesto que se trata de las cosas que no tienen premios sino materiales. No se puede quedar uno allá eternamente si se tienen cosas pendiente aquí. Y se debe recordar que el lema de estos estudios es "Conservo y mantengo mi mente amplia" Ustedes oyen, meditan y resuelven creer lo que les parece justo, lógico, razonable, de sentido común. Lo que no pueden tragar o aceptar, déjenlo para más adelante. Algunas cosas son tan nuevas para ustedes que se les hará difícil aceptarlas de repente, por eso les recomiendo que lo piensen con la mente amplia, abierta, sin cerrarle la puerta de inmediato. Les advierto desde ahora, que las células del cerebro se van despertando poco a poco. Si una recibe una idea nueva, hay células dormidas que aún no han vibrado y que esta nueva idea las despierta. Cuando te acabas de despertar no sabes aún muy bien lo que se te está diciendo. Al cabo de un rato, después de haberte duchado, o desayunado, entonces puedes absorber lo que se dice, ¿verdad? Recuerdan, pues, la Ley de Correspondencia, "Como es Arriba es Abajo". Lo mismo ocurre con las células que se acaban de despertar: la Ley es igual para todo. Ya ustedes comienzan a ver que aquello tan raro y tan misterioso que llaman la Reencarnación, tiene su razón de ser, basado en la armonía y en la Misericordia Divina, y que no es una cosa estrafalaria y loca. Hay que conservar la mente amplia porque todo tiene una explicación.

La Reencarnación es una Verdad y es la única explicación lógica de la aparente injusticia que ves. Cuando observas personas espléndidas, constructivas, pasando situaciones difíciles, mientras que otras llamadas "malas" parecen estar gozando de todas las cosas buenas de la vida, puedes estar segura de que no hay ningún error ni injusticia. ¿Crees en Dios? ¿Crees que es bueno o justo? Entonces, ¿cómo vas a creer que es injusto? ¡Ah!, pues cada una está encontrándose con efectos de causas previas que han ocasionado alguna vez, en alguna parte en el pasado y de lo cual no tiene recuerdo. Si estas personas que tienen deudas kármicas desean en su interior hacer servicio a los otros individuos, para balancear, equilibrar y borrar los malos sentimientos, oigan bien, quedan libres de esta deuda. Pero si no pueden lograr estos sentimientos y buenos deseos, la vida los reunirá de nuevo tantas veces como sea necesario, hasta que se cumpla. Y cada vez en asociación más cercana (a veces llegan a nacer madre e hijo) porque la Ley del Amor es así. Trata de disolver enemistad con Amor.

Cuando entre dos personas existe una atracción de amor y armonía, es seguro que estuvieron en contacto y asociación armoniosa en vidas anteriores, y pueden expandir esta cualidad tan necesitada en el mundo. Cuando noten un sentimiento de resistencia contra alguien, es que las sensaciones recuerdan una asociación discordante o desagradable.

Es muy confortante saber que el perdón de Dios, por el mal uso de su energía, siempre está a la mano para aquellos que lo desean realmente. Aquel "Fuego Eterno" y "Castigo Eterno" que inventaron las religiones de la Era pasada para controlar al mundo a través del temor, la superstición y la obediencia ciega, no es verdad. Cualesquiera que sean las causas, el pecado, la imperfección, la impureza, el error que hayan sido cometidos, hay una manera consciente de transmutar esos errores. ¿Saben lo que quiere decir transmutar? —Disolver, borrar completamente y sin costo alguno.

Cuando los humanos se dan cuenta de que ellos mismos son los causantes de todos sus males y de todas sus calamidades, de todas las limitaciones en su mundo, de pronto desean arreglar las cosas, sinceramente. Ese deseo es el que cuenta y es necesario que sepan que toda clase de asistencia les es dada. Hasta que llega ese momento el hombre o la mujer se ponen en rebelión contra las circunstancias y hasta contra Dios, o se someten a las condiciones creyendo que son la voluntad de Dios y por supuesto, esto es mentira.

AHORA: Y ESTO ES IMPORTANTISIMO QUE LO RE-CUERDES EN TODO MOMENTO!

Cuando el estudiante se da cuenta de que las fabricaciones de su mente son tan importantes que rigen su destino y hasta el destino de los demás; cuando realiza que todos sus decretos se manifiestan y que nadie, absolutamente nadie sino él mismo puede ser culpado por lo que a él le ocurre, se llena de pánico, y hace lo de siempre: buscar a quien culpar, a quien soltarle el castigo. ¿Qué ocurre? Que se le suelta el cuerpo, a la materia, achacándole toda la responsabilidad, y procede a castigarla de la forma más inmisericorde. ¿Cómo? No me lo van a creer... con todas las antiguas flagelaciones y torturas a que se sometían los "santos y los mártires", porque eso lo tiene archivado el subconsciente desde épocas remotas del Cristianismo. Claro está que nadie toma un látigo en la mano. Ya eso no se estila. Pero sí procede a torturarse mentalmente. Procede a vigilarse como un policía y a decirse "¿No ves?" ¡Ya caíste otra vez! ¡Ya lo volviste a hacer! ¡Ya vas a volver a sufrir las mismas consecuencias!".

Por supuesto, como esto es un decreto, ¡vuelven a ocurrir las mismas consecuencias! No solamente, sino que se le ha ofrecido un poder de "carta blanca" a una forma mental de culpabilidad, fabricada especialmente, para que continúe torturándonos a cada desliz y que no nos deje adelantar.

Cada vez que te encuentres atajándote, castigándote, regañándote, con las resultantes torturas, acuérdate que basta con SABER QUE HEMOS PECADO (para usar la frase católica a que estás acostumbrado). Al SABERLO, quiere decir que ya estás **consciente** del

Bien y el Mal. Ya es sólo cuestión de tiempo, y no mucho tiempo para que tu subconsciente te ataje antes de cometer el mismo pecado de nuevo. Es el Principio de la Confesión. "Pecado confesado es medio perdonado", pues la confesión católica no ha tenido sino un solo propósito: el de hacernos conscientes de cuándo hemos cometido una infracción. El perdón del sacerdote es nominal. El que realmente perdona es el Cristo Interior. El que nos dirige es El. El que nos va guiando y enseñando es también El. Todo lo que tienes que hacer es decirte y repetirte mentalmente: "Mi Yo Superior, que es el Cristo Perfecto en mí es el encargado de irme conduciendo sin torturas hasta mi Ascensión". Y una vez que hayas realizado, meditado y comprendido esto, ya no vuelvas a "pecar" voluntariamente, y se te abren las primeras puertas del Cielo, ya que todo esto comprueba que has puesto toda tu buena voluntad, y el Maestro más grande de todos los tiempos: Jesús, lo dijo... "Paz en la Tierra a los hombres de buena voluntad".

EL PRINCIPIO DE GENERACION

El lema de este Principio es "Todo tiene su principio Masculino y Femenino". Como todos los otros anteriores, este Principio está siempre en acción. Nada puede existir sin el Principio de Generación, o sea, sin su padre y su madre. Todo, absolutamente todo, tiene padre y madre, o su base femenina y su base masculina. No es, como comúnmente se cree, que la base sea el sexo. Esta palabra "sexo" no se aplica sino a las diferencias físicas que existen entre el macho y la hembra, en una pequeñísima tajada, o sector, del plano físico. Piénsenlo y recuérdenlo. SEXO ES LA DIFERENCIA QUE EXISTE EXTERIORMENTE ENTRE EL MACHO Y LA HEMBRA EN EL GRAN PLANO FISICO. O sea, que el sexto NO ES Principio de Generación. Es simplemente la presencia del Masculino y el Femenino en toda creación. ¿Comprendes bien?

En ese sector del Plano Físico, el Principio se reconoce, se manifiesta o se deja ver, por la diferencia de los sexos. En los planos más elevados, el Principio toma formas elevadas, pero cada ser contiene en sí mismo los dos elementos del Principio.

El mundo ha atravesado miles de conjeturas sobre la verdad, que luego se convierte en teorías, enseñanzas, sectas organizaciones, cultos, religiones. Todo lo que oigas decir de sectas que practican enseñanzas perniciosas no es otra cosa que una prostitución del Gran Principio Natural de Generación. Todo eso es anticuado, caído en desuso. La Verdad es siempre sencilla y natural. Para el puro, todas las cosas son puras. Para el ruín, todo es ruín.

La palabra "género" significa "crear", "concebir", "producir". En tanto que la palabra "sexo" se limita a la vida orgánica.

La Ciencia no ha aceptado todavía este Principio como una cosa universal, ni lo podrá concebir siquiera porque la Ciencia está situada en el campo opuesto. El que está montado sobre un caballo no le ve las patas que lo hacen marchar. Hasta que no se baje y se sitúe objetivamente no podrá ver marchar a esas patas. Así, la Ciencia, como la Religión, no saben que el uno es representativo del Padre y que la otra es representativa de la Madre. La Ciencia es la prueba de que existe el Padre, o sea La Inteligencia. La Religión es la prueba de que existe la Madre, o sea el Amor. Dios es Amor e Inteligencia, Madre y Padre, Negativo y Positivo. Estos son los dos Aspectos del Creador.

¡Es absurdo y ridículo que la Ciencia y la Religión continúen en plan de enemigos, el Padre contra la Madre y viceversa! La Ciencia se burla de la Religión y ésta censura, critica y vitupera a la Ciencia. En esta Era de Oro, Era de Saint Germain, se están descubriendo la una a la otra, sin darse cuenta exacta aún. La Metafísica reúne y explica esta Verdad. Nuestro gran Maestro Emmet Fox llamó esta enseñanza "La Oración Científica".

Hay que hacer una aclaratoria muy importante, y es que una cosa es la Religión y otra es la "Iglesia", y que la mayoría de los humanos no conocen la diferencia y confunden una cosa con la otra. Algunas veces nombrando a la Religión y otras veces a la Iglesia como si los dos términos fueran uno. La Religión es el conjunto de Verdades basadas en el Amor Universal, en la Caridad, en los sentimientos filiales y fraternales, en la práctica que encierra el "Amaos los unos a los otros" y en el de "Amar a Dios sobre todas las cosas y al prójimo como a ti mismo".

La palabra Religión significa algo que está doblemente ligado, o sea "re-ligado", unido por cohesión, y eso es absolutamente todo. Tampoco necesita algo más, ya que esa cohesión la logra el Amor. Ya anteriormente hemos dicho que la ley de Atracción, Adhesión y Cohesión es el nombre que la Inteligencia (Ciencia, Padre) le da al Amor. "Amor" es el término que el corazón (Madre) le da a la Ley que atrae, une y adhiere con tal potencia que nada puede separar. Todo lo que de allí se desprende (fervor, devoción, caridad, etc.) son cosas típicas de la Madre. El papel que desempeña la madre en una familia, religando y entrelazando a todos sus hijos por medio de su amor, sus cuidos, sus enseñanzas, su devoción; la atracción que ejerce sobre toda la familia esa vibración que es la mamá, que aún después de muerta sigue ejerciendo su influencia invisible, recordándole a todos que son hermanos ligados por un mismo padre y religados por una misma madre, eso es la Religión.

La "IGLESIA" es un organismo, o una organización humana creada por los hombres. El término viene de Ecclesia, palabra latina que significa reunión, o sea conjunto de cosas dispersadas. Lleva el objeto de reunirse para orar, practicar obras piadosas, enseñar, etc.

Pero después de fundada la primera Ecclesia, pronto degeneró en un instrumento de amenazas, castigos, dogmas, reglas, indulgencias y permisos especiales, todo para obligar a una lealtad hacia ELLA. No hacia la Religión, entiéndase, sino hacia las leyes que Ecclesia impuso. Leyes y obligaciones físicas y corporales, limitaciones, ritos y observaciones obligatorias todas catalogadas por los escribas ordenados por esas Ecclesias, especialmente parafraseadas para confundir los términos "Ecclesia" y "Religión" en las mentes ingenuas de los tiempos cristianos primitivos.

¿Comprendes ahora la diferencia entre IGLESIA Y RELIGION? Son muy pocos los que aman un conjunto de reglas duras, inflexibles, que se basan en el temor y la amenaza. Aún los que aparentan ser más adictos a la Ecclesia, están sólo aparentándolo de labios afuera, sintiéndose amenazados; pero en sus vidas privadísimas, sobre todo en sus ideas y sentimientos, actúan en forma totalmente opuesta.

La Ciencia, en cambio, actúa con toda la libertad que le conviene. Ella es masculina a pesar de que la llaman Ella. Está basada en el intelecto terrenal, y como no siente (porque el sentimiento es una cosa y la inteligencia es otra, como ya lo hicimos ver) nadie ni la cohibe, ni la obliga, ni le pone trabas ni leyes, ni reglas, ni castigos. Lo único que se le ha impuesto es que no mate al ser humano, y ella trata de salvarlo a toda costa, aunque sí se le permite matar a los animales, cosa tan reprensible, ya que éstos pertenecen a la evolución llamada "Elementales", que son nuestros hermanos, con los mismos derechos a vivir que nosotros! Eso ya lo viste en el libro de texto Metafísica al Alcance de Todos, Nº 1.

La Ciencia, desprovista de sentimiento, ha tasajeado cuerpos en busca de eso que ella oye nombrar "el alma", y no encontrándola en la materia de carne y hueso, niega su existencia y se va de bruces negando la existencia de Dios.

El alma, en términos geneales, es el conjunto de cuerpos o vehículos inferiores, sutiles, en los cuales radican los sentidos, los sentimientos, las emociones, y demás está decir que si se trabaja en un cuerpo muerto del cual se ha separado el alma, no es posible encontrar huellas de ese sentimiento ni esos sentidos llamados "el alma". Lo que imparte goce o sufrimiento al cuerpo es el alma. Cuando el cuerpo está vivo, el cirujano lo duerme para que no sufra, pero él ignora que lo que sufre es el alma.

Sin embargo, ya la Ciencia está descubriendo cosas que la hacen pensar. Pensar en otro aspecto del asunto, se entiende. ¡Primero encontró que el átomo no es el fin de la materia! El átomo, ese patrón establecido de la familia humana, no es el diseño más pequeñito en existencia. Todavía se puede subdividir en multitud de corpúsculos hermanos, hijitos, etc., repitiéndose el patrón establecido hasta el infinito. ¡Claro! "Como es Arriba es Abajo y viceversa", ¿no dice así el Principio de Correspondencia?

Siempre encontramos a la madre con sus hijitos girando en contorno. Y ya que "Como es Abajo es también Arriba", vamos ampliando el diseño hasta encontrarnos casi al nivel de nuestros ojos, que el eterno patrón lo tenemos siempre a la vista en el Sol, con sus planetas girando en contorno, tal como el diseño del átomo.

La Ciencia, un poco confusa con tantas evidencias del Polo Femenino y el Polo Masculino, primero tanteó poniéndoles nombres distintos a estas manifestaciones. Primeramente llamó Polo Negativo al Femenino y Polo Positivo al Masculino. ¡Pero andando el tiempo se encontró que no hay nada más opuesto al negativo debilucho que ese femenino que genera precisamente formas y energías nuevas! Luego emplearon el término "cátodo" en lugar de negativo, pero resulta ahora que el Cátodo es el generador de un torbellino de cospúsculos, electrones y fenómenos que han desbaratado todas las teorías aceptadas. El tal cátodo, pues, es el Principio Madre de los fenómenos eléctricos y de las tan sutiles formas de materia que la Ciencia se la pasa encontrando. Más y más se está llamando al cátodo "Polo Femenino", ¡lo cual es mucho más simpático que la otra alternativa de que "Los corpúsculos creadores están cargados de energía negativa!"

ADVERTENCIA

No hay nada nuevo bajo el sol. Nada de lo que aquí lees es nuevo. Todo ha sido dicho ya por Enoch,

Hermes..., y principalmente en La Biblia y en la literatura teosófica dictada por los Ascendidos Maestros de la Sabiduría a Madame Helena P. Blavatsky, mujer tan perseguida y mal juzgada en tiempos menos lúcidos, nada de lo cual puede negar sus maravillosos dones mediumnímicos.

Lo que sí es nuevo, es el estilo y la forma de presentar esta enseñanza por moderna y simplificada.

LOS SIETE RAYOS

Como tú sabes, la luz no es realmente blanca, ya que en el color blanco están contenidos todos los colores.

Dice el Maestro Saint Germain: La acción vibratoria de los diferentes colores es un estudio aparte. Basta con decir que las esferas de colores que rodean tu "Presencia Yo Soy" y que son el "Aura Espiritual", o Cuerpo Causal, representan las vibraciones de color de lo que llaman "Las Siete Esferas".

Cada corriente de vida en este planeta ha procedido de un Rayo en particular, y su propio Arquetipo, o su Presencia Yo Soy, vive en esa Esfera o Rayo, a la cual él pertenece. Pero entiéndase, esa Presencia individual no está sometida o confinada a ninguna Esfera, puede visitar a cualquiera otra que él desee.

El individuo no-ascendido responde, o vibra favorablemente con el color del Rayo, o Esfera a la cual pertenece, y puede, por observación de sus propios hábitos y tendencias, y por meditación sobre su propia Presencia, llegar a saber la posición correcta que él tiene por derecho en el Reinó de Dios. También encontrará que es atraído casi irresistiblemente a un cierto color, más que a otros, lo cual es una confirmación".

En realidad, no existen sino tres colores: Azul, Amarillo y Rosa, llamados "colores Primarios". Al entremezclarse unos con otros se forman el Verde, Naranja y Violeta, llamados "Secundarios".

Así como tú ves que el Sol, un foco incandescente de luz, se proyecta en todas direcciones constantemente impartiendo vida, luz y colorido a todo sin distinción en el Sistema, asimismo ocurre en cantidades de otros sistemas, cada vez más grandes, pues este nuestro Sistema Solar no es sino un paso intermedio entre otros de idéntica construcción. Es el diseño universal que se repite ad infinitum, lo cual te da la norma del lema "Como es Arriba es Abajo, Como es Abajo es Arriba", descriptivo del Principio de Correspondencia.

Nosotros los humanos no conocemos bien sino dos ejemplos de este diseño: el átomo es el Sistema Solar anterior al nuestro. Cuando todos hayamos desarrollado la clarividencia, sabremos de otros.

Cada sistema presenta un sol central rodeado de planetas. En el átomo lo llamamos un "Núcleo" rodeado de "Electrones". Ese núcleo del átomo es luz, lo mismo que nuestro Sol. Einstein dijo que la luz es energía en movimiento. Sabrás que una de las definiciones de eso que llamamos Dios, en Metafísica, es precisamente "Dios es Energía en Movimiento". La Biblia dice: "Dios es Luz; y en El no hay Oscuridad".

Según lo ha constatado la Ciencia, la luz es de carácter ondulatorio, y esa ondulación es lo que se llama "vibración". Que ella parta del Sol, o del Gran Sol Central que está detrás de nuestro Sol; o que parta de un bombillo; o que parta del Centro del Universo; llámalo VIDA, VERDAD, INTELIGENCIA, SENTIMIENTO, AMOR, COLOR, OLOR, SABOR, PENSAMIENTO, SONIDO, todo existe porque vibra con ese movimiento ondulatorio, y la única diferencia entre uno y otros es la rata de movimiento, la frecuencia entre una ondulación y la otra o el número de veces que ocurre el movimiento. En la Tierra, o sea, en el Tiempo, lo medimos por segundos. Pero al salir del Tiempo necesariamente hay diferentes medidas que apenas vislumbramos.

EJEMPLOS: La materia más densa es la piedra. Se dice que este plano más denso vibra en la Primera Octava, o sea, que la primera octava tiene dos vibraciones por segundo, la segunda octava tiene cuatro vibraciones y la tercera ocho. En cada octava se duplican las vibraciones. No olvides esto. Aunque una piedra te pueda parecer estática, no lo está. Ella vibra, o se mueve, a razón de dos oscilaciones en cada segundo.

A medida que vas viendo cosas creadas, plantas, flores, tierra, agua, insectos, animales, aves, etc., sabrás que existen porque vibran, y que estas vibraciones son más rápidas cada vez, en octavas de más en más altas.

El sonido más bajo perceptible al oído humano es en la Cuarta Octava, con 16 vibraciones por segundo. Tu escuela de música te podrá informar sobre las vibraciones de los sonidos en el piano.

El Plano Astral vibra en las octavas desde la N° 4 a la N° 20, o sea, desde 16 vibraciones por segundo hasta 1.048.576.

El Plano Mental comienza en la Octava 21, con las ondas eléctricas conocidas. Ya en la Octava 28 las vibraciones corresponden al pensamiento y son desconocidas por la Ciencia.

El Plano Espiritual comienza en la Octava 45. La Octava 47 tiene su campo de acción en el calor. Las Octavas 48 y 49 corresponden a las ondas luminosas. La Octava 50 pertenece a los Rayos Infrarrojos, Ultravioletas y otros rayos químicos.

La Octava 57 (suma 12) la llamamos nosotros la Octava de la Verdad porque sus vibraciones son de 144.115.188.075.855.872, pero las denominamos simplemente 144, tal como lo hace la Biblia en el Capítulo 7 del Apocalipsis de San Juan. Decirte más, sería meternos en honduras demasiado profundas para este pequeño esbozo de los Rayos que te estoy presentando. Dejaremos la explicación para el próximo librito que se titula "Pequeño Método para Comprender la Biblia".

Aún aquí, en el plano físico, los colores tienen virtudes e influencias. Por ejemplo, el Rojo es excitante. El Amarillo es alegre. El Verde es sedante. El

Azul es deprimente. Pero a medida que se internan en los planos espirituales, los colores son despedidos por Rayos, que aún más cerca de la Divinidad, son Llamas: El Fuego Sagrado, El Aura del Altísimo.

EL YO SUPERIOR

En la Lámina YO SOY que ya ustedes conocen (que pueden adquirirla en la Sede de la Hermandad), rodeándole la cabeza ves un gran círculo de siete bandas, una dentro de la otra. La Figura representa tu YO SUPERIOR que es el Dios de tu pequeño Sistema Solar Es una chispa de la Divinidad. Es el Agente, el Representante, o el Embajador Plenipotenciario de Dios ante ti. El círculo es un arcoiris de siete colores, Arcoiris completo. Rara vez habrás visto tú el arcoiris completo en la comba celeste. Siempre se ve un segmento. Sólo un pedazo del gran círculo. Esto que te estoy mostrando es tu verdad. Es el Aura de tu Yo Superior. Lo llaman también El Cuerpo Causal. Así eres tú, pues tú eres un microcosmos. Un diminuto sistema solar repitiendo el mismo diseño universal. Ese arcoiris completo es tu Gloria. Es lo que llamó el Maestro Jesús, los "Tesoros en el Cielo", pues en cada banda de color se van depositando todos los actos constructivos que tú haces y que has hecho en tus encarnaciones pasadas. Todo lo noble, lo bueno, lo que está de acuerdo con la Voluntad del Padre y con tu Verdad innata. Eso jamás lo perderás. Es lo que llamamos en Metafísica "Tuyo por Derecho de Conciencia". No puede ser robado ni perdido.

Por el hecho de poseer este Cuerpo Causal es que tienes el derecho de afirmar "Yo Soy Perfecto". Verás que no te estás refiriendo a tu cuerpo físico ni estás considerándote un absurdo diosecito presuntuoso. Estás hablando de TU VERDAD, y cada vez que lo piensas y lo practicas se acercan más tus dos sistemas: Tu YO Superior y tu YO Inferior.

Tu YO Superior y tu YO Inferior están conectados por medio de un cordón de luz y fluidos color dorado que, partiendo del Yo Superior entra por tu cabeza y se ancla en tu corazón en una llama triple de color azul, dorado y rosa. El hombre ignora esto y por lo tanto su Llama Triple yace en una célula hermética hasta que, o se lo enseñan, o alguien se la despierta voluntariamente por medio de un tratamiento en el cual hace una llamada directamente al Cristo en el corazón. Esa llamita que rompe la cápsula y comienza a arder y a influenciar al individuo es lo que llamamos en Metafísica "El Cristo Interior". Son dos entidades vivientes, aunque separadas, pero que forman junto con la Conciencia Terrena, un solo Ser. Tú puedes, y debes, dirigirte a esas dos entidades, hablarles, amarlos, invocar la protección divina en ellos, pues son perfectos, ya lo sabes, y juntos forman ese "YO" que tú nombras constantemente y de quien debes hablar en los más altos y bellos términos. Como ves, es la eterna Trinidad.

Jamás estás solo. Ese "Cristo" en el Maestro Jesús fue el que le dijo: "Hijo, estoy siempre contigo".

Mientras más lo pienses, lo medites y lo invoques, más cerca lo sentirás. Dale toda tu adoración y recuerda siempre que cuando estés haciendo afirmaciones muy elevadas estás hablando la Verdad porque te estás refiriendo a TU VERDAD, a tu Llama Triple.

EL CUERPO CAUSAL

Los colores en el círculo o Cuerpo Causal, están en el orden siguiente: Primero el AZUL, inmediato a la cabeza. Le sigue el AMARILLO DORADO. Luego siempre hacia afuera, el ROSA. Luego sigue la Banda BLANCA. Luego la VERDE. Luego la ORO-RUBI. (Por razones que no nos han sido dadas, no se le llama "anaranjado") Y por último, la banda VIOLETA.

De la frente le salen siete rayos, uno por cada color, por donde El irradia Sus (y tus) virtudes hacia donde sea necesario. Así es el Macrocosmos. Somos cada uno de nosotros un microcosmos.

Las virtudes de cada color son como sigue:

AZUL — Representa la VOLUNTAD DE DIOS en el Macrocosmos. La Voluntad como virtud, en ti. El Poder, la Fe, el Bien, la Felicidad, el Equilibrio y la Paz.

AMARILLO DORADO — Y Segunda Persona de la Trinidad representa la Inteligencia, Sabiduría, Iluminación, Comprensión y Paz.

ROSA — Amor Divino, Adoración, Opulencia, Belleza y Paz. (Todos los Rayos emiten Paz).

— 288 —

BLANCO — Representa la **Pureza**, el **Arte**, la Paz, y logra la Resurrección y la Ascensión.

VERDE — La Verdad, la Salud, la Sanción, la Música, la Consagración, la Concentración y la Paz.

ORO-RUBI — La **Gracia**, la **Providencia**, el **Suministro** (o el "Pan Nuestro de cada día") y la Paz.

VIOLETA — El **Perdón**, la **Misericordia**, la **Transmutación** y la Paz.

Cuando te hayas aprendido bien estas virtudes, podrás instantáneamente invocar a las Entidades que las rigen, y pedirles que rodeen con su luz a cualquiera a quien tú desees hacer el Bien. Tendrás, por supuesto que aprender también los nombres de estas Entidades, los cuales te doy en seguida:

GOBIERNO DEL COSMOS

Por Ley de Correspondencia "Como es Arriba es Abajo...", el Mundo invisible, o los Planos Superiores, el Cosmos o como quieras llamarlo, tiene su Gobierno con Jefes, Oficiales, Directores y legiones de servidores. Todos estos son seres que han vivido y evolucionado en las esferas inferiores, tal como nosotros, y que continúan evolucionando pues hasta los Seres de Luz más altos que conocemos continúan ascendiendo y pasando de un cargo a otro. No se está ocioso en esos mundos, ni sentados en una nube contemplando a Dios y tocando un instrumento.

DICE EL MAESTRO SAINT GERMAIN

"Las actividades de la Gran Hermandad Blanca son tan diversificadas y tan amplias, que se necesitan centenares de seres ascendidos para dirigir las múltiples líneas de fuerza que aseguran el progreso de la raza humana".

Si sería un imposible que un solo Maestro Ascendido gobernara totalmente y ejecutara la diversidad de actividades de la Mente y el Corazón de Dios, mucho más lo es que un solo ser NO ascendido tratara de concentrar el Bien que está decretado para el progreso de nuestra estrella, a través de los confines limitados de una conciencia humana. Un momento de consideración mostrará la lógica de esta aseveración y la imposibilidad de semejante servicio por parte de individuo alguno.

Si un solo individuo pudiera proveer la forma de elevar a un planeta y algunos diez billones de almas al estado Crístico, ¿no creen ustedes que los avatares que han vivido y encarnado el poder Crístico ya lo hubieran hecho? Budha vino y se fue, luego Jesús, dejándoles el campo a otras vidas que ofrecieron sus energías y talentos de sus mundos individuales para este plan evolutivo.

En nuestra Octava, la Gran Hermandad Blanca fue fundada por el Señor Sanat Kumara (que ustedes ya saben fue el que sostuvo la Tierra en órbita durante tantos siglos, esperando que surgiera alguien quien pudiera hacerlo por poseer suficiente luz), con el fin de elevar la conciencia de los hijos de este planeta hasta el punto de que llegaron a ser Señores de la Llama, y que luego pudieran enseñar a otros miembros de la raza a emitir su propia luz. Es la naturaleza de Dios permitir a sus hijos el ser co-creadores con El. En efecto, es la razón de ser de los diferentes mundos, a donde fueron enviados los hombres y las mujeres a experimentar con la energía para que sintieran la dicha de crear por sus propios esfuerzos."

LOS DIRECTORES DE RAYOS, MAESTROS DE LA SABIDURIA.—Ya se te advirtió que te vas a encontrar con nombres que te sorprenderán porque crees que pertenecen a personajes mitológicos o simplemente poéticos, creados por la fantasía humana. Nada de eso. Ha llegado la Era de conocer la Verdad anunciada por Jesucristo, y la verdad es que todo ser que ha habitado nuestro planeta, como también los que ahora lo habitan y los demás que lo habitarán en el futuro, siguen evolucionando y ascendiendo, estudiando y trabajando, ocupando cargos en el Gobierno de los mundos, sistemas y galaxias. (Recuerda que lo que no puedas aceptar, déjalo pasar y continúa adelante).

Cada Rayo está dirigido por: Un Maestro Ascendido, casi todos de la raza humana, un Arcángel (jerarca de la evolución angélica), un Elohim (jerarca de la evolución elemental), muchas otras entidades de Luz.

y legiones de servidores que en la Tierra se les da el nombre de "ángeles", que cumplen las órdenes de los Directores.

Los Elohims fueron los que crearon el planeta Tierra. Tal vez te habrás dado cuenta de que algunas Biblias comienzan el relato de Génesis con la frase: "En el principio los dioses crearon los cielos y la tierra...", mientras que otras ediciones dicen: "En el principio los Elohims crearon los cielos y la tierra...", y las Biblias católicas dicen: "En el principio Dios creó los cielos y la tierra...". Lo que Moisés dejó sentado fue: "En el principio los **Elohims** crearon los cielos y la tierra..." y esto está de acuerdo con la enseñanza recibida para la Nueva Era, porque los Elohims son dioses del Reino Elemental, y éstos son los constructores de toda forma.

El Rayo Azul, Primer Rayo, representa la Voluntad de Dios y está dirigido por el Ascendido Maestro El Morya.

El Maestro es oriundo del planeta Mercurio, pero reencarnó muchas veces entre nosotros. Entre sus reencarnaciones terrenas fue el Rey Arturo (de la Mesa Redonda), Sir Thomas More, gran estadista y humanista del siglo XV-XVI, canonizado por la Iglesia con el nombre de Santo Tomás Moro; el irlandés Thomas Moore, poeta y escritor del siglo XVIII. Fue el Rey hindú que hizo construir el Taj-Mahal en recuerdo de su esposa. Conserva apariencia y vestiduras hindúes y vive en la India, en donde recibe a aquellos discípulos que pidan ser llevados allí mientras sus cuerpos físicos duermen. El templo está en el Plano Etérico.

El Arcángel del Rayo Azul es Miguel, llamado "San Miguel Arcángel" por los católicos. El Amado Miguel es encargado de los que mueren. Con su simbólica espada y sus legiones de ángeles azules, es el único que tiene permiso para internarse en "las tinieblas" para libertar a las almas prisioneras de sus errores y que no tienen a nadie que ruegue por ellas. Una invocación al Arcángel Miguel hace que inmediatamente proceda a socorrer a quien sea, rodeando con su luz azul a algún moribundo, arrancando con sus propias manos las ataduras que ligan a otros a sus errores, pues te será nuevo y extraño saber que la energía mal usada forma cuerdas y ligaduras tan fuertes como el acero y que atan al ser culpable impidiéndole que se libere él mismo, y que la "simbólica espada" del Arcángel Miguel es el arma con que El corta y liberta a los atados. ¡El amado Arcángel se ha dedicado voluntariamente a esa misión mientras existan terrícolas desencarnados que lo necesiten!

El Elohim del Rayo Azul es Hércules y su complemento es Amazonas. Sabrás que todos tenemos nuestro complemento. Es la otra mitad de la célula original que convino en dividirse para evolucionar cada una por su lado. Algunas células se quedan unidas, pero aquéllas que se dividen puede que se encuentren en vidas sucesivas, se casan, y esos son los matrimonios perfectos en la Tierra. Después, en sucesivas encarnaciones, quedan con aquel recuerdo y viven buscándose en otros amores, en otros matrimonios, hasta que al final de todas las encarnaciones siempre se reúnen para toda la eternidad en esa unión de la cual dice la Biblia: "Lo que Dios ha conjuntado que nadie logre separar", y que la religión ha confundido creyendo que se refiere al matrimonio corriente en la Tierra, cosa que no es sino algo transitorio y de conveniencia, o asunto kármico.

El Elohim, como hemos dicho, es un jerarca de la evolución elemental. Se llega a ser Elohim como se llega a ser Maestro, después de evolucionar y ascender. Equivale a la estatura de un dios, con respecto a nosotros, tal como el hombre es un dios en la consideración de una hormiguita. Los Elohims tienen a su mandar a los Devas. Estos Seres pueden construir una montaña o un inmenso lago en diez minutos, o destruirlos, si es oportuno. Toda gran montaña, toda comunidad, todo lago, mar, árbol milenario, etc., tiene un Deva guardándolo. Son bellísimos.

En el protocolo celestial hay un lema "La Invocación obliga la Respuesta", y basta con hacer la llamada a cualquiera de las entidades de Luz, Maestros, Angeles, Arcangeles, Elohims, para que atiendan de inmediato; de manera que no es verdad que haya que gritar y vociferar a Dios y ofrecerle mil novenas y sacrificios.

El Grande y Poderosísimo Elohim Hércules, atiende al instante, **te rodea** con su fuerza, te da Su fuerza si eres débil, y a todo aquel que tú desees darle fuerzas. Muchos son los que han visto a la espléndida figura de atleta del Elohim Hércules acompañándolos cuando lo han invocado. La invocación a un Ser de la Llama Azul hace dar paz, poder, felicidad, equilibrio, bondad, fuerza, voluntad.

El Rayo Amarillo, Segundo Rayo, representa la Inteligencia, o Segunda Persona de la Santísima Trinidad. Es el Rayo de la Sabiduría, la Iluminación y la Comprensión. Como verás en el diagrama adjunto, tiene influencia en los estudiantes, maestros y en todos los que deseen luz, información, ayuda intelectual, sabiduría y paz.

Hasta hace poco su Director fue el Ascendido Maestro Kuthumí, pero éste fue nombrado Instructor Mundial junto con el Ascendido Maestro Jesús, y el cargo fue entregado al Ascendido Maestro Lanto.

Si tú no tienes la facultad de proyectar tu cuerpo astral, y si no eres clarividente, pide al Maestro que te lleve después que tu cuerpo físico esté dormido, al templo de tu preferencia, por ejemplo, los Domingos al templo del Maestro Moyra en Darjeeling. Los lunes al templo del Maestro Lanto sobre los Montes Roqueños en los Estados Unidos. El Martes, al templo que existe sobre el Castillo de la Libertad en Marsella Se le pide a la Ascendida Maestra Señora Rowena El Miércoles, se le pide al Amado Serapis Bey que te lleve al templo de Luxor en Egipto. El Jueves, se le pide al Maestro Hilarión para ser llevado a su templo de Creta. El Viernes se le pide a la Ascendida Maestra, Señora Nada, para ser llevado al templo perláceo situado sobre Siria. El Sábado se le pide al Ascendido Maestro Saint Germain para ser llevado al templo violeta situado sobre la isla de Cuba. En todos esos Templos se recibe instrucción en la aplicación de la Llama particular de ellos.

Hasta hace poco, el Director del Rayo Amarillo Dorado era el Maestro Kuthumí, que hoy está ocupando el cargo de Instructor Mundial junto con el Maestro Jesús. Entre sus encarnaciones pasadas, el Maestro Kuthumí fue Pitágoras, el Rey Mago Melchor, San Francisco de Asís y San Martín de Porres. El, junto con el Maestro Morya, proyectaron la Escuela Teosófica, con Madame Elena Petrovna Blavatski como medium receptora. El Maestro Kuthumí reside en Shigatsé, Montes Himalayas, a pocos pasos del Maestro Morya.

El Arcángel del Rayo Dorado es Jofiel. El Elohim es Casiopeia. Cuando desees iluminación para ti o para otros, envuélvete, o a ellos, en el Manto Dorado de la Sabiduría y mentalízate, o visualízate rodeado de una brillante y suavísima luz amarilla. Suavísima en el sentido de ser como una seda luminosa y ligerísima. También se visualiza antes de dormir porque da paz en la luz y alegría.

El Rayo Rosa, Canal del Espíritu Santo, es el Rayo del Amor Divino, y es dirigido por la Ascendida Maestra Señora Rowena. (Su complemento: Víctor).

Ella hace poco que se encargó de esa Dirección. Anterior a ella desempeñaba el cargo El Amado y Ascendido Maestro Pablo el Veneciano, quien fue el pintor Pablo el Veronés en su última encarnación. Hoy en día el Divino Pablo representa El Espíritu Santo para la Tierra. Más adelante espero poder explicarte muchas cosas sobre este gran Espíritu.

En el Castillo de La Liberté, en Marsella, Francia, se pueden ver pinturas del pintor Pablo el Veronés, pero en el contraparte del Castillo, situado en el plano etérico, se puede asistir en cuerpo etérico a las reuniones, hablar y aprender de las entidades de la Llama Rosa e impregnarse de las emanaciones de Amor Divino que despiden estas maravillosas entidades del Rayo Rosa.

De la Ascendida Maestra Señora Rowena, poco podemos hablar. Se le puede conocer un poquito al través de las páginas de la novela histórica de la pluma de Sir Walter Scott, llamada "Ivanhoe". Es apropiado que ya en ese libro se le conocía como la mujer más bella de ese mundo de Caballeros de la Antigüedad, y que hoy sea la Directora del Rayo Rosa, como quien dice "Diosa de la Belleza" en ese Rayo de Amor.

El complemento de Lady Rowena, el Amado Víctor, se invoca para salir victorioso en cualquier empresa.

El Arcángel del Rayo Rosa se llama Chamuel y su Complemento Caridad. Invoca a Chamuel cuando

Dinero ✓

necesites dinero, bendice lo que tengas, rodéalo de luz rosa, bendice lo que pagas y lo que recibes, bendice tu billetera, tu portamonedas, bendice el teléfono, el televisor, el radio, lo que quiera que esté averiado y que sea mecánico, y rodéalo de ángeles de la Llama Rosa y ángeles de la mecánica. Verás milagros.

El Elohim de la Llama Rosa es Orión. La Constelación de Orión siempre está visible sobre el cielo de Caracas. El Complemento de Orión es Angélica. La Llama Rosa es magnética. Cuando necesites atraer algo o alguien, llena de Luz Rosa (mentalmente) el vacío que separa el objeto o la persona, rodea de Luz Rosa al objeto o a la persona, y se atraerán mutuamente, en Bien y en Amor Puro.

El Rayo Blanco. Este divide la serie de los colores Primarios de la de los colores Secundarios. La mezcla de todos forma el color blanco.

El Director del Rayo Blanco es el Maestro Ascendido Serapis Bey y su templo de la Llama Blanca es en Luxor, Egipto.

La Llama Blanca, nombrada "De la Ascensión", es la que actúa para purificar a todo ser en el momento de su Ascensión fuera del radio de la Tierra y para siempre. La Llama asiste a todo lo que requiera ser elevado, todo lo que se halla deprimido, bien sea una situación económica o un ánimo entristecido, un pueblo abatido, etc.

El Maestro Serapis Bey actuó como Jefe de los Serafines cuando éstos vinieron por primera vez a la Tierra a custodiar los primeros seres humanos. Llevó luz a Egipto. El fue quien salvó la Llama Blanca, llevándola del Continente Atlante a Egipto, salvándola y avivándola con su propio cuerpo y respiración (en una embarcación pequeña con otros más).

El Arcánbel de la Llama Blanca es Gabriel, el que "anunció a María..."

El Elohim del Rayo Blanco se llama El Amado Claridad. Es el purificador por excelencia de todo lo que necesite ser limpiado. Se le invoca para expander la vida y la luz en cada electrón, y para aclarar lo oscuro.

Los ángeles de la Llama Blanca se llaman "la Hermandad de Luxor". En el cuadro adjunto verás otras especialidades del Rayo Blanco.

El Rayo Verde, es el Rayo de la Verdad, de la Concentración, de la Consagración, de la Curación.

El Director es el Maestro Ascendido Hilarión, que fue San Pablo en su Encarnación Cristiana.

El Arcángel es Rafael, "Médico del Cielo". El Elohim es Cyclopea. Representante del Ojo Avizor de Dios que todo lo ve. Hoy en día se le nombra "Vista" Es el Elohim de la Música.

Invoca a los ángeles del Rayo Verde en toda enfermedad. Cubre con el manto de la Verdad todo lo que esté presentando una faz errada, a toda sospecha de falsedad, a toda cosa oculta que desees revelar.

"Celeste María", la que fue madre de Jesús, actúa en el Rayo Verde dando protección a las parturientas y a todo niño que va a nacer. Pon a toda futura madre en manos de Ella, lo mismo que al niño, entrégalo a las entidades de la Llama Violeta para que nazca sin karma.

El Rayo Rubí, o Sexto Rayo, se le dice también "Oro-Rubí", ya que no existe el color anaranjado. En el Plano Espiritual no hay la fruta que conocemos por "Naranja".

Este fue el Rayo en que actuó Jesús de Nazareth. Por eso la Iglesia Católica viste de ese color a sus Cardenales y adorna de rojo a sus obispos.

La Directora se llama la Ascendida Maestra Nada. Ella es también Patrona de la Comprensión.

El Arcángel del Sexto Rayo es Jofiel, y el Elohim Tranquilidad o Tranquilino. Es el Rayo de la Paz y la Providencia. Invócalos cuando estés nervioso o cuando algo necesite pacificación y antes de dormir. Lo mismo para la provisión.

El Rayo Violeta, o Séptimo Rayo, es el de la Transmutación del karma, el Perdón y la Misericordia.

El Director es el Ascendido Maestro Saint Germain, quien fue entre muchas generaciones, San José; San Alban, mártir británico. El Monje-Médico Roger Bacon, siglo XIII. Christian Rosenkreutz, fundador de la Orden Rosacruz, siglo XIV. Hunyadi Janos, Libertador de Hungría, siglo XV. Proclus, el gran Neoplatonista, siglo XVI, Sir Francis Bacon (Lord Verulam) siglo XVII, y por último el Príncipe Rakoczy (último vástago de la casa Real de Transylvania) y el Conde de Saint Germain, quien actuó durante la Revolución Francesa, gran figura misteriosa que salvaba a los destinados a la guillotina, que ayudó a poner en el trono a Catalina la Grande, y que habiendo muerto a fines del siglo XVIII, apareció en París tres años después de muerto.

El Maestro Saint Germain es el Avatar de la Nueva Era. Parece ser que no va a encarnar en la Tierra como fue el caso del Maestro Jesús; sino que actuará mentalmente, al través de personas adelantadas que han estado en preparación para esa gran misión.

La aplicación del Rayo Violeta formaba parte del conocimiento necesario para ascender a los Planos de Luz, y no era conocido sino por los grandes adelantados. Hoy es el regalo que el Maestro Saint Germain trae a la Tierra para sacarla de abajo, ya que pronto tendrá que comenzar a ascender el planeta a ocupar la órbita del planeta Venus, pues éste ocupará el círculo donde viaja Mercurio y este último se absorberá

Rayo	Color	Virtudes	Lo que desarrolla	Pertenecer a él
1º	Azul	Voluntad Fe. Paz Felicidad Equilibrio	Poder, Iniciativa, Fuerza, Protección	Ejecutivos
2º	Amarillo	Inteligencia Iluminación Sabiduría	Sabiduría, Fuerza Mental, Intuición	Maestros y Estudiantes
3º	Rosa	Amor puro Belleza Opulencia Cohesión	Amor Divino, To-lerancia, Adora-ción	Arbitros Pacificadore
4º	Blanco	Ascensión Pureza Resurrección	Las Artes (Música)	Artistas
5º	Verde	Verdad Curación Consagración Concentración	Ciencias (entre és-tas, la Música)	Médicos Inventores Músicos
6º	Rubí y Oro	Paz Gracia Providencia (suministro)	Culto Devocional, Serenidad Paciencia	Sacerdotes Sanadores
7º	Violeta	Compasión Transmutación Misericordia Liberación Perdón	Cultura, Refina-miento, Diploma-cia, Prudencia	Místicos Diplomático Caballeros Damas

Características en los no evolucionados	Director	Arcángel	Elohim
Voluntariedad Agresividad Deseo de Dominar	Maestro Ascendido El Morya	Miguel	Hércules
Orgullo Intelectual, Cúmulo de Conocimientos	Maestro Ascendido Lanto	Jofiel	Cassiopeia
Amor carnal Libertinaje	Maestra Ascendida Lady Rowena	Chamuel	Orión
Bohemios	Maestro Serapis Bey (de la Evolución Devica)	Gabriel	Claridad
Ateos	Maestro Ascendido Hilarión	Rafael	Vista Cyclópea)
Fanatismo religioso Esnobismo	Maestra Ascendida Nada	Uriel	Tranquilino Paciencia
Vanidad Gazmoñería	Maestro Ascendido Saint Germain	Zadkiel	Arcturus

en el aura del Sol. No es que va a desaparecer; esto es lo que se conoce con el nombre de la iniciación que experimenta cada planeta en el momento de la "inhalación", pues es lo mismo que la respiración —hacia afuera y hacia adentro— "Como es Arriba es Abajo, Como es Abajo es Arriba". Ha llegado el momento de la inspiración hacia el Sol, o sea la inhalación que efectúa el Sol, atrayendo hacia él cada uno de sus planetas. UN PASO.

Este Paso ocasiona muchos cambios drásticos en la vida de cada planeta, porque para poder cambiar de ruta, de posición, de eclíptica, requiere apurar la frecuencia vibratoria de toda la vida del planeta.

Los planetas que han seguido su evolución ordenadamente no sienten disturbios. Pero la Tierra que se volvió tan pesada por el cargamento de energías mal usadas, estancadas en formas negativas, y que por lo mismo se quedan adheridas a la atmósfera, se inclinó en su eje y esto no se puede dejar que continúe porque no se elevaría a su nuevo sitio. Para que obedezca a la atracción magnética que se le aplicará en el momento de trasladarla a su nuevo campo de acción, la están enderezando los organismos dirigidos por los grandes Maestros del Cosmos. Ya se está sintiendo el efecto de este cambio de posición. Los cambios de clima, los grandes calores, la sensación de apuro que sienten los humanos; esa sensación que hace que al bajar un ascensor y abrirse la puerta, los que están esperando no pueden esperar pacientemente a que salgan los que se hallan adentro!, lo mismo que los que esperan el cambio de luces en las esquinas, que no pueden soportar que el carro que tienen al frente se retarde un segundo en arrancar! Todo es la influencia del cambio de frecuencia vibratoria que se hace en el planeta y que afecta toda la vida.

Los seres que no quieran, o no puedan por su estado de atraso, buscar la Verdad, purificarse por medio de estas enseñanzas, utilizar la Llama Violeta intensamente para disolver todo el Karma de los siglos, tendrán que encarnar en planetas atrasados, después de la Iniciación de la Tierra a la órbita que ha estado ocupando Venus.

Ningún hijo de Dios es condenado eternamente. **No es posible** que ninguna partícula de Dios permanezca en tinieblas eternamente, siendo su Creador Luz. Pero es altamente desagradable degradar a posiciones inferiores, cuando se ha sido ocupante de posiciones holgadas.

EL MUNDO ELEMENTAL

Debo añadir un párrafo a la revelación que te estoy haciendo respecto a los mundos invisibles. Invisibles por ahora, pues a medida que avance la Era se irán despertando células dormidas en los cerebros y todo el mundo podrá ver y oír lo que ocurre en esos "mundos invisibles". El dicho de Jesús a propósito de "el último enemigo a vencer", que él dijo que sería la muerte, se refirió a que todos podremos ver a nuestros seres queridos que estén en los planos de desencarnados, verlos, oírlos, conversar con ellos, participar en sus vidas actuales y ellos en las nuestras y por consiguiente sabremos que la muerte no existe. Los podremos ayudar y ellos a nosotros. Será la unidad completa de todos los mundos.

Otra cosa que aprenderemos es la Verdad del Mundo Elemental. Lo sabremos sin lugar a dudas porque lo veremos y lo escucharemos. Si lo que te voy a referir te es imposible creerlo por ahora, déjalo pasar. Pero no te aferres en afirmar que no puede ser verdad, no sea cosa que cuando lo estés afirmando se te despierte una célula dormida y VEAS aquello que estás negando. ¡Qué compromiso! ¿Cómo haces entonces para tragarte tus propias palabras?

El Reino Elemental se compone, hermano, ¡de los cuentos de tu infancia! Todo aquello que tú creías y que luego desechaste como pueril, infantil, fantasías de niños, resulta ser lo que dijo el Maestro Jesús: "Dejad que los niños vengan a mí, porque de ellos es el Reino de los Cielos!" El Reino Elemental, hermano o hermanita mía, comprende las hadas, los gnomos, los silfos, las ondinas, las salamandras, y ¡cuidado!: No se te ocurra negarlos porque mientras los repudies no lograrás verlos! Feliz aquel a quien se le despierten sus células dormidas, y que no esté aferrado a sus creencias materiales, mortales, porque verá al Reino de los Cielos!!! Ese es el que goza de las Bienaventuranzas número Uno y Seis (igual a Siete), o sean:

1.—Bienaventurados los pobres en el espíritu porque de ellos es el Reino de los Cielos.

6.—¡Bienaventurados los limpios de corazón porque ellos verán a Dios.

Los "pobres en el espíritu" no es lo mismo que los "pobres de espíritu". Los traductores de la Biblia, como no eran ni "pobres en el espíritu" ni "limpios de corazón", no sabían lo que esto significaba y la traducción fue errada. Los pobres en el espíritu son aquellos que no están cargados de riquezas intelectuales que les impidan creer la inocencia del Reino. Todo aquel que enrosca el labio con una sonrisa sarcástica ante los "cuentos de hadas" que vamos a referir, son "ricos" a quienes les costará mucho entrar al Reino de los Cielos; tanto como a un camello entrar por el ojo de una aguja.

¡Pobres! ¡No gozarán de ver a los gnomitos en su tarea diaria, ni a las ondinas destilando el agua con que nos saciamos la sed y bañamos nuestros cuerpos, y regamos nuestros jardines! ¡Comerán sus frutas sin amor, cortarán las rosas sin amor¡ ¡No verán las hadas tejiendo sus chinchorros del aire y meciéndose a la brisa! ¡No conocerán a los gnomos fabricando hojas, tallitos de grama, pétalos de flores, granitos de tierra! ¡Todo esto seguirá siendo películas de Walt Disney para aquel **ricacho en el espíritu** que tenga **sucio** el corazón!

¿Alguna vez te ha ocurrido el ver unos punticos de luz como gusanitos que se retuercen en el aire? Esos son los hijitos más chiquiticos del Padre. Son Elementales que aún no les ha sido adjudicada una tarea. Cuando se hayan saciado de jugar en la luz, ellos mismos buscan algo en que ocuparse, y los Devas y Arcángeles los enseñan. Aprenden a imitar agua, fuego, aire, tierra, flores, hojas, tallos, frutas, partículas por supuesto, pero ellos sólo tienen una inteligencia rudimentaria, un don de imitación que los hace transformarse en aquello que ven. Pero cuando por fin aprenden a convertirse en su objetivo y que lo reproducen a perfección en olor, color, forma, textura y duración, ejercen su tarea por Siglos. Ellos encarnan la Paciencia Infinita. No conocen el tedio, aunque sí conocen lo que es sentirse mal, incómodos, soportando un ambiente para el cual no nacieron, como es el tener que reproducirse en la inmundicia que dejan los humanos en el agua, en la tierra, entre el crimen, el odio, la vergüenza, el egoísmo. Ya que el premio que ellos acostumbran esperar es la aprobación y el amor de los humanos. Ellos sí se sublevan ante el desamor y la ingratitud de aquellos a quienes sirven, y esos son los cataclismos, los terremotos, los huracanes, las inundaciones, y todas las desgracias provocadas por la Naturaleza y que no son sino la rebeldía de elementales desesperados.

Amalos, alábalos, exprésales las gracias, en especial al elemental que tiene la tarea de formar de nuevo tu cuerpo en cada encarnación, y de mantenerlo en buen estado de funcionamiento, para que no seas de los que participen en futuros desastres naturales, y para que el elemental de tu cuerpo te tome cariño y te atienda bien, te mantenga sano y hermoso.

LA SEPTIMA RAZA

Y AHORA PARA CERRAR

Aquí tienes, pues, TODA LA INSTRUCCION Con este tercer librito te entrego la enseñanza completa. Si practicas con voluntad y con toda sinceridad todo lo que te revele la serie de 3 libritos de METAFISICA AL ALCANCE DE TODOS serás un "UNGIDO", que significa el estar liberado de las leyes materiales. Es estar "Bajo la Gracia". Es no tener que luchar más por nada, ya que se tiene en la voz y en la palabra una varita de virtud. Con el solo decreto mental y verbal se cumple la Voluntad del Padre en todo nuestro mundo, y no necesitarás ni estudiar, ni leer, ni buscar "comunicaciones", ni "Mensajes", pues estarás dirigido directamente por "la Voz Pequeñita y Queda" de tu Yo Superior que te llevará en todo por el sendero que es tuyo propio y de nadie más, sin errores ni vacilaciones

Para ayudar el desarrollo de las Llamas hemos adoptado un folletico titulado MEDITACIONES DIARIAS que pertenece a la literatura que emite la organización llamada THE BRIDGE TO FREEDOM (El Puente a La Liberación) dirigida por el Ascendido Maestro Mor-

ya, Director del Rayo Azul, bajo el seudónimo de TO-
MAS PRINTZ. Hemos adaptado el folletico al idioma
español para goce y beneficio del estudiantado latino-
americano.

Con el desarrollo de las llamas en ti, serás un
CANDIDATO PARA LA ASCENSION, el estado más ape-
tecido de todos en nuestro planeta Tierra, pues significa haber llegado al final de la pesada ronda de
reencarnaciones obligadas, habiéndose limpiado del
karma de los siglos pasados, manifestar el Plan Divino
propio para lo cual fuimos creados y sostenidos a través de tantos eones, pues ya hemos llegado al Tiempo
final, a ese Nuevo Mundo que anunció el Maestro
Jesús. "La Hora de la Salvación y el Tiempo Aceptado"

Venezuela es la Capital de la Nueva Era. Caracas, la Nueva Jerusalén. La carrera vertiginosa en
que estamos viviendo es consecuencia del apuro que
tortura al Planeta para prepararse para recibir a la
Séptima Raza Raíz que ha de nacer en Venezuela.

Mil niños de la Séptima Raza nacieron en el año
de 1969. Es una raza de genios, científicos, clarividen-
tes y claroaudientes. Nacen ya maduros, cultos, pa-
cientes y exquisitamente corteses. No necesitan de
escuelas, ni colegios, ni universidades. A medida que
van creciendo se va manifestando y comprobando su
superioridad, y con toda naturalidad irán asumiendo
las riendas de todo cuanto hay, Gobierno, Cátedras,
Dirección de Empresas y Organizaciones, porque su

vastísimo conocimiento señalará los errores "al más pintado", como decimos por aquí. Conque prepárate. Estate alerta y observa a los niños que verás nacer en contorno tuyo, y a toda señal de cosa extraña, cumple con tu deber de advertir a los padres y educarlos. Mira que la ignorancia general que impera en el mundo ha impedido que la gente se instruya en asuntos sicológicos, y tú verás cada día más la lamentable mala comprensión conque se enfrentan los padres a los hijos.

El momento que están pasando los llamados "pavos" con su "delincuencia", con sus libertinajes sexuales, con su empeño en hacer todo el ruido más molesto posible, con sus luchas estudiantiles, sus guerras universitarias, etc., etc., es el resultado del choque de un orden nuevo contra el orden viejo. Si los padres se apresuran a estudiar sicología infantil se verán acondicionados para soportar la entrada de la Nueva Era con toda la comprensión necesaria. Si no lo hacen, se encontrarán forzados a **tratar** de estudiar la Metafísica, pero sabiéndose sin preparación, y costándoles un trabajo y una lucha agónica, pues el primer paso para todo el que no tenga conciencia espiritual es la Sicología.

INVOCACIONES APROPIADAS PARA ACTIVAR
LA LLAMA VIOLETA Y OTRAS

YO SOY la Victoriosa Presencia del Todopoderoso que ahora me reviste de mi manto de Luz Brillantísima, la cual me hace y me conserva invisible e invencible a toda creación humana, para siempre.

(Es invocación de protección y ha de hacerse diariamente para formar un ímpetu que perdure para siempre).

———

YO SOY la Victoriosa Presencia de Dios que me mantiene envuelto en mi pilar de Fuego Violeta, encendido en todo mi ser y mi mundo, transmutando todas mis creaciones humanas, toda energía mal usada por mí contra todos los elementos, los animales, las criaturas, toda vida, todo hombre, mujer y niño. Toda causa y núcleo de pensamiento negativo, destructivo, impuro; todo diseño, patrón o hábito de odio, celos, mala voluntad o desagrado, maledicencia, mentiras, venganza, ira. Que sean transmutadas (repetir esta frase tres veces) y todo efecto, record y memoria antes que puedan actuar, manifestar o mantenerse hasta que me halle en estado de perfecta pureza.

———

CADA VEZ QUE NOS ENCONTREMOS REPITIENDO ALGUN ACTO NEGATIVO, DESTRUCTIVO o INDESEABLE: YO SOY la Ley del Perdón y la Llama Transmutadora de todos los errores que yo haya cometido. YO SOY la Llama Transmutadora de todos los errores de toda la humanidad.

YO estoy encendida en Fuego Violeta, libre de toda creación humana y ahora y eternamente sostenido.

Amada Presencia de Dios en mí, en Tu Nombre declaro: SOY la Resurrección y la Vida de la Gloria, la Maestría y el Poder que tuvo mi cuerpo etérico en el corazón del Sol, antes que el mundo existiera. Todo rastro inferior lo disuelvo por el Poder del Fuego Sagrado.

CONTRA TODA MANIFESTACION FENOMENAL QUE ESTE ESTORBANDONOS, A CUALQUIERA HORA:

Cierro la puerta astral, mi aura y el aura de mi casa. Invoco a los ángeles de la Llama Rosa a que impregnen y rodeen esta manifestación y pido lo mismo para todo el Planeta.

EXORCISMO PARA AHUYENTAR A TODA ENTIDAD QUE NOS ESTE MOLESTANDO O QUE PRETENDA INCORPORARSE EN NOSOTROS O EN OTROS:

En el nombre de la Amada Presencia de Dios "YO SOY" en mí, (si sabes su nombre dilo así: Invoco a...). Te invoco y te digo que te amo, te amo, te amo, y ahora en amor REGRESA AL PADRE y ocúpate de Sus asuntos como me ocupo yo aquí en la Tierra. ¡Así sea!

———

PARA LOS QUE SE VAN DEL PLANO TERRENO DIARIAMENTE:

En el nombre de la Amada Presencia "YO SOY" en mí, invoco al Amado Arcángel Miguel a favor de todo hombre, mujer y niño que desencarne en este período de veinticuatro horas. Córtales instantáneamente las ataduras magnéticas que lo arrastran hacia la Tierra, a las pasiones y apetitos que puedan mantenerlos atados a Tierra. Manda a tus huestes angélicas a envolverlos y llevarlos rápidamente a través del efluvio de la atmósfera terrena y que los lleven al plano de luz y paz, y los preparen para presentarse ante el Tribuinal Karmático con sus vestiudras blancas como la nieve.

Acepta el bien de mi propio Cuerpo Causal como ofrenda ante este Gran Consejo de Juicio, para que estas almas puedan ser llevadas a los planteles donde mejor puedan aprender la Ley, y que reencarnen, si fuera necesario, en armonía para ganar sus victorias individuales en la luz.

Gracias, Amado Príncipe de las Huestes Angélicas, por Tu Presencia entre nosotros, por tu constante cuidado y protección de nosotros, a la hora de nuestro paso y en todos nuestros días.

———

PARA TODOS LOS ATORMENTADOS EN PLANOS INFERIORES (Tinieblas):

Amada Presencia de Dios "YO SOY", en mí y en ellos, en nombre del Amado Maestro Jesucristo invoco a los ángeles y entidades de la Llama Azul. Padre, perdónales que no saben lo que hacen. Córtales las ataduras a todos los que yacen en las tinieblas y que no tienen quien interceda por ellos. Amado Príncipe Miguel, llévalos a planos de estudio, paz y luz, Gracias.

POR LOS QUE ESTAN POR MORIR:

Amada Presencia de Dios "YO SOY" en mí, me inclino ante lo que quiera que sea necesario para este hermano y pido al Santo Consolador que envuelva con su paz a esta alma y a todos sus seres queridos. Que sólo se manifiesten en los últimos momentos que pase en este planeta la Paz, Armonía, Felicidad y Pureza. Que pase rápidamente y suavemente de su templo material al reino del espíritu.

POR AQUELLOS QUE ESTAN POR NACER:

Amada Presencia de Dios "YO SOY" en mí y en ellos, Amado Arcángel Gabriel. Enciende, enciende, enciende, la llama de la Resurrección en, a través y en contorno de los que están esperando el momento de encarnar, para que traigan a la vida la Gloria de sus Seres Crísticos. Así sea.

———

PARA DECIR DIARIAMENTE INVOCANDO A LA ENTIDAD LLAMADA "CRISTAL", (del Rayo Azul) "Amada Cristal, amorosamente te invoco para entregarte la limpieza de todas mis encarnaciones pasadas desde el comienzo de los tiempos hasta hoy. Purifícame todos mis vehículos y todo mi mundo incluyendo toda la energía usada por mí y que me haga responsable en la vida y actuación de otros. Gracias".

———

PARA DECIR TODAS LAS NOCHES INVOCANDO PROTECCION PARA NUESTRO HOGAR, CONTRA LADRONES, ENTIDADES NOCTURNAS Y PINTORES DE MUROS:

Angeles de la Llama Rosa (3 veces), vengan (3 veces) enciendan (3 veces) la Llama Rosa del Amor Divino en contorno a mi casa, mis ventanas y mis puertas, encubran a mis vecinos, mis seres queridos, y que todo aquel que roce con el borde de este manto sienta el Amor Divino y pierda todo deseo de dañar la propiedad ajena. Gracias.

PARA IMPEDIR DAÑOS POR TERCEROS Y PARA HACER EL BIEN A AQUELLOS QUE NOS LO PIDAN:

Amada Presencia de Dios en mí y en... en Tu nombre me dirijo al Cristo en... y le hablo directamente: Te recuerdo que eres perfecto hijo de Dios, generoso, noble, justo, honrado. Te saludo, te reconozco y te recuerdo que Tú no quieres que tu Yo Inferior se conduzca de ninguna forma contraria al Concepto Inmaculado. Gracias porque sé que ya están poniendo el orden en Tu Templo.

PARA DESCUBRIR LA MENTIRA Y EL RENCOR EN NOSOTROS O EN OTROS:

En el nombre de la Amada Presencia de Dios en mí (o en...) cubro esta situación con el Manto de la Verdad (La Llama Verde) y deseo verla. Gracias, Padre.

EN TODA SITUACION QUE ESTE PRESENTANDO DESARMONIA:

Bendigo el Bien en esta situación y quiero verlo. Gracias, Padre.

_____

Junto con este libro debes usar el de las "MEDITACIONES DIARIAS" (sobre las Llamas) que hemos adoptado de la Organización titulada "El Puente a la Liberación", que dirige el Ascendido Maestro El Morya, Director del Rayo Azul.

Quién es y Quién fue el Conde St. Germain

INTRODUCCION

*En esta modesta obrita la autora no pretende dar
la última verdad respecto al Conde Saint Germain, ni el
Ascendido Maestro Saint Germain, siendo los dos una
misma persona. El propósito es de aclarar, en lo que
sea posible, primero ciertos "enigmas" que quedaron en
las mentes después de la desaparición del "Conde", en
el Siglo XVIII. Segundo, comunicar ciertas revelaciones
que nos han sido encomendadas, y que verás tú al final
del libro.*

*Estas aclaratorias y revelaciones son, además, de
gran valor para completar la "Enseñanza Metafísica Para
la Nueva Era", que nos fue transmitida por el propio
Maestro Saint Germain.*

*Al final encontrarás también una extensa bibliogra-
fía sobre el "Enigmático Personaje", pero esta autora
recomienda cautela en la aceptación indiscriminada de
todo lo escrito sobre El, en aquella época de gran ignorancia respecto a la Verdad Espiritual que hoy conocemos; ya que aquellos escritores de Memorias y Biografías,
reporteros sedientos de sensacionalismo, se basaban en*

suposiciones, conjeturas y opiniones personales, todo pro-
ducto de la mente carnal.

El Adepto venía siempre a espiritualizar la Europa
Medioeval; a tratar de impedir el gran desarrollo de la
efluvia conque hemos casi paralizado el planeta Tierra;
pero esto ha sido totalmente ignorado hasta el presente
por la gran masa humana, hasta que el pleno conoci-
miento de la Ley de Mentalismo y la actuación de la
Llama Violeta, están haciendo ascender la Conciencia
humana, para lograr escalar el Gran Peldaño Iniciático
en que nos encontramos ya, lanzándonos a la órbita de
Uranio ·· entrando a la presencia YO SOY.

El Conde Saint Germain

PRIMERA PARTE

QUIEN ES Y QUIEN FUE EL CONDE SAINT GERMAIN

CAPITULO I

Muchísimo se ha escrito sobre el fabuloso, enigmático, misterioso, Conde Saint Germain, el "Hombre Maravilla" que llenó el escenario Europeo en los Siglos XVII y XVIII.

Los archivos oficiales, papeles de Estado y Asuntos Extranjeros de toda Europa, contienen copiosas menciones del "Conde", y después de su desaparición surgieron numerosas novelas y "memorias"; las primeras inspiradas por el prodigioso personaje, entre las cuales se destacan como más famosas, "Zanoni" de Bulwer Lytton, "El Conde de Montecristo" de Dumas padre y "La Pimpinela Escarlata" de la Baronesa Orczy.

Al Conde lo rodeaban dos corrientes. Una de celos y envidia porque gozaba de la confianza y la admiración de reyes, sabios y estadistas más destacados de Europa. La otra corriente, de profundo respeto y afecto en la cual participaban las órdenes esotéricas, las sociedades secretas y las sectas ocultistas de todas partes.

La primera corriente procuraba hundirlo, encarcelarlo y desterrarlo a donde fuera llegando,

Tildándolo de traidor cuando más, de charlatán cuando menos, sin embargo jamás fue sorprendido en la más leve traición a la confianza que era depositada en él, ni sus "grandes riquezas" fueron jamás extraídas de aquellos con quien establecía contacto.

Todo esfuerzo para investigar la fuente de sus recursos, resultó infructuoso. No utilizaba ni bancos ni banqueros. Sin embargo, se movía en una esfera de crédito ilimitado, que jamás fue puesto en dudas por otros, ni abusado por él mismo.

Los intentos por apresarlo fracasaron siempre. El Conde se deslizaba y desaparecía misteriosamente, para reaparecer de inmediato en un país diferente.

Los escritos que surgieron más tarde, y que aún existen, no logran explicar una sola palabra de los enigmas y misterios tocantes al Conde ya que todo está basado en conjeturas, suposiciones, opiniones de la conciencia humana, sin un ápice de conocimientos esotéricos o espirituales.

La verdad sencilla respecto al Conde Saint Germain es que era un Iluminado, un Adepto, un Enviado Especial de la Jerarquía Blanca para cumplir múltiples misiones con numerosísimas obligaciones.

La historia repite a ciegas que nació el 26 de mayo de 1696, hijo del último soberano de Transilvania, Ferencz II Rakoczi y la Princesa Carlota

Amadea de Hesse Rheinfels, en el castillo Rakoczi en los Montes Carpatos.

Perseguido por Carlos VI, quien lo destronó, Ferencz II quiso proteger a su hijo el Príncipe Rakoczi, y después de haber hecho circular la falsa noticia de la muerte del pequeño, lo envió a sus dependencias de Florencia, al cuidado de Gian Gastone, el último de los Médicis.

El Príncipe era un mozo muy inteligente y adelantado espiritualmente. A los catorce años se destacó en el movimiento franc-masónico italiano, durante el tiempo en que seguía estudios en la Universidad de Siena.

Su padre era un patriota muy querido por su pueblo. Fue desterrado en Rodostó, Turquía, donde fue rodeado por una pequeña Corte hasta que murió en 1735. El Príncipe acudió al lecho de muerte de su padre, y luego fue enviado por el Sultán en misión diplomática a Transilvania.

Poco se sabe sobre el Príncipe durante esos años. La historia húngara no la trata con simpatía cuando lo llama "hijo de una alemana, que nunca vivió en Hungría, que creció alejado de la tradición Rakoczi, como un extraño en el pueblo de su padre", y en ese mismo año acusa (por segunda vez) su "muerte temprana".

Es importante que el estudiante se percate bien

de todas las aparentes contradicciones, para que vaya absorbiendo lo que la evidencia sugiere.

A pesar de que se manifestaba un muchacho adelantado espiritualmente, el Príncipe jamás dio ninguna prueba de las facultades que más tarde desplegó. Sin embargo, en el año 35, a la muerte de su padre, cuando lo iba a reclamar el pueblo y la Corte de Hungría, comienzan ciertos manejos extraños, que pronto iban a dar que hablar, y sin explicación posible para los testigos, por ejemplo: En los mismos momentos en que muere Ferencz II, su hijo, el Príncipe Rakoczi es visto en Holanda, estableciendo contacto con Sir Loane, Rosacruz prominente y Presidente de la Royal Society en Londres. Cuando el Sultán lo está utilizando en Turquía, el Príncipe es huésped del Shah de Persia. El Príncipe "muere" históricamente, públicamente, un año después de su padre, cuando los acontecimientos lo iban tal vez a atar a una vida oficial en Hungría, y apenas "muere" en Turquía, o en Transilvania, aparece en Escocia donde vive misteriosamente hasta el año 1745. De allí se traslada a Alemania y Austria con misiones industriales, de donde sale a estudiar alquimia en la India. No vuelve a aparecer hasta el año 58, donde establece contacto con el mariscal Belle Isle del ejército francés, pero en todos estos años ha actuado bajo los nombres de: Marqués de Montferrat, Conde Bellamare, Caballero Schoenig, Caballe-

Príncipe Rakoczi

ro Weldon, Monsieur de Surmont y Conde Soltikoff. Ha llegado el momento de comenzar su misión en París y se da a conocer por el Mariscal Belle Isle con el nombre de CONDE DE SAINT GERMAIN.

El mariscal Belle Isle lo lleva a París, lo presenta a madame de Pompadour, quien a su vez lo presenta al Rey de Francia, y comienza a desplegarse la magia desconcertante del Conde Saint Germain; desaparece para siempre el Príncipe Rakoczi, aunque la historia dice que para justificar su noble alcurnia ante el Rey, le dijo en secreto su nacimiento y procedencia, lo cual fue de inmediato aceptado por Su Majestad.

CAPITULO II

Habiendo nacido el Príncipe Rakoczi en el año 1696, cuando en 1758 llegó a París contaba sesenta y dos años. Sin embargo, representaba sólo treinta años de edad.

El mundo veía en él un joven y noble señor de modales exquisitos, de gran dignidad, de impecable cortesía. Su porte era militar, delgado y de mediana estatura. Su cuerpo era asombrosamente bien formado. Sus manos delicadas, sus pies pequeños, sus movimientos elegantes, su cabello era oscuro y fino, sus ojos pardos. Una de sus biógrafas, la condesa d'Adhemar, no se cansaba de ponderar: "¡Qué ojos! ¡Jamás los he visto iguales!"

Todo en él lo revelaba perteneciente a una muy antigua y noble familia. Vestía sobriamente, de corte impecable y de las mejores telas. Siempre llevaba medias de finísima seda.

Por la magnificencia de sus joyas, se le juzgaba inmensamente rico, se rumoraba el crédito ilimitado que gozaba en todos los bancos del mundo, y se cuchicheaba el lujo fastuoso en que vivía. Se aseguraba que ostentaba dos valets de pie y cuatro lacayos uniformados en color tabaco con galones de oro. Se comentaba su gran colección de casacas que cambiaba a menudo, y hacían eco sus botones, yuntas, relojes, sortijas, cadenas; se citaba un ópalo monstruoso y un extraordinario zafiro blanco del tamaño de un huevo, lo mismo que la variedad de sus diamantes, el tamaño, color y perfección de cada uno. Sin embargo, cosa extraña, nadie podía jamás jactarse de haber sido recibido en la casa del Conde. Frecuentaba las fiestas pero jamás lo vio nadie comer ni beber.

El Conde Saint Germain presentaba la invariable compostura, la conducta, el refinamiento y la cultura que caracteriza a los nobles de rango y educación. Todo esto unido a una fascinante conversación, una versatilidad para cambiar de tono y tema, que lo hacían siempre refrescante, inesperado e inagotable. Dada la impresión de haber viajado por el mundo entero y, sobre todo, de haber asistido personalmente a todo cuanto ha existido en nuestro planeta.

El Conde era, sin duda, un acabado diplomático, un genio artístico, un excelente músico y compositor, que ejecutaba al piano con maestría, que en el violín rivalizaba con Paganini, que cantaba con una lindísima voz de barítono, que pintaba y esculpía como los muy grandes, y que, al parecer, vivía eternamente, ya que por admisión propia su descubrimiento de un líquido especial lo había mantenido vivo durante dos mil años.

En Londres, en la casa Walsh de Catherine Street, en el año 1740, el conde publicó varias composiciones. Conocemos sólo una, un aria de su pequeña Opera "L'Inconstanza Delusa" (La Pérfida Inconstancia), compuesta en el estilo rococó del Siglo XVIII, muy bonito, muy florido. Al final damos la dirección donde se puede encargar el disco de esta pieza, que tiene además el atractivo —y la corroboración— de comenzar con las notas tonales del Adepto, Maestro Ascendido Saint Germain, DO-FA, de la Quinta octava del teclado.

Vamos a aclarar de una vez la razón del nombre que escogió este Adepto, para figurar en aquella Misión. Por supuesto, no cabe duda alguna que para que un hombre inteligente pudiera introducirse en la Corte más brillante de Europa, le era indispensable un bonito nombre y título nobiliario, francés con preferencia, y auténtico. Esto último tenía que ser a prueba de investigaciones. Corre el dato de que los dominios de Ferencz Rakoczi en Italia se llamaban "de San German". No podemos asegurarlo, ni tampoco comprobarlo, pero algo de eso hay sin duda, ya que los Maestros, teniendo el privilegio de mirar desde el pasado más remoto hasta el futuro más distante, cuando tienen que interferir personalmente, lo hacen ya equipados con toda la preparación necesaria. Su tarjeta de visita tenía que abrirle desde las puertas soberanas de las Cortes, hasta las más herméticas de las organizaciones espirituales, que tienen "Ojos para ver y Oídos para Escuchar".

EL CONDE SAINT GERMAIN
Ya hemos visto como entraba y salía...
COMES SANCTUS GERMANITAS

Habla en el idioma esotérico de todas las sectas. O sea que, COMES COMITO, o COMITOR es un alto grado franc-masónico. SANCTUS le habla a las religiones cristianas, y GERMANITAS, o fraternidad, es la consigna de todos los ocultistas.

Al introducirse en la masonería francesa, donde inició a Diderot, anunció que era "el más antiguo de todos los masones". Por no decir que había sido el propio fundador de la Orden.

El Maestro Saint Germain no tuvo necesidad de elegir otro nombre para continuar en sus misiones para los humanos, ya que paulatinamente ese nombre se iba transformando de acuerdo con el cambio de las conciencias espirituales, de "MIEMBRO DE LA FRATERNIDAD BLANCA", a "HERMANO MAYOR".

No estamos suponiendo o inventando cuando dejamos sentado que el Príncipe Rakoczi y el Conde Saint Germain eran una misma persona. La comprobación la dieron los Maestros cuando, al través de la Sociedad Teosófica, fundada por los Maestros Morya y Kuthumí, vino la siguiente comunicación por boca de EL TIBETANO, Adepto de la HERMANDAD BLANCA, casi un siglo después de la "muerte" del Conde Saint Germain:

"El Maestro que se ocupa especialmente del futuro desarrollo de Europa, y despliegue mental de América, es el Maestro Rakoczi. Es húngaro y tiene su morada en los montes Carpatos, habiendo sido en un momento dado una figura muy conocida en la corte húngara... También se ocuparon mucho de él cuando fue el Conde de Saint Germain. En la Logia de la Fraternidad Blanca se le llama usualmente "El Conde", y en América actúa como Administrador General en los planes de los Hermanos Mayores, puede decirse que actúa como encargado de llevar a la práctica, en el plano físico, los planes del Cristo".

Para todo el que sepa leer entre líneas, esta comunicación habla claro; pero como estamos para aclarar enigmas, haremos notar: "el despliegue mental de América" se refiere al Principio de Mentalismo, que aunque fue dado por Hermes Trismegisto, no se le dio la importancia capital que encierra, hasta que Mary Baker Eddy, fundadora de Christian Science comenzó a divulgarlo. Ella fue el anuncio de la Era venidera, Era de la mujer, a fines del Siglo XIX, exponente del Principio Mental que rige en esta Era.

La comunicación habla del Maestro Rakoczi en tiempo presente; y presente en el planeta, a pesar de que históricamente había "muerto". Dice textualmente: "El Maestro que se ocupa... *es*". También dice "es húngaro y *tiene su morada* en los Carpatos". Que "habiendo sido, en un momento dado, figura muy conocida en la corte húngara", de hecho admite que al mismo tiempo fue "el Conde de Saint Germain", y agrega: "de quien se ocuparon mucho".

La esencia de la comunicación afirma que al Príncipe Rakoczi se le llamaba en la Fraternidad Blanca "el Conde", fundiendo sin disimulos a las dos entidades. Luego admite que "El Conde" es el instrumento de la Hueste Ascendida en el continente americano, y finalmente deja entrever lo que para la fecha de la comunicación no se había divulgado aún, que el Maestro Saint Germain iba a ser el Avatar de esta Era de Acuario, trayendo "a la práctica en el plano físico", o sea *manifestándose* el Cristo de la Era, como se manifestó en la Era inmediata anterior, el Maestro Jesús.

Los Adeptos no tienen necesidad alguna de reencarnar para poder circular en la Tierra y entre los hombres. Si es que tienen que entrar en nuestra atmósfera por un tiempo corto, hacen denso el cuerpo etérico y por consiguiente visible a nuestros ojos físicos, o si es que tienen que cumplir una misión de larga duración, digamos de unos meses o unos años, ocupan un "cuerpo prestado", lo cual requiere el gasto de mucho menos energía que el sistema anterior.

Es totalmente impráctico renacer de un vientre de mujer, volviendo con la conciencia envuelta y sin memoria, además de tener que esperar tantos años para alcanzar la edad adulta y poder cumplir una misión de altura. La Transfiguración, o sea la ocupación de un cuerpo prestado, es el transplante de un espíritu, o ego, en el cuerpo de un Iniciado que esté dispuesto a ceder su cuerpo, en vida, o en el momento de morir.

Este cuerpo ha de ser absolutamente sano y el ego que lo habita tiene que ser adelantado, ya que las altas vibraciones del Espíritu que lo ocupará son muy fuertes. El transplante se hace gradualmente. Es de suponer que el Maestro ocupó el cuerpo del Príncipe Rakoczi en aquellos momentos en que se le declaró "muerto". Es posible que así le haya aparentado a los que lo rodeaban. Nada de extraño tendría que el Maestro hubiera fingido morir, ya que sabemos de dos otras ocasiones en que así lo hizo.

El Adepto que ocupa un "cuerpo prestado" tiene todo el poder para reformar la estructura atómica de ese cuerpo, de manera de adaptarlo a sus propias necesidades. Por esa razón el Conde Saint Germain no tenía necesidad alguna de comer, ni beber, ya que disponía de la Sustancia Universal, que obedece instantánea e incondicionalmente las ordenes de un Maestro.

El propio Maestro Saint Germain ha admitido haber ocupado unos cuarenta cuerpos prestados en diferentes ocasiones y por diferentes propósitos o misiones en la Tierra. Sabemos que uno de éstos fue el cuerpo de San José, esposo de María Virgen. Misión más delicada y misteriosa no ha habido nunca que sepamos. ¡Después de dos mil y pico de años, aún se ignora la completa verdad!

Otra ocupación de cuerpo prestado fue la del Almirante Cristóbal Colón, destinado a encontrar, sin perderse ni naufragar, el "Nuevo Mundo" anunciado por el Maestro Jesús, donde debían desarrollarse tantas nuevas dimensiones y conciencias. Sabemos por un antepasado de esta autora, íntimo amigo y compañero de viajes de Colón, que eran ocultistas los dos, lo cual da margen para deducir que poseían los dos un grado avanzado de conocimientos y que Colón podía muy bien haber prestado su cuerpo al Adepto que lo llevó al éxito en sus viajes, al mismo tiempo que cumplía los planes de la Jerarquía Blanca, como atestiguan los archivos planetarios del Royal Tetón de Norteamérica y Machu Pichu en Sudamérica.

Una tercera ocupación parece haber sido la del Libertador Simón Bolívar, ya que las actuaciones del Maestro Saint Germain siempre han sido en pro de la liberación de humanos, de naciones, de ideas, y de almas. Esta hazaña de Bolívar, con toda la gloria y la importancia que se le da y que merece, no ha sido aceptada en toda su magnitud. Escalar los picos nevados de la Cordillera de Los Andes, sin caminos, libertar sin armas ni soldados de escuela, fueron una serie de milagros característicos del "Conde" Saint Germain, y del Maestro Saint Germain.

CAPITULO III

Asombraba a todo el mundo la memoria extraordinaria del Conde Saint Germain. Repetía páginas enteras después de una sola ojeada. Hablaba sin acento alguno el alemán, el inglés, el italiano, el portugués, el español, el francés, el griego, el latín, el árabe, el chino, el hebréo, el caldeo, el sirio, el sánscrito, muchos dialectos orientales, y leía el cuneiforme babilónico y los jeroglíficos egipcios, todos con absoluta maestría.

El Conde era ambidextro. Podía escribir con ambas manos a la vez. Las dos mitades de su cerebro eran independientes, ya que con una mano podía escribir un soneto, y con la otra una carta de amor.

Aunque jamás hizo alarde de sus poderes ocultos, el Conde actuaba expontáneamente como un Mago Blanco, un Cabalista, un Hermetista, un Alquimista, un Iluminista, un Templario, un Gnóstico, un Francmason y un Rosacruz. Era clarividente, claroaudiente, viajaba astralmente, etéricamente, cósmicamente. A veces no se le veía en tres días. Entraba en un trance profundo sin despertar. Esto podía ocurrirle en casa ajena o en la suya propia. El historiador vienés, Franz Graeffer relata que un día, en medio de una conversación con el Conde, de pronto lo vio ponerse serio, rígido como una estatua, sus ojos usualmente tan expresivos, se hicieron incoloros y sin vida. Al rato se reanimó, se puso de pie y haciendo un gesto de despedida con la mano exclamó en alemán "Ich cheide" (me voy), "me verán una vez más, mañana. Se me necesita en Constantinopla, luego en Inglaterra. Por ahora tengo que ir a preparar dos inventos que verán en el próximo siglo. Un barco y un tren".

Tenía el hábito desconcertante de entrar en la cámara del Rey sin recurrir a las puertas. Simplemente aparecía y desaparecía sin disimular su facultad.

En las reuniones amenizaba relatando detalles de sus conexiones con Cleopatra, con Jesucristo, con la Reina de Saba, con Santa Isabel, con las Cortes de los Valois, con Santa Ana, con la antigua Roma, con Rusia, Turquía, Austria, China, Japón, La India. Tan pronto imitaba a Francisco I como revelaba altos secretos de Luis XIV, y de todo hablaba con mayor aplomo del que desplegaría el propio Encargado de Negocios de cada personaje.

En una ocasión en que relataba un episodio muy remoto, se detuvo con un pequeño aire de confusión y le dijo a su valet de pie: "Fue así el asunto, ¿no, Roger?" y Roger respondió: "El Señor Conde olvida que yo sólo tengo cuatrocientos años con El. Eso ha debido ocurrir en tiempos de mi predecesor". Por lo cual preguntamos aquí: ¿en dónde coloca a Roger, con respecto a la teoría del nacimiento en el Castillo de Rakoczi?

Por supuesto que todos estos prodigios son catalogados por la humanidad corriente en términos de "Magia", Blanca o Negra, según sea buena o mala. Pero como todo tiene una explicación perfectamente natural, y los seres humanos heredamos el mismo derecho legado por el Padre, Divino Creador nuestro, será bueno que se aclare el misterio de cada uno de los anteriores enigmas.

Cuando el ser humano alcanza su última encarnación en la Tierra, se dice que es Candidato para la Ascensión. La Ascensión ocurre porque la persona se ha desprendido de todas las ataduras con el planeta Tierra y con sus familiares; y al lograr limpiarse de toda la energía negativa, va llenando sus células de luz. Llega el momento en que la Magna Presencia YO SOY lo atrae hacia Ella y lo extrae de la Tierra: se ha vencido la gravedad de la Tierra. En ese momento el individuo tiene la oportunidad de escoger la Gloria o continuar ayudando a sus hermanos humanos. Es el momento en que el subconciente vacía su contenido y el ego recuerda todas sus encarnaciones pasadas, sin sufrir molestia alguna. Además recupera todas sus habilidades adquiridas y todos los idiomas que habló a todo lo largo de su corriente de vida. Puede disponer de sus "Tesoros en el Cielo", o sea de todo lo que contiene su Cuerpo Causal. Pero si el ego prefiere ascender a Gloria, debe entrear todo lo acumulado para bien de la humanidad.

La "Memoria Extraordinaria" no es, pues, sino la facultad natural de mirar hacia atrás y leer como en un libro, o ver como en una película, lo que venga en gana en el pasado, sin el Velo de Maya.

El ser ambidextro no es otra cosa que el haber sido "zurdo" en otras vidas. Es una habilidad adquirida y por lo tanto el individuo puede escribir con ambas manos.

La facultad de aparecer y desaparecer sin recurrir a las puertas, es condición de los cuerpos astral y etérico. El saber proyectarlos fuera del cuerpo físico se puede lograr con estudio y práctica. En vida del cuerpo físico éste se deja dormido en un lecho mientras se "viaja". Ayuda mucho el saber primeramente, que al sólo pensar en un lugar o en una persona, se está allí o con ella.

En cuanto a Roger, es tal vez la prueba más consistente de que *ambos* estaban ocupando cuerpos prestados en aquel siglo. Roger manifestaba ser pupilo, iniciado y servidor inseparable del Maestro.

CAPITULO IV

El "problema del dinero" es uno de los que más preocupa a la humanidad. En todas las crónicas respecto al Conde se manifiesta una gran curiosidad por saber de donde provenían las sumas que aparentemente derrochaba en sus joyas esplendorosas, para costear su vida en la Corte y para ataviarse tan noblemente. Sin los conocimientos espirituales que enseña la ACTIVIDAD YO SOY, no queda otra respuesta que la alquimia. El mundo le "plantó la chapa" de Alquimista y no buscó más.

La Ley de Correspondencia dice que COMO ES ARRIBA ES ABAJO y viceversa. La alquimia sí existe en todos los planos, sólo que como vamos descubriéndolo en todo, las cosas se hacen más sencillas, más livianas, más rápidas a medida que se asciende en el Plano Espiritual, y por lo contrario, se hacen más pesadas, más retardadas, cada vez más laboriosas, a medida que se desciende en el plano material.

La transformación de los metales en oro, es idéntica a la transmutación de la energía en el Plano Mental-Espiritual. Se trata simplemente de reconovertir las formas e imágenes mentales negativas, destructivas, en el "oro puro" de las virtudes que nos pertenecen en el Plano de YO SOY.

Cicerón dijo que la Filosofía es el conocimiento de las cosas divinas y humanas, y de sus causas y principios. Apliquese esta dualidad a la idea de la "piedra filosofal" que transmuta los metales en oro, y se verá muy claro que no se trata sino de un estado de cosas totalmente abstracto y nada físico. La "piedra", sabemos en Metafisica, que es la Fe; "filosofía" es la sabiduría pura, exacta (el filo de la navaja).

La alquimia es pues, primero espiritual y, muy al final, material. Pero no se puede aprender de abajo para arriba. El que sabe transmutar la energía por medio de la Llama Violeta, primero, y luego por medio de las demás Llamas, ha encontrado la Piedra Filosofal. Irá transmutando la acumulación de energía que le impide manifestar el "oro de la abundancia" en su vida.

Generalmente los alquimistas eran seres muy sabios, muy versados en las ciencias más ocultas. Los signos cabalísticos que empleaban eran fórmulas y ecuaciones muy profundas. Sus jerigonzas eran tapadijos para que los neófitos no se pusieran a experimentar con sustancias peligrosas, ya que los curiosos leen y le dan una interpretación totalmente errada a lo que leen, sobre todo lo espiritual, porque sólo hacen caso a la letra muerta.

Es verdad que ante los propios ojos de Jaques Casanova de Seingalt, el Conde tomó una moneda de doce centavos, la expuso a cierta llama hasta que se volvió roja, y cuando se hubo enfriado, se la entregó a Casanova. Tan grande fue el asombro de éste, al constatar que era oro puro, que expresó la duda de que Saint Germain hubiera tal vez cambiado una moneda por otra. El Conde simplemente le contestó: "El que duda de mis conocimientos, no merece hablar conmigo", y le mostró la puerta.

Para un ser de la talla del Conde Saint Germain, existen todas las posibilidades. Un Iniciado, un Adepto, un Maestro de esa magnitud no encuentra dificultad alguna para transformar un centavo en pieza de oro, cuando sólo tiene que alargar la mano y extraer del aire el oro que le sea menester.

Esta verdad no la puede ni creer, ni comprender sino aquel que se haya percatado del Principio de Mentalismo hasta el punto de hacer conciencia de él. Por haber sido totalmente ignorado hasta el siglo pasado, es que el mundo se llenó de alquimistas que buscaban oro por el camino fácil, ignorando la verdad.

Ya estamos en el peldaño en que muchos van a realizar el hecho de que si se visualizan en plena Llama Dorada, bajando de la Presencia, y sintiendo gratitud por ello, no tardarán en precipitar toda la sustancia que les sea necesaria. Este es un paso en la Alquimia Espiritual y no puede fallar.

Hay que aclarar un punto vital, sin el cual no actúa la Alquimia Espiritual. La Presencia YO SOY no puede hacer descender Su Sustancia Dorada al ego inferior. a menos que el canal se encuentre limpio. Limpio significa no entorpecido por la amargura. Esta amargura la forman las críticas, la chismografía, la mala voluntad, el rencor, el recuerdo constante de los males pasados, las emociones violentas.

La forma más práctica de lograr un ánimo ecuánime en todo momento, es el de esforzarse para no dejarse afectar por ninguna circunstancia lastimosa o que impaciente. Cuida tu alegría y tu buen humor, ya que toda pérdida de paciencia, toda consideración con el error te será cobrado con creces. No solamente porque afecta tu receptividad del Bien que desea darte tu Presencia YO SOY, sino porque cuando llegues a esas alturas, de Alquimia Espiritual, tus cambios de ánimo, tus fluctuaciones emocionales, afectan destructivamente a todo tu ambiente y a tus familiares y relacionados, y si eres jefe de grupo, a todo tu grupo. Para evitar este peligro, es mejor no asistir donde estén ocurriendo cosas tristes, negativas y dramáticas. Ya la persona que se halla en esta Octava, ni es menester que visite enfermos o que haga "pases" colocando las manos, o que contacte directamente ninguna especie de problema. Su Tratamiento Universal del YO SOY llega a todas las latitudes. Su tratamiento tiene que ser a distancia, porque muchas veces el practicante encontrará que sus vibraciones son demasiado fuertes para el enfermo.

CAPITULO V

El Landgrave Carlos de Hesse-Cassel, Duque de Schleswig, emparentado con el Príncipe Rakoczi por la madre de éste, la Princesa de Hesse Rheinfels, era un ocultista muy adelantado, íntimo amigo del Conde y tal vez el único que conocía toda la verdad respecto a El.

La muerte del Conde Saint Germain en el Castillo del Duque Carlos, en Eckernfoerde, en Suecia, el 27 de Febrero de 1784, es tan falsa como su nacimiento en Transilvania; pero no era la primera vez que el Maestro desaparecía de la circulación sin dejar tumba ni lápida, como veremos más adelante.

Por algo dijo Voltaire en una carta a Federico El Grande: "El Conde Saint Germain es el hombre que nunca muere y que todo lo sabe".

El Duque Carlos quemó todos los papeles del Conde después que éste desapareció, quedando únicamente el manuscrito de la MUY SANTA TRINO-SOFIA, único libro que dejó escrito el Conde Saint Germain.

Intrigada, Mme. Blavatzki, dos siglos después, hizo un comentario en la Sociedad Teosófica:

"¿No es absurdo que un hombre de la notoriedad de Saint Germain haya sido enterrado sin pompa ni ceremonia, sin supervisión oficial, sin el registro policial que siempre interviene en los funerales de los hombres de rango? ¿Dónde están estos datos? ¡No existe ni un papel que los contenga!"

Añádase a esta negativa, que el Conde ha sido visto muchas veces después del año 1784: En una conferencia privada muy importante con la Reina Catalina de Rusia, en el año 1785; se le apareció a la Princesa Lamballe momentos antes de ser decapitada; se le apareció a Jeanne Dubarry, la amante del Rey, también en los momentos que esperaba en el patíbulo, en los días del Terror de 1793; que el Conde de Chalons dijo haber conversado con Saint Germain en 1788, en la plaza San Marcos en Venecia, la noche antes que el partiera para Francia.

En el siglo presente, por los años de 1920, el obispo Leadbeater de la Iglesia Católica Liberal, paseando en Roma se encontró con el Maestro Saint Germain, vestido como cualquier caballero italiano y conversaron por más de una hora en el Pincio.

En los libros de la SAINT GERMAIN FOUNDATION, titulados "Misterios Develados" y "La Mágica Presencia", hay múltiples ocasiones en que el Maestro apareció, desapareció, convivió, conversó y enseñó a los altos personajes de la mencionada Fundación.

Hasta hace poco muchas videntes aseguran haber visto al Maestro Saint Germain en sus visiones psíquicas; pero hace algún tiempo que nadie lo ha vuelto a ver. Esto es porque le fue ofrecida una nueva Ascensión a un plano Mayor, donde goza de mucho más libertad para sus funciones de Avatar de la Era. Sin embargo, el Señor Maha Chohán dijo en una comunicación muy reciente, que al Maestro le hace falta el contacto con la parte física que antes tenía.

La Llama Violeta, que antiguamente era desconocida, ahora forma parte de nuestra enseñanza porque el Maestro la ha traído como regalo suyo al Planeta Tierra. Esta llama era exclusivamente aplicada a los Egos que estaban a punto de ascender, o sea en los Retiros Espirituales.

El Ascendido Maestro Saint Germain

SEGUNDA PARTE

CONTENIDO

QUIEN FUE EL MAESTRO SAINT GERMAIN

RE-ENCARNACIONES DEL ADEPTO ENTRE LOS AÑOS 303 y 1561

1. Saint Albans, Primer Mártir Inglés. Se ignora el nacimiento. Murió en 303.
2. Proclus, Neo-Platonista, nació en 410, murió en 485.
3. Robertus el Monje, indeciso, entre los años 1156 ... 1211.
4. Roger Bacon, el Monje Médico, nació en 1214, murió en 1294.
5. Christian Rosenkreutz, Fundador de la Orden Rosa Cruz, nació en 1378, murió en 1484.
6. Francis Bacon, Político, Filósofo, Escritor Inglés, nació en 1561, última encarnación antes de aparecer como el Príncipe Racokzi; al parecer no murió. Se dice que su tumba está vacía.

ACLARATORIA

Al Maestro no se le conoce ninguna encarnación en cuerpo femenino. Al parecer, jamás fue casado en ninguna vida terrena.

A pesar de que el Obispo C. W. Leadbeater, de la Sociedad Teosófica, en su libro "Los Maestros y el Sendero", cuenta entre las encarnaciones del Maestro Saint Germain, a Hunyadi Janos, Defensor de Hungría, esta autora se ha permitido excluirlo de este recuento, no obstante haberlo incluido en su libro "El Maravilloso Número 7", porque los detalles del nacimiento y muerte no presentan posibilidad de que sea verídico el alegato. O sea que Hunyadi Janos, dice la Historia de Hungría, nació en el año 1386, ¡ocho años después de haber nacido Christian Rosenkreutz! Hunyadi Janos murió en 1459, 25 años antes de la muerte de Christian Rosenkreutz. Ante este visible disparate la autora se exime de incurrir en él hasta que otras fuentes lo corrijan

PREFACIO

Orfeo de Tracia, poeta y cantor, parece haber sido el originador del Gran Sistema Filosófico del Occidente.

El nombre "Orfeo" viene de una palabra griega que significa "Oscuro". Aún no se sabe si Orfeo fue un oriental de piel morena que instituyó la enseñanza órfica, o si el "orfismo" se le llamaba así por ser un culto que practicaba orgías y ritos a un dios "oscuro" Tampoco se sabe si esa oscuridad se refería a que los ritos se efectuaban a puertas cerradas, o porque el dios, tal vez, sería negro. Lo cierto es que la ideología órfica sirvió de base a los más nobles sistemas de teología, en los cuales se destacaron Pitágoras y Platón.

En Grecia el orfismo era abierto, ya que consistía en una religión y un culto a la Historia Divina de una multiplicidad de dioses, la cual con el tiempo llegó a ser denominada "mitología griega". La generalidad rendía tributo a los Dioses, simplemente. Los auténticos órficos alegaban que cada una de sus divinidades simbolizaba, o un Principio Divino, o una Ley Inmutable, o una Facultad de la Mente Universal, o sea que es la pura y avanzada comprensión de los Rayos, Las Llamas, La Hueste Angélica, la Jerarquía Blanca y los Seres Cósmicos, tal como los conocemos hoy en la Actividad YO SOY.

El simbolismo es un irritante de la mente, la cual busca urgentemente una explicación; y a medida que los intelectuales griegos se iban dando cuenta de que su mitología era una especie de Gran Adivinanza que ocultaba importantísimas verdades espirituales, se entregaban a descifrar el rompecabezas con alma, vida y corazón. El resultado fue el estímulo y despertar de las facultades del pensamiento abstracto, desconocido hasta entonces. Por lo cual se estableció la Gran Era de Oro de intensa actividad intelectual-espiritual que produjo, en trescientos años, casi seiscientos filósofos que cambiaron la vida intelectual futura de todo el Planeta.

En Egipto crecía paralelamente la enseñanza esotérica con su Astrología y su magia astral, denominada Geometría, reservada exclusivamente a sus hierofantes y discípulos. Gradualmente se iba infiltrando en otros países, por conducto de estudiosos que, como Pitágoras, lograban ingresar en esa escuela, a fuerza de tenacidad. Pitágoras se instaló en las gradas del edificio hasta que después de siete años se le permitió ingresar. En Palestina imperaba la religión monoteísta.

Platón fue uno de los órficos que adaptó las doctrinas esotéricas a su Filosofía.

SAINT ALBANS

Vino al mundo el Maestro Jesús y divulgó su enseñanza cristiana, metafísica pura, rompiendo así la cáscara hermética del hebraísmo. Aunque los Apostoles y Evangelistas diseminaron la Enseñanza Cristiana, por orden de su Fundador (después de la Ascensión del Cristo) costó muchísimo y corrió mucha sangre antes de que se pudiera arraigar, como bien se sabe. El que le dio el mayor impulso fue Pablo de Tarso, medium, clarividente y clariaudiente —hoy en día el Ascendido Maestro Hilarión—, que aunque no conoció siquiera al Maestro Jesús, le oyó la voz y tuvo de El una gran manifestación en el camino de Damasco.

El "Hilo de Ariadna" que nos va a ir llevando, y persiguiendo, la trayectoria del Maestro Saint Germain al través de sus reencarnaciones en este planeta (siempre con el empeño de procurar mantener a nuestra humanidad en un mismo carril y sin desviarse), nos indica que el Maestro, después de haber venido en el vehículo de San José, para encauzar y proteger la vida de Jesús, fundador del cristianismo, o sea el próximo paso en el Sendero Espiritual, encarnó en un niño anglo-romano en plena época de martirios y torturas de cristianos, con el fin de llevar sus potentísimas vibraciones hasta los confines del imperio de Roma, en la ciudad de Verulamium, situada en lo que es hoy Hertfordshire, Inglaterra, a veinte minutos de Londres.

La isla que, andando los siglos, llegaría a ser el último y el más grande de los imperios del planeta Tierra, tuvo que ser la cuna de ese niño que llevaría el nombre de Albano (Albans) que llegaría a ser monje benedictino y que sería el primer mártir de Inglaterra. Era el año 303 de nuestra Era.

Alguien, no se sabe si fueron sus fieles seguidores o si fue la Iglesia Cristiana, más tarde, hizo marcar el sitio del martirio, levantando una abadía que nombró "Saint Albans".

Andando los siglos, en el año 757, Inglaterra se encontraba dividida en pequeños reinados. En uno de éstos, llamado Mercia, su Rey, Offa encontró las reliquias del mártir y erigió un monasterio benedictino en su honor. Este monasterio llegó a ser una de las casas más importantes de la Orden.

Finalmente, en el año 1077, fue construida una catedral gótica con los auténticos ladrillos de la antigua ciudad de Verulamium. El día 17 de junio se celebra el día de Saint Albans en Inglaterra, en nuestros días.

PROCLUS, EL NEO-PLATONISTA

En los altos círculos filosóficos se dice que "EL GERMEN DE TODA IDEA, AUN LAS IDEAS CRISTIANAS, SE ENCUENTRAN EN PLATON".

A medida que iba tomando cuerpo la ideología cristiana, iba decayendo lo que la Iglesia llamó "paganismo", o sea el orfeismo y el esoterismo, del cual era el exponente principal Platón. Un siglo después de Saint Albans, nació en Bizancio, Proclus (Proclo), en el año 410 A.D.

La historia dice que entre la muerte de Plotinus (27 anno Domine) y el nacimiento de Proclus ocurrió el crecimiento de la religión cristiana y la decadencia del clásico mundo pagano, añadiendo que Proclus vino a restaurar la tradición esotérica.

NEO-PLATONISMO viene del griego "neos", o nuevo, o sea que renueva el platonismo. Proclus estudió en Alejandría y en Atenas. Fue un seguidor de Plotino, quien representa "La Reforma de la Idea DEL UNO".

Proclus, el Neo-Platonista

El platonismo fue renovado varias veces en la historia. En el Renacimiento (Siglo XV), en la Escuela de Cambridge (Siglo XVII) y continúa siendo hasta nuestros días una corriente filosófica fundamental en las ideas espirituales modernas.

Ese PLATONISMO, es el anhelo místico de expander la conciencia para poder entrar en contacto con los seres divinos, directa y personalmente.

Te va a asombrar la similitud del NEO-PLATONISMO de Proclus, y la Metafísica moderna. Verás claramente que el Maestro renacía en los lugares estratégicos para enderezar el camino cada vez que se torcía, o para señalar nuevas rutas a aquellos que las anduvieran buscando.

El Neo-Platonismo decía: "La Unidad es una realidad. La Diversidad es una ilusión. Buscad la Unidad detrás de la aparente Diversidad".

El Neo-Platonismo estudia Principios Universales, por lo tanto, acepta a todos los dioses integrados en el Dios Uno. A todos los hombres como UNA Humanidad.

La Gran Verdad Neo-Platonista es que toda vida es UNA, y con esta convicción en el corazón, y los más nobles pensamientos, se hace una contribución positiva a la hermandad universal.

El Neo-Platonismo enseña la comprensión pero no la aceptación de lo inferior, ya que la comprensión trae la apreciación sin límite. El Neo-Platonismo aconseja la moderación en todo lo que se posee, para poder gozar plenamente de lo que se posee, ya que tener demasiado empobrece el gozo.

El Neo-Platonismo enseña que pertenecer a una Secta trae dogmas y los dogmas son limitaciones en las ideas. El sectarismo es una fuerza limitadora.

El Neo-Platonismo dice que se debe buscar el Bien en todo. No es que todo Bien sea agradable. Por ejemplo, es bueno estar infeliz cuando se desobedece una Ley Universal. Es bueno recibir un mal si hemos hecho ese mal a otros. Es bueno sentirse enfermo si se han desobedecido las leyes de la salud. Es decir, las cosas tal como estén, son buenas.

El Neo-Platonismo ordena que una vez que el punto de vista primario es comprendido y aceptado, el estudiante se convierte en instructor de otros.

Por eso, el Neo-Platonismo es especialmente práctico en nuestros tiempos.

Los intelectuales griegos decían que Proclus era un protegido de los Dioses. Que Minerva lo había recibido en su nacimiento, y que lo había protegido durante toda su vida. Naturalmente, como toda secta, toda enseñanza y toda religión contiene una parte de la Verdad; al nomás iniciarse una división de las conciencias, viene un "Avatar", un Maestro o un Profeta, siempre un voluntario, como antes dijimos, para "enderezar" lo desviado.

Proclus refería que muy jovencito se le había aparecido Minerva, y le había aconsejado estudiar Filosofía. Además, habiéndole dado una enfermedad que ningún médico supo diagnosticar, estando toda la familia reunida esperando su muerte, entró un joven radiante de cuya cabeza salían rayos de luz. Acercándose a la cama, le puso un dedo en la frente y pronunció su nombre, "Proclus". El niño se curó al instante y el joven se desvaneció.

Bajo semejante dirección divina, Proclus iba estudiando según la inclinación de su propia mente. Su capacidad intelectual era de las más altas. El mismo sabía que estaba destinado a ser sucesor de Platón.

Viajó a Egipto, estudió con un célebre retórico, y luego entró en la escuela de los hierofantes donde fue instruido en los misterios de la religión esotérica. En Alejandría estudió con filósofos griegos, matemáticas con Hero, un hombre de profunda espiritualidad y versado en los misterios de los números. Luego quiso estudiar doctrina aristoteliana con el Maestro Olympiadoro quien se impresionó tanto con las capacidades de Proclus, que le ofreció su hija en matrimonio para que no se alejara de Alejandría. La muchacha era una gran filósofa, por supuesto, pero Proclus, guiado por su mentora divina, continuó preparando su mente en la disciplina platónica.

Habiendo cumplido veinte años, Proclus se fue a Atenas, la ciudad guardiana de la Filosofía, y fue puesto en contacto con Syriano, el sabio más destacado del momento, experto en las doctrinas de Orfeo Pitágoras y Platón. Luego pasó a estudiar con Plutarco que, aunque estaba muy anciano y ya no aceptaba discípulos, sin embargo aceptó a Proclus como pupilo y le tomó un afecto tan entrañable que lo invitó a hacer su residencia con él hasta que le acaeció la muerte dos años después. Dejó instrucciones nombrando a Syriano su sucesor en la educación de Proclus.

Ya habiendo absorbido los misterios menores, Syriano lo inició en la Disciplina Sagrada de Platón. De esta manera alcanzó su plena estatura de sucesor de Platón, por una progresión ordenada, y por los méritos de su propia mente. A los 28 años era un reconocido dirigente entre los platonistas y había escrito un gran número de obras, incluyendo un sabio comentario sobre el Timeo de Platón.

Proclus no comía carne animal, pero aconsejaba a los demás comerla ocasionalmente para la fuerza física. Ayunaba una vez por mes y celebraba la luna llena con abstinencia, en lugar de festejos como era la costumbre. Era un abogado del sentido común en cuanto a todo lo que se debía seguir con respecto al cuerpo físico. Para los estudiantes de Filosofía recomendaba una dieta liviana, ya que los alimentos pesados, la digestión cargada, interfiere con el despejo mental que se necesita para establecer contacto místico con las divinidades.

Proclus sucedió a Syriano como Director de la Escuela Neo-Platonista de Atenas, el año 450 A.D. De allí en adelante se dedicó por entero al misticismo platónico.

Los cristianos estaban rápidamente socavando los misterios griegos, y el odio que profesaban hacia él lo obligó a buscar refugio en Asia Menor. Merinus, un discípulo de Proclus, describe ese odio como "un ataque de buitres". Estuvo en Ley, ya que esto lo obligó a estudiar los misterios de la filosofía de Oriente. Después de un año enriqueciendo su acopio filosófico, Minerva lo envió a regresar a Atenas donde permaneció el resto de su vida.

Proclus era tolerante con todas las religiones. Se unía a todos los ritos y celebraciones de los diferentes dioses. Opinaba que las diferentes creencias honraban a los mismos dioses bajo diferentes nombres. Llegó a los 75 años. Tenía un gran círculo de amigos unidos en una hermandad pitagórica. Murió en Atenas y fue sepultado cerca de su Maestro Syriano. Su vida activa la terminó a los setenta años. Su muerte fue anunciada por una serie de perturbaciones celestes incluyendo un eclipse solar.

El epitafio de su lápida fue escrito por él mismo. Quiso un entierro sencillo, sin las acostumbradas "lloronas". Murió en el año 485.

La Escuela Platónica de Misticismo cesó como movimiento separado, y la corriente de su pensamiento se mezcló con la corriente creciente de la metafísica cristiana.

Yo, Proclus, habiendo pagado la deuda a la naturaleza, en el polvo de Lycia he de quedar. El gran Syriano formó mi juventud y me dejó su sucesor en la Verdad. Una tumba en común tienen nuestros cuerpos, y en las Planicies Etéricas un común lugar nuestras dos almas.

ROBERTO EL MONJE

Nos ocurre algo extraordinario, y es que no sabemos cual de dos ROBERTUS escoger para decidir cual fue el Maestro Saint Germain. Vamos a relatar lo que se sabe de ambos, y tu decidirás cual te parece el más indicado.

El primero de los dos, Robertus de Torigny, monje, nació en el año 1110. Fue prior de Bec primero, luego abad del Mont Saint Michel.

Escribió crónicas históricas que cubrían un período desde el año del Señor 385, hasta el año en que murió, 1186. La historia refiere que sus escritos fueron de gran valor para la historia anglo-normanda, al tiempo que también lo fueron por tratar de asuntos continentales. Es pertinente que este ego pudiera recordar los sucesos de sus dos vidas anteriores, una ocurrida en los años de 303, que coincide con la Historia que fechó "385", la segunda en el próximo siglo, o sea muy cercana a la anterior; y luego, el dato de que era valiosa para la historia anglo-normanda Albano residió en el Sud-Oeste de la Isla que, siendo posesión romana, fue invadida por los normandos.

El segundo, ROBERTUS DE AUXERRE, monje, nació en 1156, murió en 1211.

El abad del monasterio de Saint Marien, donde ingresó, le exigió que escribiera una historia universal que abarcara el período entre la creación del mundo y el año 1211, año en que esto ocurría.

Robertus de Auxerre se volvió una autoridad de la historia entre los años 1181 y 1211, año en que murió. Después de su muerte otros escritores continuaron la labor, pero la historia de Robertus de Auxerre fue constantemente utilizada por todos los demás historiadores. El manuscrito original se conserva siempre en Auxerre.

El "Hilo de Ariadna" nos dice que es típico del Maestro Saint Germain comenzar algo y convertirse en autoridad de ello. Si este fue nuestro Amado Maestro, algo muy grande debe haber en ese fragmento, que hizo encarnar a un ser y vivir sólo cincuenta y cinco años, ¡justo el tiempo para efectuarlo!

ROGER·BACON: EL MONJE MEDICO

Conocido por "DOCTOR MIRABILIS", nació en Somerset, Inglaterra, en el año 1294. Grandes cosas venía a hacer el· Espíritu del Maestro. Volvía a nacer para actuar. en Ordenes Religiosas (nos dice el "Hilo de Ariadna") cuando tenía la Inquisición setenta años actuando y había que poner un contrapeso. Nació en Inglaterra, donde no entró la Inquisición, con toda la intención de defender a capa y espada el desarrollo esotérico que él —en la persona de Proclus— había restablecido en la tradición religiosa. La Inquisición quería a toda costa aniquilar y desaparecer, desacreditando y quemando vivo a todo el que manifestara poseer, ni más ni menos que ¡los dones del Espíritu Santo! Tildando de "brujerías" todo lo que no fuere dogma y fanatismo.

Naturalmente era un muchacho notable por su gran precocidad. Escogió su cuna en el hogar de un rico granjero que le pudiera permitir dedicarse a todo lo que se le antojara estudiar, y nació con una gran avidez por los estudios. El granjero que creyó lograr

Roger Bacon, el monje médico

un hijo varón que llevara el arado, se encontró que le era imposible obligar a su hijo a ninguna otra cosa que no fuera los libros. Lo llevó donde el cura del pueblo quien lo aceptó gustoso; pero pronto se formó tal conflicto entre el padre, el hijo y el cura, que Roger se fugó de su casa y fue a refugiarse en un monasterio franciscano donde pudo entregarse a sus estudios. Con el tiempo los frailes franciscanos lo enviaron a Oxford a completar su educación, y más tarde a París.

Entre tantas otras cosas, estaba en Ley que Roger se interesara en las Ciencias Ocultas, y pronto adquirió grandes conocimientos en magia blanca, como se les dice hoy.

Para esto había encarnado el Espíritu de Saint Germain, y Roger Bacon se dio a conocer por siempre como el Frater del Ocultismo. En compañía de Alberto el Magno, Obispo de Ratisbonne, alquimista, cientista y mago, y el tutor de éste, Tomás de Aquino, sabio, logista, severo metafísico y mago, practicaban no solamente la alquimia sino lo que entonces se llamaba "ciencias experimentales", pero que no eran otra cosa que lo que hoy se les dice "brujerías", lo cual, a su vez consiste en la colaboración de Elementales del Plano Psíquico, en lo cual eran expertos Moisés y los hierofantes egipcios.

Además de esto, Roger Bacon se destacaba en química, matemáticas, astronomía, metafísica, biología con especialización en la multiplicación de las especies, en ingeniería, construcción y ciencias mecánicas por las cuales anunció la posibilidad futura de barcos sin remos, de coches sin caballos, de máquinas para volar que luego fueron un hecho. En medicina mereció el título de DOCTOR MIRABILIS por su obra "De Mirabilis Potestate Artis et Natura".

Descubrió los lentes convexos para telescopios y para corregir la presbicia. Su nombre será siempre asociado con la pólvora que ayudó a descubrir. Sus experimentos en la química lo llevaron, por supuesto, a investigar la "Piedra Filosofal" y de allí a la Purificación del Oro y al Elixir de Vida sólo había un paso. Por efectos de la purificación del cuerpo, con la ayuda de ciertas yerbas apropiadas y un conocimiento de los astros, compuso el líquido que luego, (cuando actuó en la corte de los Luises) mencionó como razón de su longevidad.

Roger Bacon era un luchador por la libertad de pensamientos, y en una era de tanta ignorancia, todas estas cosas eran vistas con profunda sospecha, hasta el punto de terminar con la persecución por los Hermanos de su propia Orden, quienes al fin lo echaron a la calle por rebelde y revolucionario. Pero para esto precisamente había encarnado ese Ego y se fue a refugiar en París, donde había hecho sus estudios. Sin embargo, allí se encontró bajo un régimen de represión y apeló al Papa Clemente IV quien expresó el deseo de poseer copia de su obra. El fogoso franciscano logró insultar a todo el mundo inclusive a Alberto el Magno y a Tomás de Aquino a quienes catalogó de ignorantes e iletrados en Filosofía y Metafísica, como también a sus confráteres los franciscanos y los dominicos. ¡No en vano es nuestro Patrón y Avatar de la Nueva Era!

Después de tanta conexión con órdenes y países de lengua latina, ya no escribía en otro idioma que en latín, y, a pesar de grandes problemas económicos logró terminar sus obras: "Opus Majus", "Opus Minus" y "Opus Tertium". Estos encontraron favor con Clemente IV y le fue permitido regresar a Oxford para continuar sus estudios científicos. Allí escribió un compendio de Filosofía en el cual manifestaba el error entre las relaciones de la Filosofía y la Teología. Esto desagradó tanto a las autoridades eclesiásticas que lo encarcelaron y le quemaron todos sus libros.

Con relación a su tiempo, el nivel intelectual de Roger Bacon era de suma altura. El fue el primero en propugnar que la observación y la experimentación eran indispensables para alcanzar conocimientos científicos en las Ciencias Naturales, o lo que es lo mismo, que no se pueden estudiar los fenómenos psíquicos (léase magia y brujería, espiritismo, etc.) sin experimentarlos.

En una ocasión estaba el Rey visitando a un noble señor de Oxfordshire, y conociendo la fama del monje Bacon, el Rey expresó el deseo de conocerlo. El señor del castillo envió un mensajero a buscarlo a Oxford. Roger asintió y le dijo al mensajero: "Salga usted adelante y anúncieme, aunque mejor le predigo que yo llegaré antes que usted donde el Rey". El mensajero se rió y le hizo la apuesta que él llegaría pronto, ya que no eran sino apenas unas cinco millas. Sin embargo salió de inmediato y el monje poco después.

Roger llegó donde el Rey quien le dio la bienvenida y le pidió que le diera a él y a su Corte una manifestación de sus habilidades. Roger aceptó cortésmente y le contestó al Rey:

—Le daré gusto a varios de vuestros sentidos, Majestad. Diciendo lo cual sacó una varita llamada "de virtud", hizo unos movimientos en el aire. De pronto se oyó una bella música que venía del éter. Haciendo otros gestos, hizo aparecer un grupo de bailarines quienes formaron un precioso ballet al son de la música. Volvió a gesticular Bacon y se esparció un delicioso perfume por todo el ambiente.

Desapareció el cuerpo de baile y apareció una mesa colmada de los más deliciosos manjares. Comieron todos los personajes presentes y Bacon se dirigió al Rey para saber si aún deseaba ver algo más de su magia. El Rey se mostró satisfecho y le instó

a que pidiera algún favor a su vez. Roger le contesto
que no deseaba otra cosa que encontrar el favor de
su Rey. Este le aseguró el amor de su Corte y el de
El mismo y le hizo el don de una preciosa joya.

Al darle las gracias, Bacon le comentó: "Al que
no veo aquí es el mensajero por el que Su Majestad envió a buscarme". Todos los cortesanos voltearon a buscarlo por todas partes con la mirada, y de pronto
uno de ellos exclamó que allá lo veía venir. Se pre-
sentó en efecto el mensajero, pero tan destartalado
y tan molesto que al ver a Bacon le lanzó una im-
precación de ira. Para apaciguarlo Roger le dijo:
"Tengo una manifestación especial para usted, amigo,
mire!" y diciendo levantó uno de los cortinajes del
salón, descubriendo una de las ayudantes de cocina,
cucharón en mano y asustadísima por haber sido
descubierta.

—Pero, agregó Bacon, como no estoy a punto
de saber cómo anda usted de dinero, voy a hacerle el
favor de costearle el viaje hasta su casa de usted, a
esta amorosa chiquilla, y se desapareció la muchacha.

Esto es una muestra de los espectáculos que
gustaban en aquella época, y que practicaban los tro-
vadores y actores de la Edad Media. Se lograban
con la colaboración de los Elementales del Plano
Astral, o psíquico, pero acarreaban un gran peligro,
y es que una vez que se le abre la puerta a los Ele-

— 373 —

es muy difícil desalojarlos y que regresen a su plano. Por esta razón perduraron tanto tiempo los encantamientos de castillos, los aparecidos en lugares muy antiguos; donde quiera que se hablaba de una casa encantada, o de cuentos de aparecidos, de fantasmas, o de personas que "vendían su alma al diablo" u otros favores, ocurría porque habían habido espectáculos y ocurrencias en esos lugares. Aquellos Elementales a quienes se les abría la puerta astral, no querían volverse a ir del plano físico. El "diablo" no era sino un Elemental que se presentaba en forma y con aspecto terrorífico y que ofrecía todas las maravillas para engatusar a los incautos con el fin de que se le abrieran de par en par las puertas del plano físico.

Tal es el relato de un caso típico en que actuó Fray Roger Bacon. Un hombre estaba acribillado de deudas y un Elemental trajeado de diablo le ofreció grandes sumas de dinero para salvarlo, siempre que le prometiera entregarle su alma después de haber pagado todas sus deudas. Como era de imaginar, el hombre pagaba y pagaba pero no tenía ninguna prisa de terminar de liquidar todas sus deudas. Llegó al fin el momento en que no podía hacer esperar más tiempo a sus acreedores, y su desesperación era tal que iba a quitarse la vida, cuando Fray Bacon le detuvo la mano y le preguntó el motivo de aquello.

El hombre le refirió los hechos y el monje le contestó:

—Vaya al lugar de la cita con el diablo, pero niegue todo lo que él le reclame. Si continúa reclamándole, insista en nombrar un juez, y sobre todo insista en que sea el primer hombre que pase por allí.

El hombre procedió tal como se le había dicho, y cuando el diablo insistió diciéndole: "Tu alma me pertenece ahora y yo insisto en que me la entregues", el hombre repuso: —Yo insisto en que interfiera un juez. Vamos a detener el primer hombre que pase por aquí.

—Muy bien, repuso el diablo, y esperaron unos minutos. Pasó Fray Bacon, como lo esperaba el hombre, y deteniéndolo le explicó la situación. El Diablo también le dirigió la palabra a Fray Bacon diciéndole: —La condición era que una vez terminado de pagar a sus acreedores, me pagara a mí, entregándome su alma. El tiempo ha expirado. Ya ha pagado todo.

El monje contestó: "Está claro como el día, siempre que sea verdad que ya pagó todas sus deudas".

—Pregúnteselo a él mismo —dijo el diablo—. El hombre convino en que eso era la verdad. Entonces Fray Bacon continuó: "Dígame, buen hombre usted no le ha entregado nada aún al diablo?"

—Nada, señor.

—Entonces —contestó el monje— no le de usted ni un centavo y quedará libre. El convenio fue, dijo dirigiéndose al diablo, que usted respetaría a este hombre mientras debiera algún dinero. Pues entonces, ¿cómo va usted a molestarlo si le debe a usted todo lo que le entregó? Yo le ordeno a usted que desaparezca, ¡por la Santa Cruz!

El diablo desapareció en un relámpago y el fraile volviéndose al hombre le recomendó que jamás le pagara un centavo al diablo.

Poco a poco se fueron arrepintiendo las gentes por haber inmiscuido a los Elementales en asuntos del Plano Físico y se fue regando la especie de que "traía mala suerte" aquello de invocar a los espíritus en el llamado "espiritismo".

Almas valientes y estudiosas como la de nuestro Amado Maestro se encargaron de enseñar la Verdad a través de los tiempos.

El monje Roger Bacon estuvo encarcelado durante catorce años. Fue al fin puesto en libertad, pero murió a los dos años, en el 1294.

CHRISTIAN ROSENKREUTZ

Nació en el año 1378, murió en el año 1484
Alemán, noble, huérfano, fue educado en un
Monasterio donde aprendió el latín y el griego.

La religión de Cristo estaba siendo muy mal
entendida y pésimamente enseñada. Evidentemente el
Adepto venía a enderezar esa carga. A los 17 años se
fue del monasterio en compañía de un frater y viaja-
ron a Damasco, a Jerusalen, a Arabia, a Egipto, a
Marruecos y a España.

A la gran pena de Christian, su frater murió en
Chipre. Sin embargo resolvió continuar viaje solo.
Llegando a Damasco se enteró de un círculo secreto
de teósofos que habitaban la ciudad de Damcar. Se
encaminó hacia ésta dirigido por ciertos árabes. Llegó
el día en que cumplía 16 años. Fue recibido gracio-
samente y le fue anunciado que hacía tiempo que se
le estaba esperando. Para comprobarlo, los hermanos le refirieron varias escenas de su vida. Eran expertos en las artes mágicas y el joven decidió permanecer con ellos.

Procedieron de inmediato a iniciarlo en ciencias ocultas. Aprendió el idioma árabe y tradujo el libro "M" al latín. Después de tres años de instrucción mística y de acuerdo con las instrucciones de los hermanos, dejó la ciudad misteriosa y se trasladó primero a Egipto y luego a Fez. Allí se conectó con otros Maestros que le enseñaron la mejor forma de invocar a los espíritus elementales. Terminado su período iniciático en Fez, a los dos años se trasladó a España donde intentó convencer a los doctos del error en que se hallaban, pero los eruditos se rieron de él y le participaron que ellos habían aprendido las "artes negras" con un Maestro muy superior a él, o sea con el propio Satanás en la Universidad de Salamanca.

Lleno de noble indignación se sacudió el polvo de España y fue a otros países donde, lamentablemente, encontró el mismo trato. Al fin se refugió en su país de origen y permaneció allí recluido en la soledad, escribiendo.

Después de cinco años de una vida de ermitaño resolvió que el que ha logrado alcanzar la trasmutación de los metales y la manufactura del elixir de vida, sin duda estaba destinado a un más noble propósito que el de rumiar en la soledad. Por lo menos esas eran las opiniones de los que lo rodeaban. No sabemos las disposiciones de la Jerarquía Cósmica que lo dirigía.

Poco a poco reunió en su contorno los miembros que iban a formar la Orden Rosacruz. Cuando el número llegó a cuatro hermanos, inventaron un lenguaje mágico y un diccionario colmado de la Sabiduría Oculta y titulado TODO LO QUE EL HOMBRE PUEDA DESEAR, PEDIR Y ESPERAR. Tradujo al latín la sabiduría de Salomón, de Moisés y de Enoch y fundó la primera de las Sociedades de la Rosa Cruz, que fue llamada LA CASA DE SANCTUS SPIRITUS.

Cuando ya eran ocho hermanos decidió separarlos para que recorrieran mundo fundando Capítulos de la Orden en ocho diferentes países. Convinieron en que la Orden debería permanecer secreta durante cien años.

A su tiempo C.R.C. murió y fue sepultado en una de las casas secretas de la Orden. Los miembros originales desaparecieron y no fue hasta la tercera generación de sucesores que, durante unas reparaciones, apareció la tumba en una cripta oculta. Estaba inscrita con carácteres mágicos, y según la historia de la Orden, "Iluminada con el Sol de los Magos". El cuerpo se encontraba en perfecto estado de conservación, como ocurre con todo iluminado cuyas células limpias se llenan de luz, y por lo tanto no pueden corromperse. En el sarcófago habían documentos de gran valor para la Orden, y que esclarecían las confusiones que estaban molestando a los diferentes capítulos, los cuales alegaban que el tal Christian Rosenkreutz era seguramente un impostor o un símbolo, ya que cada Capítulo se consideraba la Casa Original. Uno de los documentos disponía la divulgación de los propósitos de la Orden por medio de una circular invitando a la iniciación a toda persona preparada y sincera.

En el año 1614 los filósofos y alquimistas del pueblo de Cassel en Alemania, fueron sorprendidos por la publicación de un panfleto circular que llevaba el título de FAMA FRATERNITATES, u opinión fraternal de la Meritoria Orden de la Rosa Cruz, dirigida a los eruditos en general y a los cabezas de Gobierno de Europa

Era un mensaje de algunos Adeptos anónimos profundamente perturbados por la condición de la humanidad, y que ansiaban su regeneración y su perfeccionamiento. Proponía que todos los hombres sinceros se unieran para establecer una síntesis científica para encontrar el sistema perfecto para el desarrollo de las "artes" (ocultas). Abogaba por la terminación de todas las discordias y conflictos entre los intelectuales de la época, y también la disolución de las autoridades con sus teorías anticuadas. Hacía hincapié sobre el hecho de que, así como la religión había sido reformada y aseada, igual destino le correspondía ahora a la ciencia. Proponía que todo esto fuera dirigido por una Hermandad de Iluminados, Hijos de la Luz, quienes habían sido iniciados en los misterios del Oriente por un alto miembro de la Jerarquía de Adeptos, y estaban capacitados para llevar la Era a su Perfección. Esta circular tuvo siete ediciones en tres años.

Christian Rosenkreutz trabajó con los alquimistas Jacob Boehm, Geothe y Wagner, todos movidos por el mismo espíritu que repudia la religión ortodoxa, que huyen de los dogmas y la esclavitud, y viene a implantar la libertad de los Hijos de Dios en alguna forma nueva.

Los hermanos de la Orden Rosa Cruz admitían que el espíritu del fundador estuvo en continuas existencias físicas, tomando un cuerpo nuevo cada vez que sus vehículos habían perdido su utilidad, o para cambiar el campo de sus actividades, lo cual concuerda con la comunicación del Maestro Saint Germain respecto a su ocupación de más de cuarenta "Cuerpos Prestados"

Sir Francis Bacon

FRANCIS BACON (1561)

La historia lo declara hijo de Sir Nicolás Bacon y Lady Anne Cooke; pero las murmuraciones de la corte anunciaron que había nacido hijo de Isabel I de Inglaterra y del favorito de los favoritos, Sir Robert Dudley, Conde de Leicester.

Francis Bacon nació en el año de 1561; y hay que recordar primeramente, que el año anterior, o sea en 1560, la reina y Dudley hicieron varios intentos de unirse en matrimonio secretamente. Todos los intentos fracasaban porque la reina dejaba de acudir a las citas clandestinas. En la última de éstas, habiendo ella prometido solemnemente que acudiría, Dudley se cansó de esperar, y ya cayendo la noche, despidió al juez y se disponía a retirarse cuando llegó la reina. Se había apresurado únicamente para decirle a Dudley que la disculpara, pero que inconvenientes insuperables de la Corte le habían impedido cumplir su palabra y lo habían estropeado todo.

La reina entró al coche, blindado de cortinajes, y juntos desaparecieron en la noche. Al día siguiente, como si tal cosa, la reina recibía en su despacho los asuntos de su reino, pero a los pocos meses "surgió" la estratégica moda del talle puntiagudo y rígido como una tabla que bajaba del pecho, entre voluminosos "polissons" de cada lado y sobre las caderas, todo atrevidamente diseñado como para disimular un embarazoso embarazo.

La reina había, al fin y al cabo, desistido de toda idea de matrimonio. Isabel avaloraba demasiado su derecho de reinar a su antojo y sin interferencia, y continuó apodándose "la Reina Virgen". Para poder continuar esta farsa (en la hipótesis de que el niño Francis fuera de ella), había que entregarlo en adopción a algún cortesano. Más adelante veremos como todo iba comprobando la verdad; la Verdad que siempre está a la vista del que "tenga ojos para ver".

Francis Bacon nació, pues, en el año 1561, como quien dice, por esos mismo días. Resultó ser lo que tenía que ser, un muchacho excepcionalmente inteligente. Entró a la Universidad de Trinity a los doce años de edad y a Cambridge tres años después. No había cumplido los 16 años cuando ya le había tomado aversión a la filosofía de Aristóteles. La encontraba estéril y desprovista de todo lo que pudiera beneficiar prácticamente la vida del hombre.

Al terminar en las universidades, los señores Bacon lo enviaron a París, bajo la tutela del embajador inglés, para estudiar política y diplomacia Allí se interesó en la ciencia experimental, emitiendo un concepto radicalmente nuevo sobre el objetivo del saber humano, y expresando que en la antigüedad el único fin era el de descubrir nuevos argumentos verbales, en cuanto que la ciencia moderna buscaba vencer y dominar la naturaleza arrancándole sus secretos, no por medio de eternas palabrerías, sino por la experimentación; la unión de la teoría y la práctica; el conocimiento y la técnica. Como verás, era el mismo objetivo que lo impulsaba a través de todas sus vidas. Comenzaba ya a escribir su magna obra, "Instauratio Magno de Dignitatis Scientiarum" destinado a devolverle al hombre su autoridad sobre la materia. El "Hilo de Ariadna" nos sigue señalando el temperamento del Adepto en su costumbre de producir todos sus escritos en latín, y en su empeño de llevar a la humanidad a dominar y a libertarse de toda atadura y represión

La muerte de Sir Nicolás Bacon lo obligó a regresar a Londres donde encontró que el testamento de su padre le adjudicaba la parte flaca del "hijo segundón", y lo forzaba a ganarse la vida. Se entregó al estudio jurídico.

Francis Bacon pasó veinticinco años de su vida a la sombra de Lord Burghley, tío de él por parte de su madre, el cual lo obstaculizaba y lo humillaba sistemática y constantemente y en forma tan marcada que daba a pensar que le había sido entregada la tutela del joven para que lo mantuviera, no solamente vigilado, sino dominado y reprimido. Todos los intentos de Francis para lograr su situación apropiada en la Corte fueron infructuosos. Se diría que la Reina Isabel no tenía otro empeño que el de mantener alejado y olvidado aquel vástago de un pasado desafortunado. Al fin, tal vez forzado por las habladurías cortesanas y las suposiciones desfavorables para la Reina y su agente Burghley, éste le obtuvo un asiento en el Parlamento; pero toda idea de que pudieran aprovecharlo como instrumento dócil fue disipada. Lo primero que hizo el joven fue colocarse en la oposición contra una petición real que surgió. Esto, por supuesto produjo la desaprobación de la reina y del tío Burghley y no hubo más favores.

Sin embargo resultaba casi imposible reprimirlo, ya que los múltiples talentos de Francis, sus trabajos científicos y literarios, aún en los momentos de mayor lucha contraria, engrandecían su reputación. En 1605 publicó su "Avance del Conocimiento Divino y Humano" que constituía la primera parte de su "Instauratio Magno", el cual iba a dar al mundo un nuevo sistema de aprendizaje y pedagogía.

Con Francis Bacon comenzó otra vez la Edad Moderna de la Filosofía. Al Organon de Aristóteles, él opuso su Novum Organum. Así como Proclus había restaurado el neo-platonismo, Francis Bacon hizo renacer por cuarta vez en la historia del intelecto humano el platonismo y el neo-platonismo, libertando los intelectos de su tiempo de las discordancias de las teologías aristotelianas. Lord Bacon era Rosacruz. Llegó a ser imperator de la Orden.

La *vox populi* continuaba murmurando acerca de Francis Bacon y se aseguraba que las comedias habilísimas que lanzaba un tal William Shakespeare, no eran sino de Francis Bacon.

El que firmaba las obras, o sea el William Shakespeare que en ellas aparece, era hijo de un granjero de Stratford-on Avon. No era exactamente un campesino ya que había desempeñado algunos cargos municipales en dicho pueblo, pero tampoco era persona que pudiera dispensarle a su hijo la suficiente cultura para que éste se expresase en los términos poéticos y eruditos del teatro shakespereano. Tampoco podría el hijo del granjero conocer la vida cortesana y nobiliaria, ni mover en ella sus personajes con la familiaridad y soltura que evidencian las mencionadas obras.

El William Shakespeare que firmaba las obras se ganaba la vida trabajando de portero en un teatro. Algunas veces, y debido a una emergencia, desempeñaba algún papel insignificante. No es difícil deducir que Francis Bacon aprovechara la amistad para llevar sus obras al teatro, a través de este canal. Son treinta y pico de piezas que traen a la atención una situación humana o social, por las cuales siempre trabajó el Adepto, y por él, Francis Bacon. Treinta y pico de obras que manifiestan una continua corriente de la "Ley de la Vida" que hoy conocemos tan bien. Además, ha sido revelado por los Hermanos Mayores en Metafísica que las obras teatrales de Shakespeare contienen no menos de 500 acrósticos del nombre "Francis Bacon" y también un código cifrado aparece en una de las obras, el cual divulga la Instrucción Interior de una Escuela Iniciática de la cual Francis Bacon era miembro. Sea dicho de paso que este señor es autor de un Código Cifrado que es aún hoy en día la autoridad mundial.

A la muerte de la reina Isabel de Inglaterra ascendió al trono el rey James I, lo cual desalojó automáticamente la resistencia contra Francis Bacon, y éste fue nombrado procurador. De allí, a fiscal de la corona, a Lord Guardián del Sello Real, y de allí a Canciller, todo en menos de once años, además de que simultáneamente le fue otorgado el título de Lord Verulam, y tres años más tarde el de Vizconde Saint Albans. (¡Oh Ariadna!)

Los envidiosos andaban muy industriosos. Lo atacaron, lo calumniaron y lograron encarcelarlo en la Torre de Londres. Bacon era defensor de la política del rey, y los amigos que habían servido a Isabel hubieran preferido verlo en el mismo plano humilde en que ella lo había mantenido. El rey lo libertó y lo exculpó, pero Bacón se retiró a la vida privada donde continuó escribiendo su "Instauratio Magno" y las comedias de condiciones sociales que había que corregir.

El "hilo de Ariadna" nos lleva hasta la Iglesia de San Miguel de Verulam, en la catedral de Saint Albans, donde se dice que fue enterrado el cadáver de Francis Bacon, pero que la murmuración asegura que no existe, ¡ni jamás existió un cuerpo en esa tumba!

En un Plano de Conocimiento mucho más profundo, vamos a comentar la encarnación del Adepto en el cuerpo de Francis Bacon.

Primeramente, todo niño trae en sus electrones, estampado un número, o la frecuencia vibratoria, o sea SU ecuación. Esta rata vibratoria se repite en los sonidos que componen su nombre y apellido. Para nada cuenta la "coincidencia" en el nombre que la madre desee ponerle al niño. Es su vibración la que se graba en la mente de la madre y la obliga a escoger el nombre que le corresponde a ese niño, en esa encarnación. Si por alguna circunstancia el nombre es cambiado por el padre, o los familiares, el niño sufre y sufrirá toda su vida, de múltiples tropiezos, de frustraciones y desarmonías entre su sendero y su carácter o temperamento. A veces constituye esto un grave atraso para el individuo. Con frecuencia la persona se cambia de nombre y logra restituir su encarnación al carril que le corresponde para cumplir su destino.

Las fuerzas electrónicas no saben nada de eso que en la tierra llaman "condiciones morales", o "moralidad". Sólo la Ley de Atracción gravita o actúa para llevar las cosas a su punto de armonía. Si al Ego Inferior de Francis le correspondía nacer en la mujer más destacada, en el Imperio más poderoso de la Tierra, se le originó un cataclismo al imponerle un descenso vibratorio con el nombre Bacon, el cual había llevado tres reencarnaciones anteriores. No se puede repetir un paso ya superado sin traer al presente condiciones indeseables, de las cuales el Ego se ha graduado ya. Espiritualmente, intelectualmente, Francis cumplió lo que venía a hacer. Físicamente sufrió un constante trastorno hasta el punto de tener que regresar a Verulamium y al nombre de Saint Albans que le había correspondido tantos siglos antes.

Ha podido ser rey de Inglaterra, el primer Rey Metafísico y haber cambiado el giro de toda la Tierra de allí en adelante, lo cual es posible que fuera la intención del Adepto, quien tuvo luego que volver casi sin treguas. Estos trastornos ocurren más a menudo de lo que creemos posible. Muchas veces la máxima aquella "El hombre propone y Dios dispone" se convirtió en "Dios propone y el hombre dispone", haciendo de las suyas, "metiendo la pata" en su espantosa ceguedad; y con infinita paciencia, los Maestros y los Avatares enderezan y ajustan las cargas torcidas más allá de la Ley, si fuera posible.

- 391 -

¿QUIEN ES EL MAESTRO
SAINT GERMAIN?

Como ya hemos dicho, el Maestro ha tenido
otro ascenso últimamente. Después de haberle entregado a la Tierra el inmenso recurso de la Llama
Violeta Transmutadora, don supremo que liberta del
karma, del "purgatorio", de los castigos que los hombres se proporcionan ellos mismos, de toda energía
mal calificada y de toda "creación humana", por
Ley del Círculo, el Maestro recibe Su Merecimiento,
el cual ha sido en este caso el Título de EL DIOS
LIBERTAD.

El que fue Maestro Saint Germain dijo en una
comunicación anterior, "Mi nombre se desintegró con
mi pasado..." y hoy ha dicho: "YO SOY el Sol
de la Libertad y es mi gran privilegio expander la
causa de la Libertad en el Plano Tierra".

El Dios Libertad no fue un terrícola. Es origina-
rio del planeta Urano. Los uranianos son andróginos.
No se dividen en Llamas Gemelas ni en Complemen-
tos para evolucionar separadamente. La relación de

la Diosa Portia con respecto al Dios Libertad, es la de una Poderosa Asistencia en las Grandes Ceremonias Cósmicas.

El iluminado escritor esotérico David Anrias, en su libro "Adeptos de los Cinco Elementos", da la explicación de eso que suele llamarse "el caos moral de estos tiempos", o sea la situación que prevalece en la juventud, consumo de drogas y homosexualidad. Brevemente, la influencia uraniana lleva a cada humano a buscar intensamente su polo opuesto en su propio Ser Interior. Momentáneamente, o sea mientras se limpie la humanidad de la acumulación de energía destructiva que la cierne, impidiéndole ver la Verdad; mientras ella busque su Todo exteriormente, ella interpretará esa influencia uraniana que ella siente pero que no comprende, en términos de que el polo opuesto radica en otro ser, con preferencia en un ser de su mismo sexo, en lugar de encontrarlo *dentro* de sí. Andando la Era, y como ya se ha dicho, al ir quedando limpio de la efluvia negativa, la humanidad irá viendo claro la Verdad del Ser.

En cuanto al problema de las drogas, como el Planeta Urano es de un gran adelanto, la Tierra siente su atmósfera luminosa ya que vamos girando rápidamente hacia su órbita. Sus vibraciones estimulan la imaginación, y sobre todo el deseo de trasladarse a un "más allá" de ensueño y maravillas. Las drogas producen la ilusión de ese "viaje". La juventud siempre precipitada, irreflexiva, cree que ese es el camino corto hacia la verdad y se lanza atolondradamente, sin darse cuenta de que la droga forma una necesidad imperiosa en el sistema, cada vez más imperiosa, que lleva a la ruina y las tinieblas, anulando la fuerza de la voluntad.

Para proceder a la Iniciación de la Tierra en su nuevo Plano en la órbita de Urano y la vecindad de Venus, había que consumir y disolver la efluvia de energía mal usada y que cubre la Tierra como un palio. Los Dirigentes Planetarios dieron la orden de permitir el uso de la Llama Violeta Libertadora, en la persona del Director del Rayo Séptimo, el Ascendido Maestro Saint Germain.

La salvación de la juventud y de una gran mayoría de seres humanos mayores, depende de que sea consumida y disuelta la efluvia que hemos mencionado, pues el olvido de lo que somos en realidad, primeramente, y luego la continuada ignorancia de nuestra verdad espiritual se debe a ese velo que nos impide la videncia de las Glorias que son nuestras por derecho. Deberíamos estar viviendo en la eterna juventud y belleza, la eterna felicidad, sin problemas ni males de ninguna clase, siempre progresando en el Reino del Padre, y estamos estacionados porque no vemos otra cosa que lo que nos rodea en el Plano Físico.

Es en vano que los Dirigentes Planetarios, los Maestros Ascendidos, las Huestes Cósmicas y Angélicas estén preparados para derramar todos los fluidos, toda la Luz que nos sea necesaria para ascender nuestro planeta, si nosotros no abrimos la puerta para que entren. El permiso tiene que venir de nuestra Octava. Si no viene, ni Dios mismo puede intervenir porque no puede romper Su propia Ley del Libre Albedrío.

Este librito ha sido hecho con el fin de revelar todo lo que se ha esforzado el Maestro Saint Germain para irnos llevando hacia el punto culminante de la Ascensión, la Iniciación del Planeta, ya que aquellos que no se encuentren en estado de limpieza suficiente para convivir con sus hermanos en la órbita de Urano y la proximidad de Venus, serán retrogradados a un planeta infrahumano.

Hagamos lo que está a nuestro alcance para ayudar a limpiar la efluvia, hermanos. Hagamos lo siguiente tres veces diarias por espacio de cinco minutos: "EN EL NOMBRE DE LA AMADA PRESENCIA "YO SOY", INVOCO LA LLAMA VIOLETA LIBERTADORA A QUE ENVUELVA Y ENCIENDA A TODO ELECTRON QUE COMPONE EL PLANETA TIERRA Y TODOS SUS HABITANTES

ENCARNADOS Y DESENCARNADOS, HASTA QUE TODO Y TODOS SEAN PUROS Y RADIANTES. GRACIAS PADRE QUE ME HAS OIDO",

Visualicen la Llama Violeta envolviendo primero nuestro propio cuerpo, luego nuestra casa, nuestro barrio, nuestra ciudad, nuestro país, nuestro Continente y nuestro planeta entero. Ayudemos a salvar a nuestra juventud y a nuestros hermanos. ¡Que la Luz te Envuelva!

A los estudiantes adelantados de Metafísica se les recomienda la lectura de

EL LIBRO DE ORO DE SAINT GERMAIN que contiene trascendentales revelaciones del Maestro.

BIBLIOGRAFIA

Gentleman's Magazine, London 1745.

Music Chronicle, London 1746.

Cartas de Horace Walpole - *Archivos de Holanda*, 1760.

Weekly Journal, London 1760.

Chateau de Chambord - *Archihvo Nacional de Blois*, 1760.

Affaires Etrangers, París 1760.

Memoires Anecdotiques de Louis XV - *London Chronicle*, Juin 3, 1760.

Memoires de la Comtesse de Gergy, 1765.

Graff Saint Germain - *Oettinger*, 1840.

Remarkable Adventures and Unrevealed Mysteries - *L. Wrexall*. London. *R. Bentley*, 1863.

Obras Completas de Voltaire - *Firmin Didot*, París, 1877.

Memories de Mme. de Hausset - *Firmin Didot*, París, 1877.

Historical Mysteries - *Andrew Lang*, 1904.

Secret Societies - *Una Birch, London*, 1911.

Memoires de Mme. de Genlis, Camarera de Pompadour, París, 1928.

La Marquise de Pompadour, París, 1938.

Le Comte de Saint Germain, París, 1938.

Memoires Authentiques de Cagliostro.

Correspondance de Grimm et Voltaire.

Foreign Affaires, Carlos de Villermont and le Comte de Cobenzle, London.

A Stranger Passed Catherene Christian, 1960.

Roger Bacon, Marvellous Doctor - *Liam Brophy*, 1963.

El Enigmático Conde de Saint Germain - *Pierre Ceria y Francois Ethuin*, 1972.

Phhilosophical Research Society, 3341 Griffith Park Boulevard, Los Angeles, 27, Califorina, U.S.A.

Disco de "L'Incostanza Delusa" música del Conde Saint Germain, misma dirección.

Castillo Racokzy, dirección: Patoka y Makovica, Montes Carpatos, Transilvania, Rumanía.

INDICE

00-327